OS ANIMAIS E A PSIQUE

CIP-BRASIL. CATALOGAÇÃO NA PUBLICAÇÃO
SINDICATO NACIONAL DOS EDITORES DE LIVROS, RJ

A616
v. 2

    Os animais e a psique : volume 2 : asno, camelo, gato, golfinho, morcego, raposa, rato / Denise Gimenez Ramos ... [et al.] ; [ilustração Fernando Souza]. – São Paulo : Summus, 2017.
    328 p. : il.

    Inclui bibliografia e índice
    glossário
    ISBN 978-85-323-1077-4

    1. Animais – Aspectos simbólicos. 2. Relação homem-animal. 3. Psicologia junguiana. I. Ramos, Denise Gimenez. II. Costa, Fernando.

17-44004   CDD: 150.1954
                                                                 CDU: 159.9.019

www.summus.com.br

Compre em lugar de fotocopiar.
Cada real que você dá por um livro recompensa seus autores
e os convida a produzir mais sobre o tema;
incentiva seus editores a encomendar, traduzir e publicar
outras obras sobre o assunto;
e paga aos livreiros por estocar e levar até você livros
para a sua informação e o seu entretenimento.
Cada real que você dá pela fotocópia
não autorizada de um livro financia o crime
e ajuda a matar a produção intelectual de seu país.

OS ANIMAIS E A PSIQUE

volume 2

asno, camelo, gato, golfinho, morcego, raposa, rato

▼ Denise Gimenez Ramos ▼ Maria do Carmo De Biase
▼ Maria Helena Monteiro Balthazar ▼ Neusa Maria Lopes Sauaia
▼ Roseli Ribeiro Sayegh ▼ Stella Maria T. Cerquinho Malta

OS ANIMAIS E A PSIQUE
volume 2

asno, camelo, gato, golfinho, morcego, raposa e rato

Copyright © 2017 by autores

Direitos desta edição reservados por Summus Editorial

Editora executiva: **Soraia Bini Cury**
Assistente editorial: **Michelle Neris**
Capa e ilustrações do miolo: **Fernando Souza**
Projeto gráfico: **Liga Editorial**
Diagramação: **Santana**
Impressão: **Sumago Gráfica Editorial**

Summus Editorial
Departamento editorial
Rua Itapicuru, 613 – 7º andar
05006-000 – São Paulo – SP
Fone: (11) 3872-3322
Fax: (11) 3872-7476
http://www.summus.com.br
e-mail: summus@summus.com.br

Atendimento ao consumidor
Summus Editorial
Fone: (11) 3865-9890

Vendas por atacado
Fone: (11) 3873-8638
Fax: (11) 3872-7476
e-mail: vendas@summus.com.br

Impresso no Brasil

Sumário

Prefácio 11

Introdução 15

O ASNO OU BURRO

Principais características biológicas 21

Simbolismo 23

    Animal de carga e montaria 23

    Pouca inteligência e estupidez 26

    Humildade e ingenuidade 31

    Aspecto maléfico e demoníaco 32

    Poder de cura, poder mágico e presságios 35

    Natureza fálica e luxúria 37

    Relação com o ser humano 40

    A cor do asno 43

    Partes do asno 44

    Relação com outros animais 47

    Deuses-asno 48

    Deuses associados ao asno 50

    Asnos famosos 53

    Asnos fantásticos 54

O CAMELO

Principais características biológicas 63

Simbolismo 66

    Mito da origem da corcova do camelo 66

    Forma e tamanho 67

    Montaria 68

    Resistência e autossuficiência 69

    Obediência e servidão 70

Ingenuidade e estupidez 71

Riqueza e prosperidade 72

Poder de proteção 74

Impureza 74

Animal sagrado 75

Animal fantástico 76

O GATO

Principais características biológicas 79

Simbolismo 83

Mito de origem 83

Esperteza e agilidade 84

Aspecto maléfico e demoníaco 89

Força protetora 94

Poder de cura 96

Poder mágico 97

Provedor de sorte e de riquezas 100

Sensualidade e fertilidade 101

Liberdade e independência 103

Caçador e lutador 105

Psicopompo 106

Clarividência 108

Limpeza 109

Musicalidade 110

Imortalidade 111

Preguiça e aconchego 112

Relação com o ser humano 114

Relação com o feminino 115

Presságios associados ao gato 119

A cor do gato 120

Partes do gato 125

Relação com outros animais 128

Deusas-gato 139

Espíritos e deuses associados ao gato 141

Gatos famosos 146

Animal fantástico 148

O GOLFINHO

Principais características biológicas 151

Simbolismo 155

Mito de origem 155

Guia, protetor e salvador 155

Sensualidade e poder de sedução 158

Relação com o feminino 162

Transformação em ser humano 163

Psicopompo 164

Símbolo de poder 165

Presságios associados ao golfinho 166

Emblema de Cristo 166

Deuses associados ao golfinho 167

Partes do golfinho 171

Relação com outros animais 172

O MORCEGO

Principais características biológicas 175

Simbolismo 179

Mito de origem 179

Aspecto maléfico 181

Aspecto benéfico 186

Relação com o ser humano 188

Relação com o feminino 191

Dupla natureza 192

Presságios 194

Poder de cura e de proteção 195

Partes do morcego 196

Relação com outros animais 197

Animal sagrado e deuses 198

Herói associado ao morcego: Batman 200

Vampiro 203

A RAPOSA

Principais características biológicas 213

Simbolismo 217

Aspecto materno 217

Astúcia e esperteza 219

Aspecto maléfico e demoníaco 225

Aspecto benéfico 230

Poder mágico 232

Relação com o feminino 234

Voracidade 237

Guia e psicopompo 238

Longevidade 240

Poder de cura e de proteção 240

Relação com o ser humano 241

Presságios associados à raposa 249

A cor da raposa 250

Partes da raposa 251

Relação com outros animais 252

Deuses associados à raposa 264

Raposa fantástica 265

O RATO

Principais características biológicas 271

Simbolismo 274

Mito de origem 274

Tamanho, agilidade e esperteza 275

Aspecto maléfico 277

Aspecto surrupiador 281

Voracidade 282

Aspecto benéfico 284

Poder de cura 287

Personificação da alma 289

Transformação em ser humano 290

Presságios associados ao rato 292

A cor do rato 294

Partes do rato 294

Relação com outros animais 295

Deuses associados ao rato 304

Ratos famosos 307

Glossário 311

Referências 315

Índice de referência das obras 323

Prefácio

Como médico veterinário desde 1970, foi surpreendente receber o convite inusitado para prefaciar o segundo volume da obra *Os animais e a psique*. Tal convite mostrou-se um desafio, uma vez que o livro analisa como as relações entre humanos e não humanos são observadas em condições distintas daquelas vividas no consultório.

Há mais de 15 anos essa leitura se fez necessária para estabelecer como se dá a ligação entre as atividades de recepção aos visitantes nos 60 anos de vida da Fundação Parque Zoológico de São Paulo com a interpretação dos sinais observados em pessoas que buscam conhecer de perto animais, aparentemente por curiosidade. Mas não é tarefa simples. A observação do comportamento dos visitantes tornou-se importante a partir do momento em que a Fundação passou a incorporar o papel dos zoológicos modernos e promover e estimular o conceito conservacionista para proteger as espécies ameaçadas de extinção.

Consciente de que o desejo dos visitantes de ver e conhecer animais silvestres ia além da mera curiosidade, estimulamos técnicos, educadores ambientais e biólogos a observar o comportamento do público. Interações curiosas foram notadas.

Há aqueles que vêm resgatar a memória de visitas ao zoo ocorridas na infância, trazendo filhos ou netos. Outros chegam com o simples propósito de passear em um parque de Mata Atlântica preservada. Outros, ainda, têm a fantasia de observar animais silvestres da fauna brasileira ou exóticos e ameaçados de extinção, os quais não teriam oportunidades de ver soltos.

É comum que os visitantes procurem os funcionários para fazer observações sobre o comportamento dos animais. De modo geral, todas elas têm origem na forma distinta e pessoal como essas pessoas interpretam esse comportamento. Essa é uma constatação que permeia os relatos acumulados pelo corpo técnico da Fundação, que já recebeu mais de 90 milhões de visitantes – uma amostragem e tanto para qualquer natureza de análise.

Após a leitura do volume 1 de *Os animais e a psique*, passei a observar esses visitantes da ótica da possível relação de identidade comportamental com determinados animais. E também o inverso: como esses bichos tomam a iniciativa – se é que se pode chamar assim – de estabelecer um possível relacionamento com os humanos.

Constatações cientificamente bem elaboradas e reconhecidas demonstram que os animais são inteligentes, desenvolvem cognição, têm memória e personalidade. Observar os primatas – animais de hábitos sociais no seu grupo – é uma experiência única. Eles brincam, demonstram ciúme, ficam tristes e abatidos, com o claro sentimento de perda, quando desaparece um membro do grupo; eles ficam alegres quando recepcionam um companheiro que estava afastado. Uma pesquisa realizada na Fundação com dois deles comprova a capacidade cognitiva, a empatia e o vínculo afetivo na relação com humanos e demonstra que eles detêm psicologia própria.

Como explicar que uma elefante fêmea se diverte pregando peças em seu tratador, devolvendo o banho de mangueira que ele lhe dá nos dias quentes? Nada é mais divertido para ela que encher a tromba de água e aguardar o tratador ficar de costas para ensopá-lo com sua "mangueira" natural.

O que faz um flamingo criado em cativeiro pelos biólogos ter ciúme de uma das técnicas, a ponto de correr atrás de quem dela se aproxima? Segui-la pelas alamedas do Parque, ora à frente, como que a conduzindo, ora atrás, como que a protegendo?

Uma pergunta se faz importante: de que forma o conhecimento da psique dos animais humanos pode contribuir com os projetos de conservação de espécies silvestres ameaçadas? Os zoológicos modernos do século XXI são instituições que atuam como núcleos de pesquisa científica aplicada e como centros de conservação, mantendo espécies ameaçadas em semicativeiro para desenvolver planos de reprodução assistida e sensibilizar seus visitantes sobre a importância do tema. Esse é um desafio permanente.

A World Association of Zoos and Aquariums (Wasa) contabiliza mais de 700 milhões de visitantes nos seus mais de 280 membros institucionais afiliados. A Aquarium and Zoos Association (AZA) relata mais de 175 milhões de visitantes anuais, com tempo médio de visita de quatro horas e 3,6 repetições de visitas anuais – números esses que excedem o atendimento combinado a todos os principais eventos esportivos nos Estados Unidos.

Historicamente, as espécies emblemáticas em zoológicos são os elefantes, as girafas, os hipopótamos, os rinocerontes, os chipanzés e os orangotangos. Corre-se o risco concreto de que esforços de conservação sejam condenados a salvar apenas o fofinho, o exótico, o exibido ou o sedutor (Skibins, 2015; Stokes, 2007), que têm como principal atrativo as características humanas. Estudos recentes sugerem um viés taxonômico em espécies de interesse para conservação (Clark e May, 2002; Martin et al., 2004; Wilson e Nantha, 2006) observado em pesquisas in situ e coleções ex situ. Esse viés pode se tornar uma profecia autorrealizável.

Se o público se preocupar apenas com espécies carismáticas tradicionais, estas tenderão a ser as únicas a ser conservadas (Tisdell Nantha, 2007), porque é difícil reunir apoio, interesse e financiamento em torno de supostos taxa não carismáticos como insetos, anfíbios,ou répteis. Assim, o desafio novo para os ambientalistas conservacionistas é sensibilizar a sociedade para a convivência harmônica entre o homem e o animal, convivência essa baseada na busca do equilíbrio ecológico.

A psicologia analítica encontra caminhos para conhecer e interpretar o simbolismo que cada espécie animal adquire na psique humana, e esse conhecimento permite que busquemos a origem da humanidade no passado distante.

Os animais e a psique volume 2 reúne mais um grupo de espécies que se soma ao da obra anterior. A pesquisa feita pelas autoras junguianas impressiona pela profundidade com que foi elaborada. Textos bíblicos e conhecimentos anatômicos, fisiológicos e etológicos são citados de forma clara e de simples entendimento para o leitor leigo nessas matérias. Usos, costumes e hábitos de povos espalhados pelo mundo e associados às espécies animais com os quais convivem ou conviveram são comentados. Este é um daqueles escritos que se começa a ler e não é possível parar. O desafio de prefaciar esta obra se transformou numa nova empreitada: descobrir como o conhecimento oferecido pelas autoras pode-nos ajudar a trabalhar a conservação das espécies ameaçadas de extinção pelo próprio homem.

Boa leitura!

PAULO MAGALHÃES BRESSAN
Diretor-presidente da Fundação Parque Zoológico de São Paulo

Introdução

Este é o segundo volume de uma obra que vem se desenvolvendo ao longo de vários anos de pesquisa. Motivadas pela observação da importância dos animais no cotidiano e na prática clínica como analistas, aprofundamos nossos estudos sobre o assunto, expandindo a compreensão do rico simbolismo envolvido nesse tema, uma vez que os animais estão presentes na vida humana estejamos ou não conscientes desse fato.

A íntima relação que sempre existiu entre o ser humano e os animais tem passado por grandes transformações. Antigamente, homens, mulheres, crianças e bichos compartilhavam o mesmo ambiente campestre com grande proximidade. A relação era mais prática e objetiva, já que os animais eram usados de forma utilitária como alimento, vestimenta e transporte. Entretanto, a urbanização e o desenvolvimento tecnológico aos poucos distanciaram o ser humano de suas raízes instintivas, e o contato, bem como o conhecimento dos animais, passou a se dar, em grande parte, por meio de livros, filmes e passeios nos zoológicos. Se, de um lado, os animais desapareceram das ruas, de outro foram trazidos para dentro das casas, estabelecendo um estreito vínculo afetivo com seus proprietários.

Estima-se hoje que existam cerca de 52,2 milhões de cães e 22 milhões de gatos no Brasil, sendo que 44,3% dos lares têm pelo menos um cão e 17,7%, um gato, o que movimenta um mercado *pet* milionário de alimentos, roupas, brinquedos e produtos veterinários (www.ibge.gov.br, 2015). Nos Estados Unidos, cerca de 40% das casas têm cães e 30,4% têm gatos, perfazendo um total aproximado de 85,8 milhões de gatos e 77,8 milhões de cães (www.avma.org, 2016). Na Europa, calcula-se que mais de 75 milhões de casas têm pelo menos um animal de estimação, com cerca de 20% de gatos e 21% de cães (www.fediaf.org.2014).

Tais estatísticas levam-nos a pensar na função desses animais na vida moderna. Com famílias menos numerosas, maior individualismo e grande número de lares com uma só pessoa, os animais de estimação preenchem a falta de companhia e de afeto. Os indivíduos com dificuldade nas relações interpessoais encontram nos animais um lugar de troca afetiva incondicional e estável. A sensibilidade quanto aos humores e estados emocionais de seus donos desperta nestes sentimentos de empatia e amor, trazendo conforto e acolhimento em momentos difíceis.

A função dos animais em processos terapêuticos também se valorizou muito. A zooterapia ou terapia assistida por animais (TAA), como é denominada atualmente, já era conhecida na Antiguidade grega. Relatos da época mostram que o contato com golfinhos teria ajudado na promoção do bem-estar do ser humano. Sabe-se hoje que, ao ecoar no corpo humano, o sonar desse animal pode produzir alterações moleculares que resultam no aumento das células T do sistema imunológico e na produção de neurotransmissores, como as endorfinas. Pacientes com distúrbios de comunicação, atraso do desenvolvimento e deficiência de aprendizagem, síndrome de Down, paralisia cerebral e autismo, entre outros transtornos, beneficiam-se de terapias com esse animal.

Nos últimos anos, a TAA – definida como uma prática com critérios específicos em que o animal é parte essencial de um tratamento – é desenvolvida em vários lugares do mundo. Estudos científicos observam que essa é uma opção de tratamento complementar para trauma e estresse pós-traumático. Usada como técnica de redução de estresse, nela os animais são assistentes no tratamento sobretudo de idosos, pessoas hospitalizadas e em asilos.

Nas visitas hospitalares, cães treinados promovem descontração e alegria, facilitando a comunicação entre pacientes. São ensinados também a conduzir cegos, dando a estes, além de companhia, grande autonomia de locomoção.

Escovar, alimentar ou montar asnos ou cavalos (asinoterapia ou equoterapia) também ajuda a reabilitar pessoas com deficiências ou necessidades especiais, como aquelas que sofrem, entre outros distúrbios, de transtorno de déficit de atenção com hiperatividade, disfunções neuromotoras e autismo.

Vários trabalhos científicos comprovam que a convivência com gatos pode trazer diversos benefícios psicológicos e físicos, entre eles a redução dos níveis de hipertensão e de doenças cardiovasculares. O nível de cortisol se reduz e, com isso, o de estresse. Pode também aumentar a produção da oxitocina no cérebro, o que ameniza comportamentos agressivos e promove maior empatia e confiança nas pessoas, aprimorando ainda a aprendizagem.

A zooterapia tem diversificado o uso das espécies para diferentes objetivos e tratamentos. Peixes, tartarugas, aves e moluscos são hoje inseridos em contextos terapêuticos no trabalho com diferentes casuísticas e faixas etárias.

A consciência de que os animais são fundamentais para o equilíbrio planetário é refletida nos vários movimentos ecológicos que emergiram com mais força no final do século XX. Organizações como Salve o Planeta, World Wild Foundation, Movimento Internacional em Defesa dos Animais, Projeto Tamar e Greenpeace, entre tantas outras, atestam esse fato.

Paralelamente, a intensa crítica ao uso de peles, enfeites e objetos confeccionados com partes de animais revela maior sensibilidade ao sofrimento imposto a eles. Comportamentos antes considerados banais ou esportivos, que envolvem maus-tratos ou matança de animais, hoje são vistos como atos de barbárie, provocando protestos mundiais – tal como aconteceu com o leão Cecil, monitorado pela Universidade de Oxford (Inglaterra) e morto no Zimbábue por um caçador americano. Outro exemplo é o repúdio à caça da raposa, disseminada pelos ingleses em suas colônias e ainda presente na Inglaterra nos dias de hoje.

Não é mais possível viver sem considerar o significado dos animais em nossa vida. Eles exercem um fascínio sobre nós, como podemos observar na enorme quantidade de livros e filmes que retratam de modo antropomórfico ou realista as qualidades peculiares de muitos deles. Alguns ficaram famosos, como o veadinho Bambi, o elefante Dumbo, os ratinhos Mickey e Minnie, o Pato Donald, a cachorra Lassie e o golfinho Flipper, que atravessaram gerações. Novos personagens animais surgem o tempo todo, atualizando nosso interesse por eles, como o ratinho cozinheiro Remy, o peixinho Nemo, o burro falante do Shrek, a gatinha Marie, das Aristogatas, Simba, o Rei Leão, e os cães Beethoven e Marley, entre tantos outros. Por meio dessa fácil e imediata identificação, valores humanos são transmitidos e vivenciados por crianças e adultos, permitindo a incorporação de diversas qualidades desses animais.

No primeiro volume desta série, sete animais – baleia, carneiro, cavalo, elefante, lobo, onça e urso – foram estudados em seus aspectos biológicos e simbólicos. Dando continuidade a essa pesquisa, no presente volume, asno, camelo, gato, golfinho, morcego, raposa e rato são abordados em suas várias dimensões, seguindo a mesma organização.

Na parte biológica, ressaltamos aspectos etológicos, ou seja, relativos aos hábitos de cada animal e sua relação com o ambiente, além das características anatômicas e fisiológicas. Na parte simbólica, contos, mitos, histórias, sonhos e fantasias das mais diferentes origens mostram o simbolismo específico de cada um. Enfatizamos a cultura brasileira, sobretudo lendas e costumes folclóricos.

Os dados encontrados foram reunidos em itens, observando-se, quando possível, uma ordem comum. Os temas referem-se a diferentes qualidades associadas a conteúdos da psique humana, como aspecto materno, maléfico, benéfico, poder de cura, feminilidade e eroticidade. Também foram pesquisadas as representações dos animais como deuses e animais fantásticos e fantasmagóricos. Outras características específicas – esperteza, inteligência, agilidade, cor e tamanho – estão descritas de acordo com as projeções mais comumente encontradas. Abordamos ainda a relação de cada animal com o ser humano e com outros bichos.

A interpretação desses dados, fundamentada na psicologia analítica, objetivou compreender a relação do indivíduo contemporâneo com os símbolos do inconsciente coletivo e a conscientização de sua função na preservação da natureza.

Esperamos que este livro seja mais uma contribuição aos inúmeros esforços de vários grupos que lutam pelo respeito e pela preservação de nossos companheiros animais. Preservá-los significa não apenas manter a harmonia e a saúde da vida no planeta como também a ética e a integridade psíquica do ser humano.

O ASNO OU BURRO

jumento, jegue ou mula

▼

Ordem: *Perissodactyla*

Família: *Equidae*

Gênero: *Equus asinus*

Principais características biológicas

São três as denominações atribuídas à espécie *Equus asinus*, as quais se dividem em subespécies: *asinus* (asno doméstico), *africanus* (asno selvagem) e *somaliensis* (asno selvagem da Somália). Na Mongólia, o asno selvagem é chamado de onagro. Entretanto, seu nome mais comum é asno, denominação dada a todo animal asinino, embora seja frequente também chamá-lo de burro.

O *Equus asinus* deriva do mesmo tronco da família do cavalo. Os traços mais antigos de sua existência datam do período Plioceno na ilha de Pianosa, no Adriático, e depois na costa norte da África. De origem selvagem no Marrocos, na Somália e na Mesopotâmia, foi domesticado há cerca de 6 mil anos, no Egito ou na Mesopotâmia. Hoje, é doméstico em quase todo o mundo, mas em algumas regiões ainda existem bandos selvagens.

Entre os asininos há também o jegue, espécie muito comum no Nordeste do Brasil, e o jumento. Ambos têm estatura mais baixa, orelhas longas, crina curta e reta que se estende até o garrote ou cernelha, cauda tufada e patas longas e finas. Este último foi introduzido na Europa pelos etruscos há cerca de 2 mil anos e bem mais tarde na América do Sul. De acordo com alguns autores, o jumento nordestino provavelmente descende do asno norte-africano, tendo chegado ao Brasil no século XVI com as caravelas portuguesas.

O cruzamento entre o cavalo e o asno produz descendentes mestiços incapazes de se reproduzir. O cruzamento entre asno e égua resulta sempre um híbrido: um muar, entre estes a mula (sexo feminino). Do cruzamento entre a asna e o cavalo surge o bardoto, animal raro.

Devido à sua resistência e capacidade de carga, a mula vem sendo criada há 3 mil anos. Tem mais força e energia que o cavalo e é maior que o asno. Por sua utilidade como animal de carga, energia e facilidade de se adaptar às intempéries, tornou-se extremamente utilizado pelos povos da Antiguidade, sendo um dos mais citados na Bíblia.

O asno é menor que o cavalo; tem orelhas compridas e crina curta. A cor de sua pelagem vai do cinza ao avermelhado, enquanto a barriga, o focinho e a parte interior das pernas são brancos. Costuma ter uma risca escura central ou riscas transversais nas pernas e na espádua. O tamanho médio, da cabeça ao início do rabo, é de 2 metros; sua altura até a espádua é de 1,25 metro e seu peso gira em torno de 250 quilos. O asno domesticado costuma ser menor: tem de 80 centímetros a 1,25 metro de altura e cauda de 45 centímetros.

O formato de seu casco fornece mais estabilidade e segurança que velocidade, embora, na vida selvagem, possa correr a cerca de 70 quilômetros por hora para fugir do perigo.

Em geral, pasta do alvorecer até o meio-dia, descansa durante o período mais quente e volta a pastar no fim da tarde. Come qualquer tipo de vegetação, inclusive plantas espinhosas, e pode ficar muito tempo sem beber água. Sua dieta mais comum é a pastagem.

As manadas são instáveis e comportam cerca de 50 animais, os quais não mantêm vínculos duradouros. Os machos normalmente vivem sós ou em pequenos grupos com fêmeas. Alguns defendem territórios de até 23 quilômetros quadrados, onde são considerados dominadores, embora tolerem a presença de machos subordinados.

A temporada de acasalamento pode ocorrer durante o ano todo; os machos ficam indóceis ao homem e hostis para com seus semelhantes. As fêmeas adquirem maturidade sexual aos 2 anos e a gestação dura cerca de 12 meses. Em cativeiro, dão à luz um animal por ano durante aproximadamente duas décadas.

O tempo médio de vida do asno doméstico é de 47 anos, e da mula, 43. Seus predadores principais são felinos e lobos.

A principal característica do asno é a capacidade de resistir em ambientes hostis, tanto em liberdade quanto em cativeiro, suportando até maus-tratos. Tem boa capacidade auditiva, movimentando as orelhas para captar sons a longa distância.

Por sua força e resistência, até hoje o asno tem enorme importância econômica. Dizia-se que, antigamente, os árabes nômades sentiam mais alegria com o nascimento de um asno do que com o da primeira filha. A única exigência particular do animal era ter água limpa – um luxo relativo em certas regiões, já que o asno precisa estar extremamente sedento para aceitar água suja.

Mesmo com a mecanização dos transportes, em algumas partes do planeta o asno continua tendo grande valor. Em certas regiões menos desenvolvidas da Europa e das Américas, tanto o asno quanto a mula são muito empregados como animal de sela e de carga, sobretudo nas regiões montanhosas escarpadas. No México, são frequentemente vistos quase soterrados sob sua carga de potes de argila ou lenha. Os índios mexicanos quase nunca viajam sem um burro, muitas vezes considerado de estimação.

Sua paciência e perseverança sempre foram confiáveis, assim como sua inteligência, pois a estupidez atribuída ao asno é tão proverbial quanto fictícia. Vários testes demonstram que esse animal é mais inteligente que o cavalo e que sua memória talvez seja superada apenas pela do homem – ou, dizem, pela do elefante.

Quase sempre dócil, o asno empaca ou se recusa a obedecer apenas em raras ocasiões, como por excesso de carga ou rejeição a estranhos. Somente quando é maltratado ou exigido ao extremo reage com violência, dando coices ou mordidas.

Simbolismo

Com o objetivo de preservar a fidedignidade das histórias, das lendas e dos mitos, serão mantidos os nomes asno (burro), jumento, jegue ou mula conforme estes aparecem nos textos consultados.

ANIMAL DE CARGA E MONTARIA

O asno, ao contrário do cavalo, aparece como montaria dócil e subserviente na maioria dos contos e mitos. Usado por sua resistência e força, carrega cargas pesadas em situações difíceis e costuma ser montado por pessoas simples e de menos posses.

Na China, os homens sagrados usavam cavalos como montaria, enquanto os comuns eram frequentemente retratados montando um burro. Diz a lenda que somente o velho cavaleiro taoista Chang Kwo-lao, um dos Oito Imortais, montava um burro em suas longas andanças. Ainda assim, quando desmontava, dobrava-o como um pedaço de papel e o guardava numa caixa de bambu. Em contraste, o asno branco era destinado aos deuses na China ou às pessoas de distinção na antiga Palestina.

O asno foi usado também como montaria por divindades nefastas, como Slutala e a deusa bengali Vanola, ambas da Índia. Essa última, considerada protetora das vítimas de doenças terríveis, é retratada com um feixe de cana nas mãos e vestida de vermelho (veja "Asno: aspecto maléfico e demoníaco").

Desde tempos remotos, o asno é conhecido por prestar grande serviço no transporte de cargas, inclusive na agricultura, puxando o arado: "[...] os enviados transportam suas riquezas no lombo de jumentos [...]" (Is 30:6). Os etíopes antigos, assim como os romanos, também usavam esse animal para o transporte e na agricultura. Da mesma forma, a maioria das culturas tem histórias em que burros e mulas participam de campanhas militares praticamente até a Primeira Guerra Mundial.

O asno aparece como montaria de personagens bíblicos, sendo o animal mais citado no Antigo e no Novo Testamento. No Gênesis, Abraão e Jacó usavam-no em suas longas peregrinações: "Na manhã seguinte, Abraão levantou-se e preparou o seu jumento. Levou consigo dois de seus servos e Isaque, seu filho. Depois de cortar lenha para o holocausto, partiu em direção ao lugar que Deus lhe havia indicado" (Gn 22:3). Ao anunciar as profecias relativas aos seus filhos, Jacó disse a um deles: "Issacar é um jumento forte, deitado entre as suas cargas. Quando ele perceber como é bom o seu lugar de repouso e como é aprazível a sua terra, curvará seus ombros ao fardo e se submeterá a trabalhos forçados" (Gn 49:14,15).

Nessa época bíblica, ao jumento era atribuído grande valor monetário; possuí-lo era sinal de prosperidade e riqueza, como vemos na fala de Moisés ao povo de Israel: "Não cobiçarás a mulher do teu próximo [...] nem seu boi ou jumento [...]" (Dt 5:21). Ou na passagem: "Assim o homem [Jacó] ficou extremamente rico, tornando-se dono de grandes rebanhos e de servos e servas, camelos e jumentos" (Gn 30:43).

Mulas e asnos eram frequentemente montados pela nobreza e por reis do mundo antigo. Assim fala Ziba, uma serva, ao explicar a Davi, rei de Israel, como seriam distribuídos os presentes que seu senhor havia mandado:

"Os jumentos servirão de montaria para a família do rei [...]" (2 Sm 16:2). Absalão, filho de Davi, montava uma mula quando seus cabelos se enroscaram nos ramos de uma árvore, facilitando sua captura e morte em batalha (2 Sm 18:9).

Há dois momentos bíblicos bastante significativos em relação ao jumento: no Novo Testamento, quando o animal, na fuga do Egito, carrega a Virgem e o menino Jesus, com José andando ao seu lado; na entrada de Jesus em Jerusalém montado num jumento, que simboliza humildade, paz e pobreza. "Alegre-se muito, cidade de Sião! Exulte, Jerusalém! Eis que o seu rei vem a você, justo e vitorioso, humilde e montado num jumento, um jumentinho, cria de jumenta" (Zc 9:9). "Digam à cidade de Sião: 'Eis que o seu rei vem a você, humilde e montado num jumento, num jumentinho, cria de jumenta'" (Mt 21:5).

Provavelmente, essas histórias mostram que montar um asno era sinal de majestade entre os contemporâneos de Jesus. Mais tarde, surge a lenda segundo a qual a mancha escura que o asno tem nas costas seria a marca da cruz e da paixão de Cristo. Os cristãos entenderam a opção de Jesus por um jumento como sinal de sua humildade. Dessa forma, até a Idade Média e a Renascença os religiosos preferiam montar um asno como sinal da paixão de Cristo.

Na cultura grega, o asno ficou conhecido como montaria de Sileno, o ébrio gordo seguidor de Baco. Considerado o pai dos sátiros, ele era retratado como extremamente feio e deformado. Sentava-se sobre um burro, equilibrando-se com dificuldade por estar sempre bêbado. Lembramos aqui também o famoso personagem do escritor espanhol Miguel de Cervantes, Sancho Pança. O gordo e bonachão escudeiro de Dom Quixote monta um burrico, enquanto seu patrão cavalga um cavalo branco, reforçando a ideia do jumento como montaria de pessoas simples e servis (veja "Asno: deuses associados ao asno").

Devido ao mesmo simbolismo, na Idade Média, os asnos não podiam fazer parte do dote de uma donzela. Até o século XIX, as noivas de Teerã montavam cavalos brancos em sua procissão nupcial, mas as viúvas montavam burros. As parteiras também usavam asnas para se locomover durante o trabalho, mas somente as brancas que já tinham dado à luz, e era proibido machucá-las.

Como animal de carga, trabalhador e paciente, aparece em ditos populares comuns em várias culturas. No Brasil temos:

- "Burro de carroça" – pessoa explorada no trabalho.
- "Burro de carga" – quem faz o seu trabalho e o dos outros.
- "Burro de cangalha" – homem que trabalha demais, em cargos baixos.
- "Viver como burro" – estar mal-humorado, trabalhando muito.

Em certos livros chineses, o asno é frequentemente retratado como um ser renascido na forma humana, simbolizando que o homem deve sofrer, viver na miséria e na dor, assim como o asno trabalha dia e noite e deve suportar a carga que lhe é imposta.

Um conto de Esopo ilustra essa faceta: um pastor observava tranquilo seu asno pastando em uma verde pradaria. De repente, ouviu ao longe os gritos de uma tropa inimiga que se aproximava rapidamente. Ele rogou ao animal que corresse o mais rápido que pudesse, levando-o na garupa, a fim de que não fossem ambos capturados. O asno, com calma, disse: "Por que eu deveria temer o inimigo? Você acha provável que o conquistador coloque em mim, além dos dois cestos de carga que carrego, outros dois?" "Não", respondeu o pastor. Então, o animal continuou: "Contanto que eu carregue os dois cestos que já tenho, que diferença faz a quem estou servindo?" A moral da história é que para o pobre, quando muda o governante, nada muda além do nome de seu novo senhor.

Simbolicamente, o asno apontaria para a necessidade de suportar cargas emocionais que precisam ser levadas com paciência e tempo. Nesse sentido, representaria a resiliência, qualidade inerente a pessoas capazes de aguentar situações difíceis e estressantes sem se desestruturar nem adoecer. Apareceria também como antídoto ao orgulho e à pretensão ao ser montaria de divindades ou personagens importantes, quando então expressam humildade, paz e servidão.

POUCA INTELIGÊNCIA E ESTUPIDEZ

O asno é sem dúvida o animal que mais carrega projeções de estupidez e pouca inteligência em diversas culturas. Sua reputação de limitado, teimoso e petulante provavelmente se originou na Grécia e na Itália e de lá se espalhou para outras partes da Europa, da Ásia e das Américas.

O célebre poeta latino Ovídio (43 a.C.-17 ou 18 d.C.), no livro *As metamorfoses*, relata a história do ganancioso e pouco inteligente rei de Midas. Em suas desventuras, o rei primeiro pede aos deuses que transformem em ouro tudo em que tocasse. Em consequência, quase morre de fome e sede. Revertida essa sina, incorre em outra ao preferir a música de mau gosto e sensual de Pã àquela divina e sutil do deus Apolo. Dessa vez, como sinal de sua escolha pouco inteligente, recebe como castigo orelhas de burro, as quais, envergonhado, escondia inutilmente debaixo de um gorro. "Orelha de burro" é também uma alegoria usada para retratar crianças que não querem estudar. Na história infantil de Pinóquio, meninos que fugiam da escola desenvolviam longas orelhas, com esse mesmo sentido (veja "Asno: partes do asno").

São inúmeras as expressões populares que fazem referência à associação do burro/asno com falta de inteligência: "falar asneira" (falar bobagem); "pedaço de asno" (sinônimo de indivíduo totalmente ignorante); "desasnar" (ensinar as primeiras letras). Já o dito "pela crina do asno se conhece a idade" associa, de modo ofensivo, o comprimento dos cabelos à ignorância de uma pessoa.

Outros adagiários exprimem a mesma relação: "asno com fome bugalhos come"; "cada asno com seu igual"; "cravo no peito, asno perfeito"; "ensaboar a cabeça do asno é perder tempo e sabão".

"Burro" também é sinônimo de pessoa ignorante, atrasada, analfabeta. Assim, temos "burrada" ou "burrice", como ato ignorante; "orelha de burro" e "burro feito uma porta", significando indivíduo atrasado, semianalfabeto; "cabeça de burro", para uma pessoa teimosa, e "pai dos burros", para identificar um dicionário. Essa associação encontra-se em várias línguas, como na expressão inglesa *"make an ass of oneself"* (fazer-se de asno, ou seja, ter um comportamento pouco inteligente) ou, em francês, em *"âne"*, em que asno é sinônimo de idiota ou imbecil.

Há também adjetivos que expressam teimosia ou pouca inteligência, como "emburrado", para pessoa teimosa, ensimesmada ou zangada, ou "dar com os burros n'água", quando ocorre um fracasso.

A ingenuidade desse animal é retratada no mito latino do asno de Sileno, sátiro e companheiro do deus grego Dioniso. Encarregado de vigiar a fonte da juventude criada por Júpiter, deus de todos os deuses e senhor dos céus e do trovão, o asno sedento deixa entrar na fonte uma cobra que lhe promete dar água. Mas a cobra, além de não lhe dar o prometido, passa a ter o poder de mudar de pele toda vez que envelhece, enquanto o asno sedento é recriminado por sua ingenuidade (veja "Asno: humildade e ingenuidade").

Fábulas populares também mostram esse caráter pouco reflexivo. Uma delas conta que um burro vestiu uma pele de leão que encontrou no caminho, assustando todos que o viam. O burro, sem perceber que era temido em virtude da pele, ficou feliz e orgulhoso de seu aparente poder. Entretanto, levou uma grande sova de seu proprietário quando foi descoberto pelas grandes orelhas que apareciam por baixo da capa. A moral da história diz que, se o ignorante pretende mostrar-se sábio, a orelha o revelará.

A dificuldade de reflexão e de decisão representada por esse animal aparece no paradoxo filosófico "O asno de Buridan", no qual essas características levam à indecisão e à paralisia. O conflito refere-se a uma situação hipotética em que um asno é posto à mesma distância de um fardo de palha e de um recipiente com água. Uma vez que o paradoxo assume que o asno se encaminhará sempre para o que estiver mais perto, o animal morrerá de sede e de fome, uma vez que não pode tomar uma decisão racional sobre a escolha de uma ou de outra fonte. Tal dilema deve seu nome ao filósofo francês do século XIV Jean Buridan (1295-1363), que assim satirizava a filosofia do determinismo moral.

Em certas tradições folclóricas europeias, vigora também a moral relacionada ao hábito do asno de cheirar seus excrementos. Uma lenda diz que o asno queixou-se a Deus de que não queria mais trabalhar sem receber salário e ameaçou parar de se reproduzir. Deus respondeu que ele poderia parar de trabalhar quando seus excrementos cheirassem a flores. Ingênuo, o asno acreditou; por isso, dizem que vive cheirando as próprias fezes.

O asno também faz papel de tolo em fábulas de La Fontaine. Em uma delas, procura-se o animal culpado da peste que dizimava a população, o qual deveria ser rapidamente sacrificado para aplacar a ira divina que a todos punia. Os animais deveriam confessar sua culpa, pois a peste provavelmente se devia a um ato pecaminoso. Porém, cada confissão – como a do leão, que revela ter matado inúmeros cordeiros – era seguida da compreensão dos outros, que inocentavam os predadores temendo a própria culpa. Esperando o mesmo apoio, o asno ingenuamente confessa ter comido a grama do pasto num dia de muita fome, mas, para sua surpresa, é imediatamente condenado e morto. A moral, segundo La Fontaine, é que, num grupo de poderosos, o mais fraco e ingênuo sempre se dá mal.

Um dos episódios mais interessantes relacionados à projeção das qualidades de estupidez, humildade e baixa inteligência do asno foi o festival europeu dedicado a esse animal. O "Festival do Asno" surgiu na Europa provavelmente no século XIII e perdurou até o século XV. Em geral, começava depois do Natal e se estendia até o ano-novo ou acontecia em data específica, como no dia 14 de janeiro, na região de Beauvais, na França.

Tratava-se de uma festa extremamente exuberante, na qual se realizava uma missa falsa em meio a danças e canções pornográficas. Dentro da igreja, durante essa missa, um asno era conduzido por dois cônegos até o coro, seguido por um séquito de alegres assistentes. No final de cada parte da missa, a congregação zurrava como um burro. Quanto mais ridículo o ritual parecia, maior o entusiasmo do público. Em alguns lugares, um asno era adornado com dossel e todos compareciam em trajes de gala.

Às vezes, esse burro, ricamente enfeitado, era montado por uma jovem que personificava Maria com o menino Jesus nos braços, referência à fuga da Família Sagrada para o Egito. Na catedral de Beauvais, a jovem no papel de Maria ia com o asno até o altar, onde permanecia. No final de cada seção da missa, toda a congregação zurrava. Um códice do século XI afirmava que ao final da missa, em vez de dizer as palavras "*Ide missa est*" (Vão, a missa terminou), o padre deveria zurrar três vezes e, em vez de proferir as palavras "*Deo gratias*" (Graças a Deus), a congregação deveria também zurrar três vezes.

Essa missa simulada era realizada com empenho. Depois, os fiéis saíam pelas ruas divertindo-se espalhafatosamente. Comia-se nos altares das catedrais e bebia-se em excesso. O deboche era generalizado. Tudo era permitido aos participantes, em geral padres e povo, enquanto os abades e bispos escondiam-se em seus aposentos. Dizia-se que os irmãos laicos, durante esses dias, compensavam um ano inteiro de humilhação e submissão fazendo do asno o representante da autoridade eclesiástica. Carroças cheias de excremento de animais passeavam pelas ruas, enquanto os humilhados e ofendidos membros leigos de ordens inferiores lançavam a carga delas sobre a população.

Era uma festa complexa, que durava horas e terminava com um tipo de carnaval pelas ruas. O asno sempre estava presente: o intuito principal seria fazer justiça aos mais humildes e fracos. Nesse momento, estes eram enaltecidos com a recuperação das palavras de Cristo e a inversão da posição entre superiores e inferiores. Os bispos nada podiam fazer para impedir o costume, até que, por se ter tornado extremamente grotesco e inconveniente, foi proibido e considerado um ato de blasfêmia.

O Festival do Asno foi um movimento compensatório e necessário numa sociedade onde a hierarquia clerical era extremamente rígida e havia uma grande separação entre o povo e os representantes da Igreja. Tratava-se de um momento de suspensão de valores estabelecidos, com a função de restabelecer o equilíbrio psicológico e social de certas comunidades da Idade Média. Nessa festa, abria-se espaço para liberar de modo catártico sentimentos reprimidos na vivência dos que se sentiam mais humilhados.

A escolha do asno como animal que representa o oprimido e inferior baseia-se na antiga reputação de ser tolo, ingênuo e até mesmo extremamente sincero, a ponto de colocar em risco a própria vida, como vimos em várias lendas retratadas anteriormente.

Essas histórias mostram que a estupidez e a falta de reflexão podem levar a impasses dolorosos e comportamentos desadaptados da vida social e profissional. Do ponto de vista psicológico, o ser humano, quando exageradamente ingênuo, deixa-se manipular sem perceber a sombra do outro, expondo-se a situações de alto risco na crença ingênua de assim conquistar a estima de outrem. Um baixo nível cognitivo revela-se aí como fator que dificulta a adaptação e o desenvolvimento geral.

A crença no outro e nas pessoas com quem se convive, sem uma análise mais profunda, pode levar a comportamentos imaturos, perigosos e até mesmo de desproteção. A falta de perspicácia talvez seja aqui produto de um olhar cabisbaixo, excessivamente humilde, e de um sentimento de inferioridade. Sem uma visão mais ampla e profunda, corre-se o risco de entrar em situações conflituosas e de grande sofrimento.

HUMILDADE E INGENUIDADE

Nos tempos medievais, o asno foi frequentemente associado a simplicidade, paciência e coragem. Assim, em diversas culturas, alçaram-no a símbolo de humildade religiosa, vendo-o como "animal de coração simples". Havia ainda a crença, comum nos primórdios do cristianismo, de que poderia guiar os fiéis aos céus e a Deus (veja "Asno: deuses associados ao asno").

Já presente na cena da natividade de Cristo, aparece inúmeras vezes ao lado de santos cristãos ou montado por eles. Dizia-se que são Francisco, conhecido por seus votos de pobreza e caridade, era tão piedoso que amava todos os animais – inclusive o asno, que geralmente está a seu lado em suas representações.

O asno também é encontrado na literatura greco-romana, na qual o re-

tratam comumente como estúpido e representante da classe mais pobre e servil – em contraste com o cavalo, tido como belo e poderoso. Da mesma forma, na simbologia heráldica escocesa o animal representa paciência e humildade.

Na literatura do século XX, o burro é frequentemente retratado como resistente e leal, como em *A revolução dos bichos* (1945), famoso livro do romancista inglês George Orwell. Nele, o burro Benjamim, embora passivo e indiferente às rebeliões sociais, tem bom coração. Procura não se envolver nos conflitos, mas é solidário e se compadece do sofrimento de seus companheiros maltratados pelo ditador da fazenda.

Essas qualidades estão também no desenho animado *Fantasia* (1940), de Walt Disney, em que um asno brinca com Baco (deus do vinho e da diversão), mas é punido por Zeus (deus-pai severo e autoritário). Recentemente, o burro aparece num popular desenho animado, fazendo a contraparte do herói Shrek – um ogro feio e rejeitado por todos. Nesse filme, o asno tem a função de estimular o ogro a agir contra os invasores e inimigos da floresta. Com seu entusiasmo, fala compulsiva e poucos recursos físicos para participar do conflito, convence Shrek a lutar contra o inimigo e salvar os personagens do bem. Em várias passagens, sua bondade e humildade são persistentes e incentivam o herói a completar sua missão, como no seguinte diálogo: "Se eu te tratei tão mal, por que ainda está aqui?", pergunta o ogro. "Porque é isso que fazem os amigos", responde o burro, mostrando sua lealdade e compreensão, apesar dos desrespeitos sofridos.

Sua falta de orgulho aparece em inúmeras expressões, tais como na italiana "coloque seu dinheiro no traseiro de um burro e ele o chamará de senhor" – significando que aquele que for rico ganhará respeito mesmo de uma pessoa simples ou ignorante.

Nos Estados Unidos, existem as expressões "Melhor um burro que me carregue do que um cavalo que me atire ao chão", "Um burro parece lindo para outro burro" e "Um burro nada mais é que um burro, mesmo coberto de ouro". Todos esses ditos indicam que não há como mudar a natureza de um asno: ele sempre permanecerá limitado.

As palavras "burro" ou "asno" são também usadas como adjetivo ofensivo em várias línguas, caracterizando uma pessoa estúpida ou ingênua. Assim, o apelido de "burro" é dado a um jogador de futebol quando comete um erro ou é inábil. No Brasil, há um jogo de cartas – o "jogo do burro" – em que o último a perceber que a brincadeira acabou é assim denominado. Na língua inglesa, as palavras *jackass* (asno macho) e *dumbass* são dirigidas a alguém considerado estúpido ou ingênuo (veja "Asno: pouca inteligência e estupidez").

ASPECTO MALÉFICO E DEMONÍACO

O asno apresenta simbolicamente um caráter por vezes maldoso e demoníaco. Nos mitos hindus, por exemplo, serve de montaria a várias divindades maléficas, especialmente a Nairrita (guardiã da região dos mortos) e a

Calaratre (aspecto sinistro de Devi, a deusa-mãe no hinduísmo). No budismo, o burro ou jumento é a montaria de Lha-Mo, demônio terrível derivado do aspecto destruidor de Devi.

No *Ramayana*, livro sagrado do hinduísmo, o asno é uma das configurações de Cara, monstro devorador de homens e irmão mais jovem do grande monstro divino Ravanas. Esse deus poderoso, em seu caminho para a "mansão real dos exilados", seguia numa carruagem cheia de ouro e pedras preciosas puxada por asnos com face de papagaio ou cabeça de monstro. Esses asnos condutores eram considerados monstros dourados e infernais. Cara quer dizer também "aquele que grita alto e estridentemente", como o zurro de um asno.

Ainda na mitologia hindu, outro monstro com forma de asno era Assuradhenuka, morto por Balrama, irmão mais velho de Sri Krishna (veja "Asno fantástico").

Lilith, personagem do folclore hebraico considerada a primeira mulher de Adão em alguns textos antigos, relaciona-se com demônios femininos, entre eles Lamashtu ou Labartu, bruxa assassina de crianças. Um dos epítetos de Lamashtu era "a dama de pernas de asno". Provavelmente sua origem se deu na Mesopotâmia, onde era vista como uma deusa ou semideusa responsável pelas doenças, em especial as que afetavam o parto e as crianças. Dizia-se até que raptava os bebês enquanto mamavam no peito, agarrando-se aos seus ossos e sugando-lhes o sangue. Lamashtu é descrita como um ser mitológico híbrido, nua, com pelos no corpo, cabeça de leão, dentes e orelhas de burro, longos dedos, longas unhas e pés de ave com garras afiadas. Frequentemente é também retratada de pé ou ajoelhada sobre um burro, amamentando um porco e um cão e segurando cobras. Em alguns quadros, aparece sobre um burro, seu animal sagrado, o qual está num bote, navegando pelo submundo.

Na mitologia egípcia, o espírito do vento do deserto, o siroco, era conhecido como a respiração do Asno Selvagem – o Tifão, deus do mal, o qual trazia consigo sonhos ruins, impulsos assassinos e estupros. Segundo o mito, Tifão é também a respiração do deus egípcio Set, respiração essa que massacrou o deus Osíris. Set despedaçou o corpo de Osíris e causou a perda permanente de seu pênis: o único dos 14 fragmentos que a deusa Ísis, mulher e irmã de Osíris, não conseguiu recuperar. Temerosos, os egípcios costumavam desenhar a imagem de um asno nos bolos que ofereciam a Tifão, a fim de homenageá-lo.

Assim, a imagem do asno passou a ser símbolo do mal e oferecida ao deus Set (veja "Asno: deuses associados ao asno" e "Asno: relação com ser humano").

Há ainda a lenda de que o asno selvagem, por ciúmes, mordia e cortava os órgãos genitais dos filhos machos, mantendo-se assim o único pai viril e dominador da família.

A imagem do asno como animal maléfico parece ter marcado outras representações demoníacas, em especial as da Idade Média, quando monstros e diabos costumavam ter orelhas grandes e compridas. Seu zurro alto, estridente e longo também o associava ao diabo – "ao urrar atrás de sua presa". Além disso, devido ao tamanho avantajado de sua genitália, o asno passou a ser visto como Satã, encarnação do sexo e da libido. Expressão de instintos descontrolados do homem, esse animal representava a vida entregue ao materialismo e à sensualidade (veja "Asno: natureza fálica e luxúria").

Os alquimistas não se afastaram dessa tradição e atribuíam ao jumento a imagem do demônio de três cabeças, cada uma delas representando um princípio material da natureza: o mercúrio, o sal e o enxofre (veja "Asno: animal fantástico").

Notemos ainda que, em certas tradições europeias, o jumento aparecia em evocações de magia negra, embora se afirmasse que o diabo não tomava a forma desse animal. Na literatura persa tradicional, há uma história na qual o diabo usa um burro para obter permissão para entrar na Arca de Noé.

Finalizando, temos a expressão brasileira "rabo de burro", que curiosamente designa um sujeito desclassificado e atrevido.

Observamos nessas lendas a associação do asno com a sexualidade e o mal em culturas e épocas nas quais o sexo e o prazer eram temidos e/ou reprimidos. A grande genitália exposta desse animal despertava uma lascívia descontrolada, em que primava a brutalidade, especialmente dos homens. Nesse contexto, há também a relação entre uma sexualidade primitiva e a falta de reflexão e inteligência, outra característica simbólica do asno.

No campo psíquico, a falta de controle da vida instintiva erótica pode levar a comportamentos agressivos e violentos, em prejuízo de si e dos outros. Esse descontrole compulsivo ameaça a saúde física e psíquica do indivíduo e da sociedade. Nesse sentido, a sexualidade é considerada maléfica e se projeta em figuras demoníacas (veja "Asno: natureza fálica e luxúria").

PODER DE CURA, PODER MÁGICO E PRESSÁGIOS

Em várias crenças populares, o asno tem grandes poderes mágicos, em geral relacionados com inteligência e erotismo. Assim, por exemplo, em certas regiões europeias, dizem que aquele que abraçar um burro recém-nascido ficará mais esperto ou que o ato de comer os miolos desse animal pode aumentar o desejo amoroso.

Na mitologia grega, o asno aparece carregando um talismã de Zeus, pai dos deuses gregos, o qual tinha o poder de rejuvenescer quem descobrisse o ladrão do segredo do fogo divino. Segundo uma das versões dessa lenda, o asno, por estar com sede, vai beber de uma fonte cujas águas tinham também o poder de rejuvenescer. Essa fonte era guardada por uma serpente que, por beber dessas águas, sempre renovava a pele. Impedido por ela, o asno oferece-lhe o talismã em troca de permissão. Assim, ao beber dessa fonte, o asno também rejuvenesce, tornando-se jovem e bonito. A juventude é celebrada como virtude peculiar desse animal. Provavelmente, daí surgiu a fama, entre os romanos, do alto valor cosmético e rejuvenescedor do leite de asna.

Além das propriedades embelezadoras, o leite de asna era considerado antídoto poderoso contra a maioria dos venenos, assim como a ingestão de sua carne. Dizia-se que o leite, em especial, era muito eficiente no tratamento de várias doenças, mas deveria ser consumido gelado, pois tomá-lo quente poderia ser fatal (veja "Asno: partes do asno").

Seu poder de cura é proverbial, estando presente em várias crendices da medicina folclórica. Por exemplo, uma loção de asno espirrada sobre doentes mentais os livraria da loucura. O excremento do burro era um dos remédios mais comuns. Para certos povos do Oriente Médio, a aplicação de três gotas de líquido extraído desse excremento, isolado ou associado a outras substâncias, curava de sangramentos nasais à grande maioria das feridas.

Na Europa, na Idade Média, usava-se nos olhos os excrementos frescos do asno para curar diversas doenças. Também se acreditava que a fumigação desse excremento tivesse efeito curativo de amplo espectro, assim como o sangue congelado desse animal daria o poder de prever o futuro e a fumigação de seus cascos sobre os genitais de uma mulher ajudaria a facilitar seu parto (veja "Asno: partes do asno").

Nessa mesma época, para prevenir a gravidez, as mulheres costumavam usar uma "pedra" – possivelmente uma glândula petrificada – retirada do pescoço do animal ou de sob a língua de um asno recém-nascido. Quando colocada na água, essa "pedra" tornava-se branco-amarelada e constituiria um antídoto poderoso contra a maioria dos venenos.

A dor de uma picada, sobretudo a do escorpião, também seria aliviada se a vítima montasse um asno de frente para o rabo e aguardasse que o animal desse sete passos. A vítima também poderia cochichar no ouvido do bicho "um escorpião me picou" e a dor se transferiria para ele.

Na Inglaterra, havia a crença de que os pelos tirados das costas do asno curavam tosse comprida se fossem postos num saco pendurado no pescoço do doente. Para curar ou evitar essa doença, passava-se a criança três vezes sobre as costas e por baixo da barriga desse animal, em nome da "Santíssima Trindade". Acreditava-se ainda que a doença da gota pudesse ser curada amarrando cascos do asno nos pés do doente (veja "Asno: partes do asno").

O poder do asno estendia-se ainda a práticas de magia usadas em encantamentos para tornar a pessoa amada prisioneira da vontade do rejeitado:

Asno és e filho de burra,
assim como este asno,
esta burra pode estar
sem albarda
e silha e sobrecarga;
assim como comer
isto que aqui trago
se torne burra e asno
e ande a meu mandado,
e me suba pelos pés,
e me ponha na cabeça.
(Braga, 1885, p. 125)

O asno relaciona-se também com certos presságios. Seu zurro, por exemplo, tem vários simbolismos. Em certas histórias italianas, quando o asno zurrava nas montanhas, um rabo nascia na testa da filha feia adotiva. Acreditava-se também que o terceiro zurro ou flato do asno anunciava a morte. Assim, seu zurrado era visto como um oráculo que previa, em geral, acontecimentos funestos.

Possivelmente, tais projeções de renovação e poder de cura associadas ao asno devem-se à força e à resistência desse animal. Assim, possuir uma parte de seu corpo seria uma forma mágica de assimilar suas qualidades.

NATUREZA FÁLICA E LUXÚRIA

O asno, provavelmente devido ao grande tamanho de seu pênis, recebe forte projeção de uma sexualidade exuberante e fálica. Lendas, histórias e costumes, tanto do Oriente quanto do Ocidente, ilustram essa qualidade. Até mesmo na Bíblia esse animal aparece como símbolo de indecência erótica.

Gregos e romanos associavam o asno ao deus da fertilidade, Príapo. Filho de Afrodite e Dioniso, Príapo era dotado de enormes genitais e, como deus fálico, protegia jardins e colheitas. Na condição de promotor da fecundidade, estava sempre presente no cortejo de Dioniso, frequentemente representado em companhia de um asno. Diz a lenda que Príapo apaixonou-se pela ninfa Lótus, que não gostava dele. Enquanto ela dormia, o deus tentou violentá-la, mas o asno de Sileno zurrou com força, acordando a todos. Em outra versão romana, o asno zurrou alto, protegendo Vesta ou Héstia, a deusa das lareiras, quando Príapo estava prestes a possuí-la. Para apaziguar Príapo, Vesta sacrificou esse animal. A partir de então, o asno passou a ser presenteado com pães e enfeitado com uma coroa de flores nos cultos de adoração a essa deusa. Em outra versão, ele mesmo teria tentado violentar Vesta, mas traiu-se ao zurrar e foi sacrificado. A morte desse asno é ainda descrita por outra lenda: por ter ganhado a disputa com Príapo num concurso sobre o tamanho do órgão genital, foi espancado até a morte com o falo do rival enfurecido. Esses episódios provocaram o ódio desse deus por todos os asnos e seu desejo de que fossem sacrificados em sua honra. Ocorreram sacrifícios de asnos sobretudo em Lâmpsaco, cidade da Ásia Menor, hoje situada na Turquia, região em que Príapo era mais reverenciado (veja "Asno: relação com os deuses").

Lendas e costumes antigos ocidentais e orientais confirmam a natureza fálica simbólica desse animal. Essa projeção por vezes redundou em rituais ou costumes sociais nos quais o asno era punido pelo pecado da luxúria.

Entre esses costumes comuns na antiga Europa, estava o de castigar um asno e sacrificá-lo como punição por atos de adultério. Castrar ou sacrificar esse animal significaria o mesmo que castrar e mutilar o corpo do adúltero, especialmente seu pênis. Até poucos anos atrás, na região do Piemonte, na Itália, o marido adúltero deixava-se bater pela esposa e era obrigado vergonhosamente a montar um asno. O marido traído, por ter sido incapaz de cuidar de sua mulher, também era castigado, sendo conduzido montado de costas sobre um burro, de modo que olhasse para o rabo do animal. Daí decorre o dito camponês europeu: "Aquele que ao asno pertence o segura pelo rabo".

No romance *Metamorfoses* – também chamado *O asno de ouro* –, do filósofo romano Apuleio (125 d.C.-170 d.C.), o jovem filósofo Lúcio é transformado em asno por seu apego aos impulsos sexuais e à luxúria, estado anterior ao da espiritualidade. Depois de muitas aventuras, o retorno de Lúcio à forma humana é possibilitado pelo reaparecimento de um senso de modéstia que leva à sua libertação e iniciação nos mistérios da deusa Ísis (veja "Asno: relação com o ser humano).

A luxúria pode também levar à "estupidez", como ilustra uma antiga fábula indiana. Segundo ela, o asno foi atraído duas vezes até o leão pelo chacal, que o induziu a acreditar que uma bela asna o esperava. Apesar de sentir medo, a tentação pela fêmea é mais forte e o animal envia o chacal na frente, para se proteger. Ao deparar com o leão, o asno foge rapidamente, mas o chacal convence-o de que fez muito mal ao abandonar a fêmea que por ele ansiava. E, assim, o asno retorna, para dessa vez ser dilacerado e devorado. Essa fábula é usada para exemplificar como a luxúria pode ser destrutiva, estupidificando o indivíduo e até levando-o à morte.

Uma história egípcia ilustra bem esse interesse do asno pelas mulheres: numa vila perto da cidade do Cairo vivia um homem que tinha um asno tão bem treinado que os camponeses pensavam tratar-se de um demônio disfarçado. Um dia, esse homem cochichou ao asno que o sultão desejava construir um belo edifício e planejava empregar todos os jumentos do Cairo para carregar pedras, argamassa e cal. O asno imediatamente se deitou, fingindo-se de morto. O homem disse então que no dia seguinte o sultão mandaria todas as mulheres bonitas montar em asnos, o que foi suficiente para o velho asno se levantar e erguer as orelhas. Mas, continuou seu dono, "o governador me pediu para emprestar meu asno para sua esposa, uma mulher desdentada e muito feia". Imediatamente o asno começou a mancar, como se fosse incapaz. "Ah, você gosta de mulheres bonitas?", perguntou-lhe, ao que o animal assentiu com a cabeça. "Bem, há muitas presentes; então me mostre a mais bonita" – ordem à qual o asno obedeceu de pronto e com grande precisão.

Outro exemplo é a história do lendário rei Midas. Durante uma competição de flauta entre Pã e Apolo, ao preferir a música de Pã, o rei expressa seu interesse mais pelo sensual do que pelo espiritual, deixando Apolo furioso. Como punição, recebe desse último orelhas de asno, para demonstrar tanto a estupidez de sua escolha como seu gosto duvidoso. Envergonhado dessa anomalia, Midas tenta escondê-la, até que seu barbeiro a descobre e, desejoso de contar o segredo e ao mesmo tempo receoso de fazê-lo, sussurra o fato num buraco, onde depois crescem caniços. Com o bater do vento, os caniços ressoam o humilhante castigo para todos ouvirem (veja "Asno: falta de inteligência e estupidez").

Platão também descreve a relação do asno com a luxúria na obra *Fédon (a imortalidade da alma)*. Lá, Sócrates diz: "Como é natural, [as almas] voltam a ser aprisionadas em naturezas de costumes iguais aos que elas praticaram em vida. [...] as que eram dadas à glutonaria, ao orgulho ou à embriaguez desbragada entram naturalmente nos corpos de asnos e de animais congêneres" (capítulo XXXI).

No livro *O convívio*, Dante Alighieri enfatiza essa imagem ao dizer: "Aquele que deixa a razão e emprega somente os sentidos não vive como homem, mas sim como uma besta: ele vive como um asno" (capítulo VII).

O asno também foi retratado na antiga arte da Mesopotâmia como animal alegre, que cantava e tocava harpa sobre as patas traseiras. Provavelmente tal representação foi levada pelos cruzados pela Europa durante a Idade Média. William Shakespeare usou esse motivo em sua peça *Sonho de uma noite de verão* (ato IV, cena 1). Nela, Titânia, a mulher do rei das fadas, apaixona-se por Fundilhos, jovem ator cuja cabeça é transformada na de asno pelos caprichos do diretor da peça que ensaiava. Ao despertar do veneno das flechas de Cupido que a enfeitiçara, Titânia se horroriza por ter amado um tolo "cabeça de asno".

O asno também tem lugar de honra no Festival dos Tolos e nas festas de são João, revelando duplo aspecto: entrega aos prazeres da carne e vitória sobre os poderes da escuridão (veja "Asno: pouca inteligência e estupidez").

Essas histórias observam a estreita relação entre o asno e as qualidades fálicas e sexuais a ele atribuídas e ilustram uma oposição entre inteligência e sexualidade desmedida. Metaforicamente, o desejo viril pode levar a um rebaixamento da consciência e das defesas que alertam o ego para riscos possíveis. O homem tomado pelo único objetivo de possuir uma fêmea pode ficar à mercê de prazeres corporais, deixando de lado a crítica e o raciocínio lógico. Comporta-se por vezes como um tolo, sem perceber quanto está descontrolado e sendo manipulado pelos instintos; enfim, sem se dar conta do papel ridículo que assume.

RELAÇÃO COM O SER HUMANO

A ideia da transformação do homem em burro ou asno é associada ao apego aos impulsos eróticos e à luxúria, já que, como vimos, atribuem-se frequentemente a esse animal qualidades fálicas exageradas. Assim, alguns textos narram transformações de seres humanos em jumento ou asno mediante encantamento e efeitos mágicos. Outros descrevem essas transformações como punição por comportamentos sexuais exacerbados (veja "Asno: natureza fálica e luxúria").

Na maioria das concepções indo-europeias, o asno tem um significado fálico: se durante a noite o homem for submetido aos encantos de uma bela fada ou feiticeira, pode se transformar em asno e, sob essa forma, passa a carregar os mistérios de Príapo, deus grego da fertilidade. Assim, o asno conheceria os mistérios da força viril desmedida, estando sempre pronto para a atividade sexual e a ela aprisionado (veja "Asno: natureza fálica e luxúria").

Na antiguidade greco-romana, dizia-se que, para se curar, os homens enfeitiçados e transformados em asno teriam de comer rosas, símbolo do amor espiritual. Na literatura, como vimos, um dos exemplos mais famosos dessa transformação é o texto *O asno de ouro*, do escritor romano Lúcio Apuleio. Nele é descrito o caso de Lúcio, transformado em asno pelo unguento de uma mulher. A história começa quando esse herói, amante da empregada de uma grande feiticeira, vê esta transformar-se em coruja e voar, o que lhe desperta o desejo de fazer o mesmo. Porém, é ludibriado pela amante, que lhe dá uma poção que o transforma em asno e diz que só poderá voltar à forma humana comendo rosas. Porém, quando Lúcio tenta beliscar algumas dessas flores de um altar, um coroinha o espanta, dando início a uma série de aventuras nas quais, como asno, ele é maltratado e forçado a carregar cargas pesadas, sendo até abusado sexualmente. Porém, aprende a ter humildade e sabedoria, qualidades que lhe faltavam de início. Somente ao término de sua provação é que recebe rosas de um sacerdote de Ísis, mostrando que estava iniciado nos mistérios dessa deusa. Uma das interpretações dessa história é que a forma do asno representa o corpo físico que aprisiona e desafia o espírito humano. Na forma de asno, Lúcio carrega os mistérios priápicos, deles se apropriando após ingerir rosas, símbolo do amor mais sublime. Nesse conto, vemos a bestialidade como estado precursor da espiritualidade. Como escravo de seus impulsos sexuais descontrolados, Lúcio é um asno, mas, quando compreende o lado amoroso da sua sexualidade, retorna à forma humana – transformação essa que coincide com o reaparecimento do senso de modéstia no herói, que é então protegido por uma guirlanda de rosas místicas.

Associação semelhante encontra-se no mito do herói grego Odisseu ou Ulisses. Em uma das paradas durante sua viagem, a poderosa feiticeira Circe quer transformar a cabeça dele na de asno por meio de um unguento, com o objetivo de aprisioná-lo a seus pés para sempre. Ulisses só sai ileso porque resiste aos encantos dessa bela mulher.

A mesma ideia é descrita por Vincent de Beauvais, enciclopedista do século XII. Ele conta que duas mulheres mantinham um prostíbulo perto de Roma onde, depois de transformar seus hóspedes em animais, os vendiam no mercado. Um deles, comediante, foi transformado em asno e, como manteve seu talento, passou a ser exibido em espetáculos, rendendo muito dinheiro. Vendido para um vizinho, apresentava-se com frequência. Entretanto, esse dono esqueceu-se da recomendação de que o animal não poderia tomar banho para não quebrar o encanto; num momento de distração, o bicho correu para o lago e voltou à forma original. Mais uma vez, vemos a transformação de um homem em asno pelas mãos de uma mulher que o enfeitiça devido a seus impulsos sexuais.

No folclore brasileiro, várias histórias ilustram essa transformação. Uma delas conta que, no tempo em que Jesus e Pedro andavam pelo mundo disfarçados de peregrinos, chegaram ao entardecer a uma fazenda de criação. Pediram pouso, mas o dono da casa mandou dizer que não abrigava vagabundos. Porém, eles tanto rogaram que o homem os mandou dormir no galinheiro. Como a fome não deixava Pedro dormir, Jesus transformou uns gravetos em moedas de ouro. Ao ouvir seu tilintar, o fazendeiro lhes deu comida com a intenção de roubá-los mais tarde. Enfurecido, Jesus transforma o homem ganancioso e mau em burro. Somente depois de muita purgação e sofrimento, reconhecendo sua culpa, o burro pôde voltar à forma humana para não mais "pecar".

O conto de fadas "O asno", dos irmãos Grimm, também retrata essa situação. Um asno muito inteligente e prendado, filho de reis humanos, casa--se com uma princesa depois de conquistar a todos com seus dotes de flautista. O rei, pai da princesa, intrigado com a felicidade da filha, descobre que todas as noites o asno transformava-se em um lindo jovem, retomando sua pele animal ao amanhecer. Para desfazer o encanto, o rei queima essa pele, obrigando o jovem a manter sua forma humana. A história tem final feliz.

Uma mulher também pode se transformar em asno – nesse caso, em mula –, geralmente como punição por seu comportamento sexual "pecaminoso". O folclore latino-americano é rico em histórias desse tipo, sendo a lenda da mula sem cabeça uma das mais populares. Também encontrada em outros países de tradição católica, refere-se à transformação de uma mulher em animal (sem cabeça) como punição por ter tido relações sexuais com um padre (veja "Asno: relação com o ser humano" e "Asnos fantásticos: mula sem cabeça"). Esse mito, em especial, culpa a mulher por ter seduzido o padre, condenando-a a uma situação sombria e descontrolada.

Tal lenda refere-se à mulher que "perde a cabeça" devido à paixão e, sem capacidade de reflexão, corre desesperadamente sem destino, como que possuída por uma raiva incomensurável. Nesse estado alterado de consciência, é tomada por impulsos destrutivos contra todos e, sobretudo, contra si mesma. Enganada e seduzida pelo homem poderoso – no caso, o padre –, é abandonada e rejeitada por todos, não encontrando mais lugar na sociedade. Nesse mito, a sexualidade feminina é a única responsável pela quebra dos votos de castidade do padre. A "mulher seduz" e é castigada. O homem se isenta de qualquer culpa.

Em outros contos mais antigos, a sombra da sexualidade reprimida é projetada sobre a mulher, que ao seduzir o homem o transforma em um animal de pouca inteligência.

Assim, histórias com o asno revelam que, quando a sensualidade emerge desvinculada da inteligência e da capacidade de discernimento, tanto o homem quanto a mulher se tornam irracionais e podem virar verdadeiras "bestas".

A COR DO ASNO

Asno branco

Na China, o asno branco representava vida longa, sabedoria e bondade. Como era considerado um animal superior, só podia ser montado por sábios.

Um dos asnos mais famosos na tradição muçulmana é aquele que carrega o Dajal, considerado o "messias impostor" – figura maléfica que se passaria pelo verdadeiro messias antes do Dia da Ressurreição. Na tradição cristã, o Dajal corresponderia à figura do Anticristo (veja "Asno: animal de carga e montaria").

Asno cinza

Em certas províncias francesas, uma lenda dizia que o asno cinza, quando tinha no dorso duas linhas de pelos escuros em forma de cruz, teria carregado a cruz de Cristo (veja "Asno: animal de carga e montaria").

Em algumas lendas húngaras, as linhas cruciformes do asno cinzento eram feitas de respingos de sangue resultantes da crucificação. Já no folclore irlandês, essas linhas escuras são marcas das chicotadas dadas por Cristo em sua montaria desobediente.

Asno vermelho

Em geral, associam-se ao asno avermelhado qualidades perigosas, malévolas e até mesmo o epíteto de "espírito do mal". Em vários países ainda se diz que uma pessoa má e perigosa é "um asno vermelho".

Segundo tradição do antigo Egito, o "asno vermelho" era uma das entidades mais perigosas que a alma se arriscava a encontrar em sua viagem depois da morte. Aparecia associado ao demônio e era sacrificado aos deuses do mal Set e Tifão, este por vezes retratado com cabelos vermelhos (veja "Asno: aspectos maléficos e demoníacos").

Identificava-se também com a "Besta Escarlate do Apocalipse" ou como o "Jumento Malvado" em tradições francesas, segundo certos autores. Parece que a expressão francesa "mau com um jumento vermelho" teria origem semelhante. Na França, na região da Lorena, eram comuns expressões como "teimoso como um jumento" ou "mau como um jumento vermelho", as quais remontariam ao século XVII e designariam o cardeal Richelieu (a quem o duque de Lorena, Charles IV, chamava de "meu jumento vermelho"), em alusão à Guerra dos Trinta Anos, que devastou a região.

Essa associação também é encontrada em outros lugares, como na Índia e no Oriente próximo. Em certas lendas ocidentais, feiticeiros afirmam que Satã poderia encarnar-se no corpo de um asno vermelho.

PARTES DO ASNO

São a atribuídas várias propriedades mágicas às diversas partes da anatomia do asno.

Cabeça

Dizia-se que a cabeça do asno tinha propriedades apotropaicas contra "olho gordo" ou "olho demoníaco", e que para controlar seu parceiro ou assegurar-se de seu amor eterno a mulher devia oferecer-lhe cérebro de asno. Entretanto, acreditava-se que consumir esse alimento trazia estupidez, provavelmente reflexo da antiga crença da falta de inteligência desse animal (veja "Asno: pouca inteligência e estupidez").

A cabeça de asno aparece comumente em emblemas, divisas e símbolos medievais. Representa humildade, paciência e coragem. Às vezes há uma roda ou um símbolo solar entre as orelhas do asno, denotando que este poderia ser um animal sacrificial. Acreditava-se também que pelo exame da cabeça de um burro ou pelo seu cozimento poder-se-ia adivinhar o futuro.

Casco

O casco do asno denota força e inatacabilidade.

Chifres

Alguns escritores gregos e latinos retrataram o mito do asno que tinha um chifre – no qual guardava a água do Estinge, rio infernal do Hades, o mundo inferior (veja "Asno: animal fantástico").

Excremento

Acreditava-se que o líquido extraído do excremento do asno curasse sangramento nasal e feridas (veja "Asno: poder de cura, poder mágico e presságios").

Leite

O leite do asno era considerado um antídoto contra venenos e remédio para muitas doenças. Para os romanos, seus poderes eram de rejuvenescimento.

Mandíbula

Segundo lenda romana, o forte herói Sansão matou mil inimigos com a mandíbula de um asno; no lugar onde a jogou fora, nasceu uma fonte. Aqui a mandíbula é uma parte tão forte do corpo que pode ser usada como arma.

Orelhas

Uma história mongol fala de um rei com orelhas douradas de burro cujo cabelo era penteado todas as noites por jovens. Estes eram condenados à morte a fim de não revelar a ninguém essa característica grotesca do rei. Porém, um jovem, por levar bolinhos de sua mãe, agradou ao monarca e, depois de algumas peripécias, criou um chapéu comprido que escondia as orelhas do monarca. O povo gostou do adereço e adotou essa forma de chapéu, de modo que o rei não mais precisava se esconder.

O rufião greco-romano Sileno tinha orelhas de burro, numa alusão a seu caráter depravado e voluptuoso. O rei Midas, da mesma mitologia, escondia suas orelhas num chapéu vermelho, mas foi descoberto como na história da Mongólia (veja "Asno: natureza fálica e luxúria" e "Asno: pouca inteligência e estupidez").

Para os antigos gregos, quando nuvens encobriam o sol, ele estava coberto com pele de asno e, portanto, molhado e carregado de chuva. Daí a crença de que, quando o asno mexia as orelhas, poderia chover.

Nos Estados Unidos, a expressão *"donkey's years"* (anos de burro) significa um tempo tão longo quanto as orelhas desse animal. Acredita-se também que essa expressão se deva à longevidade do jumento, que vive cerca de 40 anos.

Pele

No conto de fadas "Pele de asno", escrito pelo francês Charles Perrault (1628-1703), uma bonita princesa é perseguida pelo pai, rei sedutor e incestuoso, após a morte de sua mãe. Para escapar da violência paterna, a jovem se disfarça na pele de asno, a fim de parecer repugnante a todos. Sob o manto da pele de asno, ela humildemente se protege, ficando imperceptível aos olhos do rei e de toda a corte. Nesse sentido, a pele de asno significa humildade e proteção, mesmo que sob aparência suja e repugnante.

Pelos ou crina

Muitos acreditam que o fato de Jesus, segundo os evangelhos bíblicos, ter montado em um burro ao entrar em Jerusalém fez que uma cruz surgisse em seu lombo, de modo que o pelo dessa região promoveria a cura (veja "Asno: animal de carga e montaria").

Rabo

No folclore europeu, dizia-se que o rabo do burro curava tosse comprida e mordida de escorpião (veja "Asno: poder de cura, poder mágico e preságios").

Zurro

O zurro do asno tem vários significados, como soar aterrorizante ou ser um preságio. Para o historiador grego Heródoto, os cíntios, povo da antiga Grécia, foram derrotados quando os asnos zurraram. Antigamente, dizia-se que o asno no inferno tudo sabe e tudo ouve, devido ao tamanho de suas orelhas.

Numa história da Mongólia, um asno espanta bandidos com seus zurros e seu dono fica inesperadamente com todo o tesouro abandonado pelos ladrões em fuga.

RELAÇÃO COM OUTROS ANIMAIS

A relação do asno ou burro com outros animais é ilustrada por histórias em que esse animal demonstra pouca habilidade e inteligência menor que a dos outros.

Burro e cão

Em uma fábula de Esopo, o burro, por nada pensar, não ajuda um cão em perigo. Por vingança, o cão não o protege e deixa que um lobo o devore. Em outra, o burro, com inveja do cão, que ganha carinho e afagos, tenta se aproximar do dono, mas, desajeitado, acerta seu queixo com o casco e a ferradura, e por isso o dono lhe dá uma paulada.

Burro e cavalo

Também em fábulas de Esopo, o burro quer dividir sua carga com o cavalo, mas este, além de não o ajudar, abandona-o e o leva a morrer de exaustão. Por isso, o cavalo fica com uma carga ainda mais pesada, pois agora ela contém também a pele do burro. Essa história retrata o burro como animal mais cordato, enquanto o cavalo, por seu egoísmo, se prejudica.

Burro e gato

Uma lenda europeia diz que Jesus Cristo seguia por uma estrada muito ruim, debaixo de sol forte, e por isso sentiu sede. De repente, encontrou um gato e pediu que o ajudasse a encontrar água. O gato, fazendo-se de importante, recusou ajuda, dizendo que não fora criado para servir ninguém. Como punição, Jesus o amaldiçoou, afirmando que a partir daquele momento a água seria sua inimiga. Mais adiante, Jesus encontrou um burrinho pastando e lhe fez o mesmo pedido. O animal saiu correndo e lhe arrumou água. Jesus, assim, abençoou o burrinho, de modo que nunca lhe faltasse água e seu focinho pudesse sempre encontrá-la, por mais inacessível que estivesse.

Burro e leão

Em várias histórias do folclore, o burro, vestido com pele de leão, pensa ser poderoso e provocar medo, esquecendo-se do próprio disfarce e acreditando que todos o temem de verdade. Em outras, é o leão que se aproveita do zurro do burro para espantar a caça de seu covil e assim devorá-la. Ingenuamente, entretanto, o burro sente-se orgulhoso por acreditar que sem seus zurros o leão não caçaria.

Burro e raposa

Na maioria das fábulas de Esopo, o asno sempre fracassa. Em uma delas, um asno veste a pele de um leão e sai amedrontando a todos os que encontra pela frente, animais e pessoas. Uma raposa, porém, ouve seu zurro e diz: "Oh, é só você. Eu morreria de medo se não tivesse ouvido sua voz". Aqui, mais uma vez o asno é malsucedido na tentativa de parecer mais do que realmente é e não consegue vencer a esperteza de outro animal.

DEUSES-ASNO

Na Antiguidade, o asno como figura divina aparece sobretudo na figura de Pales e de Ravana.

Pales

Pales, o deus-asno na religião romana primitiva, era um espírito rústico masculino ou feminino, conforme a fonte de referência. Com cabeça de asno, pode ter sido uma dupla divina, uma vez que a palavra "pales", em latim, é tanto singular quanto plural.

Seu culto provavelmente se originou na Líbia e existiu em várias partes do mundo antigo. Alguns historiadores afirmam que a palavra "Palestina" significa "a terra de Pales", pois diziam que nesse lugar havia um deus andrógino com cabeça de asno popularmente conhecido como Pales por cananeus, israelitas e filisteus. Como seu templo principal ficava numa colina da região, é possível que a palavra "palácio" derive de seu nome.

Nos dois primeiros séculos da era cristã, Pales era um deus priápico cultuado no festival de Palília, o qual foi de início celebrado pelos primeiros reis de Roma e mais tarde pelo sumo-sacerdote no dia 21 de abril, data tradicional da fundação de Roma. Nele, virgens vestais abriam o ritual distribuindo palha, cinzas e sangue de animais sacrificados. Seguia-se uma cerimônia purificatória de pastores e re banhos, que passavam através de palha amontoada em chamas a fim de propiciar prosperidade na estação vindoura. As danças em homenagem a esse deus eram realizadas por sacerdotes que usavam máscaras de cabeça de asno.

Outro festival a Pales, aparentemente dedicado "aos dois Pales", acontecia no dia 7 de julho.

Pales era tão importante na antiguidade romana que o general romano Marco Atílio Régulo, após uma batalha vitoriosa em 267 a.C., construiu um templo a ele dedicado. O monte Palatino, onde se instalaram os primeiros romanos, provavelmente deve seu nome a esse deus.

Mauro Sérvio Honorato, mais conhecido como Sérvio e considerado o homem mais sábio da península itálica no início do século V, afirmava que Pales era uma deusa, a Diva Palatua, um disfarce de Vesta. Outros dizem que era uma mulher protetora dos animais ou o consorte de Vesta.

No calendário cristão, a Palília foi incluída nas festas em louvor de são Jorge. Um de seus antigos costumes pode ter dado origem à brincadeira junina de pendurar o rabo do burro e à festa americana de Halloween, a qual lembra os sacrifícios de rabos de equinos levados triunfalmente para o templo de Vesta.

Ravana

É provavelmente na Índia que se encontra a representação mais antiga do asno como deus, na figura de Ravana. Em certas imagens, retratava-se esse rei sagrado pré-védico com dez cabeças humanas coroadas por uma cabeça de asno, simbolizando o espírito do deus-asno encarnado nos dez reis. Sua característica básica era ser cruel e inescrupuloso. Representavam-no também com longas orelhas, as quais pareciam ter o mesmo significado de virilidade que os chifres do touro ou do veado sagrados na antiga Índia.

DEUSES ASSOCIADOS AO ASNO

Nas culturas grega, romana e egípcia, a imagem de vários deuses foi associada ao asno ou jumento. Em geral, este se relaciona com os prazeres do vinho, da dança e da sexualidade:

Apolo

Para os antigos gregos, o jumento era um animal sagrado para o deus solar Apolo e ocupava papel importante em seu culto. Consagraram a Apolo esse animal porque, segundo o mito, ele carregara a arca que lhe servira de berço. Há referências ao jumento sendo sacrificado em Delfos para homenagear Apolo.

Baco

O asno também era associado a Baco (Dioniso, para os gregos), deus romano do vinho, da viticultura e da embriaguês, frequentemente representado sobre um asno. Diz a lenda que certa vez, quando viajava ao redor do mundo para ensinar agricultura, Baco chegou a um lago. Sem saber atravessá-lo, recebeu a ajuda de dois asnos, que o carregaram em segurança para a outra margem. Em gratidão, Baco colocou ambos no céu, formando uma constelação (veja "Asno: animal de carga e montaria").

Dioniso

O asno usado para trabalhar no campo e nas videiras era consagrado a Dioniso, o deus do vinho e da sensualidade na mitologia greco-romana.

Enquanto na Grécia se representava Dioniso num asno, os romanos relaciona-vam esse animal a Príapo, deus da fertilidade, inserindo-o também no séquito da deusa Ceres. Por essa razão, associou-se o asno ao êxtase, à sexualidade e à bebedeira dionisíaca (veja "Asno: natureza fálica e luxúria").

Os gregos também vinculavam o asno aos frígios, seus inimigos tradicio-nais. Segundo uma lenda, Midas, rei da Frígia e seguidor de Dioniso, falhou ao não apreciar a música sutil de Apolo, deus solar, preferindo a música dionisíaca, mais sensual de Pã. Irado, Apolo pôs orelhas de asno no rei para simbolizar sua estupidez. Desse modo, as orelhas do burro tornaram-se um símbolo comum de pouca sensibilidade e baixa cultura. Possivelmente, o capuz usado pelos bobos da corte na Europa medieval, que tinha duas ponteiras com sinos, representava as orelhas do asno e sua "burrice" (veja "Asno: falta de inteligência e estupidez").

Calaratre

Na Índia, Calaratre, também considerada a forma mais poderosa e feroz da deusa Parvate, era retratada com pele negra e quatro braços (cada um car-regando uma arma), montada num asno.

Saturno

O asno era um dos animais do deus romano Saturno, possivelmente vindo da tradição egípcia do deus Set e, portanto, associado a qualidades "sa-turninas", sombrias. Assim, fazia parte das Saturnálias, festivais de inverno dedicados a Saturno em que se sacrificava um asno em sua homenagem.

Também na astrologia associava-se o asno a Saturno, incorporando as qualidades desse planeta: falta de energia, depressão criativa, desespero, pesar, sofrimento, aprisionamento, desesperança e desumanização.

Set

Deus central na mitologia egípcia, Set foi associado ao asno ao longo do Império Médio (2040-1991 a.C.) e durante o Império Novo (1550-1070 a.C.). Nessa época, Set dominava os deuses do Egito e, como mostra de sua sobera-nia, ostentava um par de orelhas de asno no topo da cabeça.

No tempo dos reis hicsos do Egito, Set era o deus do vento quente do deserto, chamado de "respiração do asno", e também o "Senhor das Câmaras

do Sul", quando surgiam os ventos da tempestade. Acreditava-se que o vento do deserto trouxesse a peste – daí a denominação "tufão" dada aos ventos tempestivos, termo que deriva do nome grego de Set: Tifão. Esse nome está presente em várias línguas: em árabe e hindustâni, chama-se o vento de *tufan*; em chinês, *t'ai fung* e *tuffon* ou *taifun* no Sul do Pacífico. Em português, um vento muito forte também tem o mesmo nome: tufão.

Set era irmão e feroz rival de Hórus, ambos representados como deuses que se alternavam durante o ano e lutavam entre si, castrando um ao outro. Por ter matado Osíris, Set personifica o mal, o assassinato, a mentira e a brutalidade. Algumas representações mostram Set subjugado, com cabeça de asno, corpo cravado de facas e amarrado pelos braços a uma vara aforquilhada para escravos. Em outras, aparece com cabeça de asno amarrado a um poste, tendo Hórus ao lado com uma faca na mão. A rivalidade entre Hórus e Set foi resolvida por Ramsés IV, que unificou as duas divindades. Pinturas na tumba desse faraó mostram tanto Set quanto Hórus com duas cabeças sobre um pescoço.

Sileno

Sileno era um deus greco-romano primitivo, relacionado à dança do "pisoteio das uvas". Seu nome deriva das palavras gregas *seiô* (mover-se de um lugar para outro) e *lênos* (cocho de vinho). Era também o deus da bebedeira, ora representado sobre um burro no séquito de Dioniso, ora como um homem jovial, peludo e careca com barriga avantajada e nariz pontiagudo, orelhas e rabo de asno (veja "Asno: animal de carga e montaria").

Cristo

Na Bíblia, associa-se o asno a Jeová e a Cristo no Antigo e no Novo Testamento, respectivamente.

Na Idade Média, o asno tinha um significado positivo e costumava representar uma forma de deus, como animal de carga e paciente. No cristianismo, está presente simbolicamente no nascimento de Cristo em Belém, testemunhando esse momento, o que, segundo algumas interpretações, representaria o antigo deus Saturno ou ainda Dioniso.

A recorrência de muitos dos temas das antigas mitologias pagãs nas lendas do Cristo redentor era intencional nos primeiros séculos depois de Cristo. A presença do asno e do boi na cena da natividade simbolizaria, segundo estudiosos, os animais dos irmãos egípcios rivais Set e Osíris. Sua inclusão na nova cena significaria, em primeiro lugar, que em Cristo os opostos seriam reconciliados: "Mas eu lhes digo: amem os seus inimigos e orem por aqueles que os perseguem" (Mt 5:44); em segundo lugar, que no nascimento, na morte e na ressurreição do novo salvador as promessas pressagiadas nos mitos dos deuses pagãos se realizaram em fatos históricos.

A presença do jumento como montaria de Cristo em sua entrada em Jerusalém confirma a relação simbólica entre ambos (veja "Asno: animal de carga e montaria").

ASNOS FAMOSOS

A jumenta de Balaão

No Antigo Testamento, uma famosa história ilustra a importância do jumento. Segundo ela, o rei de Moabe chamou o mago Balaão para amaldiçoar os israelitas. Balaão seguiu viagem montado em uma jumenta, até que um anjo de espada na mão apareceu em seu caminho. Assustada, a jumenta saiu da estrada, mas Balaão bateu nela para que retornasse à estrada. O anjo apareceu mais uma vez, e Balaão bateu com fúria na jumenta. Então, "o anjo do Senhor" surgiu de novo. Quando o viu, a jumenta "deitou-se debaixo de Balaão. Acendeu-se a ira de Balaão, que bateu nela com sua vara. Então o Senhor abriu a boca da jumenta, e ela disse a Balaão: 'Que foi que eu lhe fiz para você bater em mim três vezes?' Balaão respondeu à jumenta: 'Você me fez de tolo! Quem dera eu tivesse uma espada na mão; eu a mataria agora mesmo'. Mas a jumenta disse: 'Não sou sua jumenta, que você sempre montou até o dia de hoje? Tenho eu o costume de fazer isso com você?' 'Não', disse ele. Então o Senhor abriu os olhos de Balaão, e ele viu o anjo do Senhor parado no caminho, empunhando a sua espada. Então Balaão inclinou-se e prostrou-se, rosto em terra. E o anjo do Senhor lhe perguntou: 'Por que você bateu três vezes em sua jumenta? Eu vim aqui para impedi-lo de prosseguir porque o seu caminho me desagrada. A jumenta me viu e se afastou de mim por três vezes. Se ela não se afastasse a esta altura eu certamente o teria matado; mas a ela eu teria poupado'" (Nm 22:26-33).

Aqui o papel da jumenta é claramente benéfico, simbolizando conhecimento espiritual, paz, coragem e paciência. Segundo dizem, por essas qualidades Maomé colocou a jumenta de Balaão junto com Alborac no paraíso.

ASNOS FANTÁSTICOS

O asno de ouro

Diferentemente de outras interpretações, a analista junguiana Marie-Louise von Franz (1989) considera que o romance *O asno de ouro* baseia-se numa história alemã em que um homem corteja a bela filha de uma feiticeira e parte para a guerra. Por ser infiel a ela, é transformado em asno e obrigado a transportar os sacos de farinha de um moleiro. O feitiço termina quando o protagonista descobre, ao ouvir a conversa da feiticeira, que se comesse lírios retomaria a forma humana, pois teria assim apreendido o valor do amor (veja "Asno: relação com o ser humano").

O jumento Alborac

Em árabe, *alborac* significa "relâmpago". Segundo uma lenda árabe, o jumento foi um dos dez animais que o profeta Maomé pôs no paraíso. Antes de partir para os Sete Céus, o anjo Gabriel levou-lhe o jumento Alborac, que era mais branco do que leite e tinha cara humana e mandíbula de cavalo. Seus olhos brilhavam como estrelas e os raios que deles saíam eram mais quentes que os do sol. Entretanto, ao ver Maomé, o jumento abriu suas asas de águia e começou a lhe dar coices. Alborac disse ao anjo Gabriel que se deixaria montar se Maomé prometesse que o faria entrar no paraíso no dia da ressurreição. Feita a promessa, o jumento conduziu Maomé de Meca a Jerusalém (veja "Asno: animal de carga e montaria").

O asno mítico

Segundo a tradição mitológica hindu, havia um asno mítico, guardião das riquezas e das águas, que às vezes aparecia na forma humana. Sua tarefa principal era distribuir bens e água entre os piedosos, tendo assim um aspecto divino e beneficente. Porém, também tinha um lado monstruoso, que guardava fontes e tesouros, impedindo que qualquer um se aproximasse deles. De acordo com essa mitologia, a caverna e o inferno onde o tesouro estava escondido às vezes assumiam a forma de pele de asno ou simplesmente a do asno que o ocultava. Ainda segundo o mito, o asno voava pelos céus, onde lutava como um valente guerreiro, aterrorizando os inimigos com sua voz potente. Entretanto, quando seu lado sombrio se manifestava, ele não apenas derrubava o herói no chão como também o levava para o inferno.

O *Rigveda*, livro sagrado hindu, também apresenta o asno de Indra como animal alado, presente e atuante durante a noite, mas substituído ao amanhecer pelo cavalo. Segundo o texto, na corrida celestial entre os deuses védicos, os asnos venceram, mas tal esforço foi tão superior a seus poderes que com os anos perderam a agilidade e tornaram-se animais mais lentos e apreciadores de mel. Como conseguiram manter o grande vigor de seu esperma, passaram a gerar de duas formas: criaram a égua ao se unirem ao cavalo e a mula ao se unirem a outro asno.

Entre os indianos de Madras, os cavaravadonques, uma das castas principais, diziam descender de um asno. Esses indianos tratavam o asno como irmão e processavam aqueles que o maltratavam. Em dias chuvosos, preferiam dar abrigo ao asno àquele que o montava.

Monstro de três cabeças e chifre

Na alquimia latina, o asno é um *daemon triunus*, trindade do mundo subterrâneo retratada como monstro de três cabeças, uma representando a substância mercúrio, a segunda, o sal e a terceira, o enxofre – ou seja, os três princípios da matéria (veja "Asno: aspecto maléfico e demoníaco").

Monstro de três patas e chifre

O texto sagrado zoroástrico *Bundahishn* fala sobre um asno mítico chamado Kara. Personificação das forças da natureza e relacionado ao unicórnio, é descrito como um ser branco gigantesco de três pernas, seis olhos, nove bocas, duas orelhas e um chifre. Dois dos seus olhos estão na face, dois no topo da cabeça e dois na nuca. Esses órgãos lhe conferem uma visão aguçada e destruidora. Cada pegada de seus cascos no chão cobre o lugar de mil ovelhas e suas orelhas são capazes de abarcar toda uma cidade. Com seu chifre de ouro de mil ramos, destrói todos os males. Dizem que o âmbar é feito de seu esterco. É um dos auxiliares de Aúra-Mazdá, o princípio da vida, da luz e da verdade (veja "Asno: poder de cura, poder mágico e presságios" e "Asno: partes do asno").

Mula sem cabeça

Uma das figuras fantasmagóricas principais e mais populares no folclore brasileiro é a mula sem cabeça, também chamada de Burra, Burrinha do Padre ou simplesmente Burrinha, sobretudo no sertão nordestino e no interior do Sudeste.

Originada na Península Ibérica, essa lenda foi trazida por colonizadores portugueses e espanhóis para a América, estando por isso presente no folclore latino-americano. No México, recebe o nome de Malora; no folclore argentino, os de Almaula, Mula Ánima, Mujer Mula e Mala Mula.

Embora suas características variem muito de região para região, essa figura em geral é retratada como uma mula marrom ou preta, sem cabeça, que solta fogo pelo pescoço. Dizem que usa ferraduras de prata ou de ferro que produzem um trote hediondo, mais alto do que qualquer cavalo consegue produzir; em outras versões, seus cascos é que são de metal. Seus estridentes relinchos podem ser ouvidos a muitos metros de distância. Às vezes toma a forma de um animal quase negro, com uma cruz de pelos brancos no peito. Tem olhos de fogo e um facho luminoso na ponta da cauda. Diz-se também que geme como se morresse de dor.

A transformação da mulher nessa figura deve-se sempre a um castigo pelo "pecado mortal" de ter tido relações sexuais com um padre.

Segundo a lenda, a transformação da mulher em mula acontece também no campo mental. Sua mente se altera de tal maneira que, enlouquecida, sai durante a noite pelos campos matando gado, assustando pessoas e causando destruição e terror. Segundo a maioria dos relatos, a Mula é condenada a galopar sobre o território de sete povoados em uma noite (assim como na versão brasileira do lobisomem). Alguns contam que a viagem começa e termina no lugar onde o pecado foi cometido. A transformação em geral ocorre em uma encruzilhada na noite de quinta para sexta-feira, principalmente em noite de lua cheia, quando a mula corre em velocidade até o terceiro canto do galo. Em certos povoados, dizem que não se deve passar correndo na frente de uma cruz à meia-noite, pois a Mula pode aparecer. Se isso acontecer, a pessoa deve ter o cuidado de não encarar o monstro e deitar-se de bruços, escondendo as unhas, os olhos e dentes, bem como qualquer coisa que brilhe e atraia a atenção da criatura. Caso contrário, a mula avançará e atropelará aquele que estiver em seu caminho.

Na literatura de cordel, essa figura aparece com muita frequência, como nos versos de José F. Borges (s/d): *A moça que virou jumenta porque falou de topless com frei Damião*. O conto começa em Aracaju, quando uma "moça farrista de coração rancoroso, que não gosta de padre e nem de Deus poderoso", desafia a Igreja aparecendo de topless durante uma missa. Ao sair da igreja, "deu um esturro e um rincho e naquela mesma hora virou-se numa jumenta, deu três popas e foi embora". [...] "Por onde foi passando, deixou a população com doença e febre, tosse e indisposição, dores pelo corpo inteiro e muitos com rouquidão". Continuamente castigava "amancebados, desordeiro e vagabundo [...]". Adora "pegar moça farrista que dança, mocinha nova e fogosa quente igual pimenta". O encantamento só se quebra quando, arrependida, a jumenta pede perdão e frei Damião a redime, permitindo que volte à forma humana.

Diz-se também que a reversão à forma humana pode acontecer por derramamento de sangue se a mula for, por exemplo, picada com uma agulha ou amarrada a uma cruz. No primeiro caso, a mulher voltará a ser humana enquanto o benfeitor estiver vivo e morando na mesma paróquia em que recebeu o ferimento. No segundo caso, permanecerá humana até o sol amanhecer, mas virará novamente mula em uma próxima oportunidade. A extinção mais estável da maldição ocorre se alguém de grande coragem retirar da mula sem cabeça o freio de ferro que traz na boca. A mulher se manterá nessa forma enquanto o benfeitor estiver vivo. Porém, se alguém amarrar as rédeas de volta em sua boca, a maldição retornará.

De acordo com algumas versões, para se livrar definitivamente da mula sem cabeça pode-se matar o animal ou excomungar a mulher (ou ambos, em qualquer ordem). No entanto, a excomunhão só será eficaz se realizada antes da segunda transformação da mulher. Alguns afirmam que, se o padre amaldiçoar a mulher antes de celebrar a missa, a transformação não acontecerá. A mula pode também desaparecer de vez depois que o sacerdote pecaminoso morrer. Outros dizem que ela vai segui-lo mesmo que ele se mude para outra paróquia.

Acredita-se ainda que a retirada da maldição seria um grande alívio para a mulher, pois incluiria muitas provações. Agradecida e liberta, a vítima em geral se arrepende dos pecados e se casa com o benfeitor. Em qualquer caso, dizem que quando a Mula retorna à forma humana aparece completamente nua, suada e com cheiro de enxofre.

Em outras regiões, conta-se que, se uma mulher perde a virgindade antes do casamento, pode se transformar em mula sem cabeça. Essa versão está muito ligada ao controle que as famílias tradicionais buscavam ter sobre os relacionamentos amorosos, sobretudo das filhas. Era uma maneira de assustá-las, mantendo-as dentro dos padrões morais e comportamentais de séculos passados.

Existe ainda outra versão mais antiga e complexa da lenda. Esta conta que, em determinado reino, a rainha costumava ir secretamente ao cemitério à noite. Ao segui-la, o rei deparou com a esposa comendo o cadáver de uma criança. Assustado, soltou um grito horrível. A rainha, ao perceber que o marido descobrira seu segredo, transformou-se em mula sem cabeça, saiu galopando para a mata e nunca mais retornou à corte.

Uma das várias explicações para a origem da lenda tradicional é a de que a Igreja Católica desejava transmitir a imagem de que os padres eram pessoas santificadas, além de tentar diminuir os casos amorosos entre padres e mulheres. Na verdade, o mito representa o medo demonstrado pelos eclesiásticos diante do poder feminino de sedução. Assim, criaram-se fantasias e assombrações para provocar um enorme receio tanto nas mulheres quanto nos próprios padres.

Mas por que a escolha do corpo de uma mula para abrigar o espírito da fêmea pecadora? Segundo o folclorista Gustavo Barroso (1923), essa crença provavelmente teve origem no hábito dos padres de montar mulas em suas viagens. Ainda segundo esse autor, desde o século XII prelados, abades, padres e até mesmo reis e grandes fidalgos escolhiam a mula porque se tratava de um animal resistente e seguro. Sendo o mais próximo dos padres, foi sobre ele que recaiu a imaginação, associando-o à "mulher pecadora" (veja "Asno: relação com o ser humano").

Onocentauro

Na mitologia romana, o onocentauro era uma figura demoníaca, com torso, cabeça e braços de homem e corpo e pernas de asno. A parte superior era racional, enquanto a inferior mostrava-se excessivamente selvagem. Símbolo da concupiscência masculina, sua forma dupla denotava o hipócrita que falava em fazer o bem enquanto fazia o mal.

O CAMELO

▼

Ordem: *Artiodactyla*

Família: *Camelidae*

Principais características biológicas

A família dos camelídeos originou-se na América do Norte há 45 milhões de anos, tendo migrado há cerca de dois ou três milhões para outros continentes. Parte dela, da qual descendem camelos e dromedários, seguiu para a Ásia, enquanto a outra rumou para a América do Sul, desdobrando-se em quatro espécies: lhama, vicunha, guanaco e alpaca. A presença de fósseis ao longo do Grande Lago Salgado (Utah, Estados Unidos) corrobora a hipótese de sua origem norte-americana, embora nesse continente a família *Camelidae* tenha se extinguido há cerca de dois milhões de anos.

Existem hoje três espécies de camelo: o bactriano (*Camelus bactrianus*), o bactriano selvagem (*Camelus ferus*) – ou simplesmente camelo – e o dromedário (*Camelus dromedarius*). O camelo é maior e mais forte que o dromedário, e a diferença mais notável entre os dois são as duas corcovas no primeiro e uma do segundo.

O camelo fixou-se na Mongólia e na China e vive em manadas domesticadas por toda a Ásia, ou ainda selvagens, no deserto de Góbi. O dromedário, por sua vez, habita as regiões áridas do Norte da África e parte do Oriente Médio, tendo sido introduzido na Austrália e na Namíbia.

A presença do camelo é tão marcante por toda a Ásia que muitas vezes se retrata essa região com a forma dele, por causa das grandes caravanas desse animal que cruzam todo o território.

A domesticação do camelo data de 1.200 a.C., embora alguns especialistas, por evidências bíblicas, considerem-na anterior, por volta de 2.500 a.C. No Gênesis (24:10), os camelos são mencionados como parte da riqueza do patriarca Abraão.

Tanto o camelo quanto o dromedário têm em média dois metros de altura até o ombro; seu peso varia de 300 a 690 quilos. O comprimento do corpo, incluindo a cabeça, vai de 2,25 a 3,45 metros; o do rabo, de 35 a 55 centímetros. Seu pelo curto e espesso, cuja coloração varia do marrom-claro ao escuro, serve como bloqueador do calor solar. No inverno, a pelagem torna-se mais grossa, mais escura e mais longa.

Trata-se de animais ruminantes que se alimentam sobretudo de ervas, arbustos e plantas verdes – das suculentas às espinhosas – e podem ficar de seis a dez dias sem comer nem beber. Na falta desses nutrientes, o camelo se alimenta de ossos, pele e carne de diferentes animais, até mesmo de carne humana. Em condições extremas, chega a ingerir corda, sandálias e tendas. Essa capacidade excepcional de consumir uma ampla gama de alimentos possibilita sua sobrevivência em áreas de vegetação escassa.

Sua constituição física e resistência conferem-lhe uma excelente adaptação ao clima árido do deserto, permitindo que sobreviva a variações extremas de temperatura.

Como têm poucas glândulas sudoríparas, os camelos não perdem água por transpiração. As corcovas, consideradas verdadeiros reservatórios de gordura, aumentam e diminuem de tamanho de acordo com a necessidade dos animais, chegando a armazenar até 36 quilos. Essa gordura metabolizada é transformada em energia e água, alimentando o animal de acordo com seu consumo.

O camelo chega a suportar uma perda de até 40% de seu peso por desidratação, sem prejuízo à sua saúde. Sendo assim, pode compensar tal perda ingerindo grande quantidade de água de uma só vez – cerca de 100 litros, o que seria fatal para qualquer outro mamífero. Durante as horas mais quentes do dia, graças a um mecanismo metabólico especial, a temperatura do corpo do camelo oscila entre 34 e 40 graus Celsius, com a finalidade de economizar água.

O camelo tem ainda vários outros mecanismos de adaptação ao território e ao clima inóspitos em que vive. Por exemplo, seus pés de dois dedos e a sola formada por uma ampla almofada o impedem de afundar na areia ou na neve. Seus joelhos, marcados por um tipo de calosidade espessa, protegem as articulações quando ele se deita. Seu olfato é extremamente apurado e suas narinas se fecham durante tempestades de areia. Longos cílios lhe protegem os olhos da areia e da luminosidade solar. Durante as tempestades, uma terceira camada de cílios fecha-se, fazendo um movimento lateral para retirar a areia. Entretanto, por ter pálpebras muito finas, o camelo pode ver através delas e, assim, continuar andando. Outro fator de proteção é a cobertura do interior das orelhas com pelos espessos. Os lábios também são dotados de pelos grossos, para impedir que os espinhos das plantas os machuquem.

Encontram-se camelos solitários ou em grupos, cuja constituição varia: grupos de fêmeas e filhotes ou somente de machos adultos. As manadas selvagens são compostas de grupos estáveis de três a 30 animais. Também podem ser encontrados grupos de machos jovens e de idosos solitários; todos eles são sempre conduzidos por um macho adulto. Quando os jovens têm cerca de 2 anos, são expulsos pelo macho dominante e vão se juntar a jovens solteiros. Quando dois machos rivais se aproximam, em geral ocorre uma série de comportamentos intimidadores – como defecar e urinar –, podendo haver brigas com coices e mordidas caso nenhum dos oponentes se retire.

Os machos também disputam violentamente as fêmeas na época do acasalamento. Esses animais alcançam a maturidade sexual entre 4 e 5 anos e se acasalam quase sempre na primavera. Por serem bem maiores que as fêmeas, dominam muitas delas, atraindo sua atenção com sons semelhantes ao de gargarejo.

A gestação, que ocorre a cada dois anos, dura entre 370 e 440 dias, e nasce somente uma cria em cada. O filhote nasce com pernas longas e fracas, motivo pelo qual a mãe o esconde entre arbustos espinhosos. É amamentado até os 18 meses. Sua corcova só se desenvolve quando começa a ingerir alimentos sólidos, que aumentam o nível de gordura. Ao menor sinal de perigo, a fêmea abre a boca mostrando dentes amarelos e irregulares, pronta para morder e, assim, proteger sua cria.

Esses animais podem viver até 50 anos, sendo seus predadores mais frequentes o tigre e o homem. No final do século XX, estimativas indicavam a existência de cerca de 14 milhões de camelos domésticos na África e na Eurásia, sendo mais numerosos no Sudão, na Somália e na Índia.

Utilizados para montaria e carga há centenas de anos, podem suportar em média até 350 quilos, chegando a correr 65 quilômetros por hora.

Sua resistência e suas longas pernas permitem que caminhem até 40 quilômetros por hora por dia quando com carga e até 160 quilômetros por hora quando usados como montaria. Os beduínos raramente montam os camelos: preferem andar à sua frente para guiá-los.

São conhecidos como "navios do deserto" porque, ao se movimentar, levantam as duas pernas do mesmo lado, provocando um balanço lateral no andar. E, assim, transitam de oásis a oásis.

Para os povos do deserto, o camelo, assim como o dromedário, é um animal de extrema importância no cotidiano, tendo sido também utilizado para fins militares até a década de 1960. Usa-se muito o seu pelo na confecção de roupas e cobertores; de seu couro são feitos cintos e sandálias. Sua carne e seu leite servem de alimento. E seu leite fermentado, ainda por cima, é utilizado no preparo de uma bebida altamente inebriante, de alto teor alcoólico, a *kumis*. Até seus excrementos secos têm utilidade: servem de combustível.

Simbolismo

MITO DA ORIGEM DA CORCOVA DO CAMELO

O escritor e jornalista inglês Rudyard Kipling descreve desta forma a origem da corcova do camelo: no princípio do mundo, quando os animais começaram a servir ao homem, o camelo recusou-se a trabalhar, respondendo sempre com a expressão "uma ova" a qualquer solicitação feita. Todos os animais ficaram revoltados diante da ociosidade do camelo e reclamaram para o grande gênio dos *djinns*. Este, pela descrição feita, identificou o animal como seu e foi à sua procura no deserto. Questionado pelo gênio, o camelo manteve sua recusa em ajudar os outros animais, usando repetidamente a expressão "uma ova", apesar das advertências de seu dono. Em consequência de sua teimosia, suas costas estufaram-se até se transformar em uma grande corcova – o que lhe permitiu trabalhar vários dias sem comer, já que ela lhe garantia a sobrevivência.

A atitude de negação e de pouca disponibilidade para com o trabalho pode gerar indignação no outro, trazendo como possível consequência uma reação agressiva e punitiva. A falta de colaboração e solidariedade acarreta uma condição involuntária de extremo servilismo e sobrecarga, gerando um confronto com aquilo que o indivíduo mais tende a evitar. Do ponto de vista da função autorreguladora da psique, podemos pensar num mecanismo compensatório entre consciente e inconsciente, quando o indivíduo fixado numa polaridade é lançado sem escolha à polaridade oposta.

FORMA E TAMANHO

O camelo é o maior animal do deserto, aparecendo no imaginário europeu como um representante da Ásia. É comumente usado na Bíblia como metáfora de enormidade. No Novo Testamento, ao criticar escribas e fariseus, Cristo se refere à atitude hipócrita daqueles que se apegam a bens materiais e valores menores em detrimento daqueles mais nobres, como a lei, a misericórdia e a justiça. Nesse sentido, Cristo faz uso da grande dimensão do camelo como metáfora em sua afirmação: "É mais fácil passar um camelo pelo fundo de uma agulha do que um rico entrar no Reino de Deus" (Mt 19:24; Mc 10:25; Lc 18:25).

Metáfora semelhante encontramos no Alcorão (7ª surata, versículo 40): "Àqueles que desmentirem os Nossos versículos e se ensoberbecerem jamais lhes serão abertas as portas do céu, nem entrarão no paraíso, até que um camelo passe pelo buraco de uma agulha. [...]".

Em uma lenda da Mongólia, Buda, para consolar o camelo do fato de este ter sido excluído do calendário mongol de 12 anos – que atribuía um

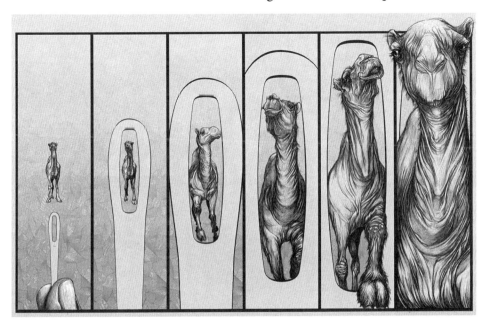

animal a cada ano –, afirma que ele nunca será esquecido. De fato, demonstra que o camelo estaria representado em todo o calendário, por possuir características de cada um dos animais presentes: orelhas do rato, estômago da vaca, patas do tigre, nariz da lebre, corpo do dragão, olhos da serpente, crina do cavalo, lã do carneiro, corcunda do macaco, crista do galo, pernas traseiras arqueadas do cachorro e rabo do porco. Isso deixou o camelo muito feliz.

Essa lenda faz referência ao valor da percepção de si como parte significativa da totalidade, ao contrário do desejo de reconhecimento pessoal e da vaidade do ego. Nesse caso, o processo de individuação, cuja meta é o desenvolvimento de uma consciência voltada para o coletivo, é aqui ilustrado por meio dos ensinamentos atribuídos a Buda.

MONTARIA

O camelo tem acompanhado e assistido o homem em sua jornada há mais de 30 séculos. Companheiro em sua árdua trajetória de um oásis a outro, simboliza o elemento condutor até um centro almejado e precioso.

No Oriente, nas regiões áridas do deserto, o camelo ainda é utilizado como animal de carga e montaria por excelência.

Segundo algumas tradições, camelos levaram os Reis Magos até o menino Jesus. Entre as passagens bíblicas nas quais o camelo aparece carregando especiarias e riquezas, temos: "Ao se assentarem para comer, viram ao longe uma caravana de ismaelitas que vinha de Gileade. Seus camelos estavam carregados de especiarias, bálsamo e mirra, que eles levavam para o Egito" (Gn 37:25).

O camelo surge como montaria também na mitologia hindu. No poema épico "Ramayana", que descreve a luta travada por Rama contra os demônios gigantes *raksasas* na tentativa de resgatar sua esposa, Sita, o exército de gigantes vem montado em diferentes animais, entre eles o camelo.

RESISTÊNCIA E AUTOSSUFICIÊNCIA

Devido à sua capacidade ímpar de sobreviver e trabalhar em condições climáticas hostis, o camelo é considerado, nas escrituras das três grandes religiões monoteístas nascidas no Oriente Médio, uma das obras-primas da Criação e um animal de extrema importância.

Por muitos séculos acreditou-se que a corcova fosse um reservatório de água e, portanto, o camelo tornou-se um símbolo de sobriedade, perseverança, moderação e resistência.

Segundo uma lenda beduína, quando, depois de suportar cinco dias sem beber ou comer na travessia do deserto, o camelo morre no sexto dia, é sinal de que um demônio esteve sentado no topo da carga, pois um camelo bem treinado aguentaria até sete dias sem água, limite de sua resistência. Na manhã do oitavo dia, um terço dos camelos de uma caravana nem sequer se levantará e ao longo do dia outros começarão a se ajoelhar e a abandonar qualquer esperança. O camelo que conseguir carregar a carga ou seu dono, sem água e sem comida, até o oitavo dia, adquirirá alma humana e irá ao paraíso. Se conseguir viajar até a décima noite, considerar-se-á que foi tocado pela mão milagrosa de Alá e nunca mais deverá ser montado, a não ser numa Guerra Santa.

Também vem dos beduínos a lenda que conta como o anjo Gabriel foi salvo por um camelo. Assim que o anjo recebeu a tarefa de levar o Alcorão para a terra e revelá-lo ao profeta, os demônios começaram a persegui-lo para impedir que alcançasse seu objetivo. Para ajudá-lo, Gabriel convocou como montaria um camelo mais branco que o leite, mais rápido que uma gazela, de visão aguçada, que poderia sentir o cheiro de um poço de água não perfurado a dois dias de distância. Durante nove dias, 14 horas por dia, com pequenas pausas para descanso e alimentação, ambos fugiram dos demônios que estavam em seu encalço. No décimo dia, os demônios perceberam que o camelo deveria ter poderes além dos terrestres e desistiram da perseguição. Desse modo a resistência do camelo permitiu que o anjo Gabriel cumprisse o desejo de Alá.

O fato de o camelo ser um animal resistente, com reservas energéticas próprias, torna-o símbolo de resiliência e autossuficiência. Nesse sentido, "camelar" ou "trabalhar como um camelo" também pode significar a capacidade de suportar e transpor obstáculos com perseverança.

Um contraponto a essa característica aparece na Idade Média, quando o camelo era considerado emblema da noção de "medida", pois se dizia que ele não aceitava uma carga além daquela suportável.

OBEDIÊNCIA E SERVIDÃO

Pelo fato de poder ser treinado a ajoelhar-se para receber cargas pesadas, o camelo é um animal passível de projeções de docilidade e humildade. Assim, santo Agostinho o considerou o símbolo de Cristo, que assim como o animal carregou humildemente o seu fardo.

Na Arábia, o termo "camelo" significa ternura e carinho e se encontra em certas histórias como alusão à obediência e à servidão, como no conto marroquino "A menina que baniu sete jovens". Neste, entre várias peripécias, o camelo, seguindo fielmente as ordens que lhe são dadas, conduz a salvo a heroína através do deserto.

Na simbologia asiática, o camelo tem grande importância por ter sido um dos animais que, junto com o búfalo, o elefante e o tigre, se mostraram aflitos diante da iminência da morte de Buda.

Em *Assim falou Zaratustra* (1883), Nietzsche apresenta uma parábola em que relata três fases transformadoras do espírito: camelo, leão e criança. Na primeira, o camelo recebe uma pesada carga sobre si. Isso corresponde a tudo aquilo que se deve assimilar de normas e valores da sociedade, bem como a obediência a eles. Citando o autor (2002, p. 35): "O espírito sólido sobrecarrega-se de todas estas coisas pesadíssimas, e à semelhança do camelo que corre carregado pelo deserto, assim ele corre pelo seu deserto". Ao se sentir sobrecarregado, o camelo corre em direção ao deserto e transforma-se em leão, almejando alcançar a liberdade e ser dono de seu deserto. O camelo, como representante da infância, tem de submeter-se a muitos "Tu deves", enquanto o leão, representando a juventude, não os segue e vai ao encontro de seu autoconhecimento. Para tanto, o leão, que recebe o nome de "Eu quero", deve matar o dragão de nome "Tu deves". A partir dessa luta surge a terceira fase do espírito, que Nietzsche chama de criança; ela representa um novo começo, o "vir a ser" da personalidade.

No Brasil, como já dissemos, a expressão popular "camelar" se aplica ao indivíduo que resignadamente assume inúmeros encargos com exagerada disponibilidade. Essa atitude diante do mundo pode indicar diferentes dinamismos psíquicos, como medo de rejeição, sentimento de culpa, perfeccionismo, grande dificuldade de perceber e respeitar os próprios limites, dificuldade de se relacionar com o prazer e dificuldade de lidar com os mecanismos de troca por dar em excesso e não se permitir receber.

Apesar de o camelo caracterizar-se por seu comportamento obediente e servil, há entre os beduínos o seguinte provérbio: "Embora não haja mais camelos selvagens no deserto, ninguém pode dizer que possui um completamente domesticado". O dito refere-se ao "mau humor" ou à agressividade desse animal, visto em muitas culturas como símbolo da sobriedade e do caráter difícil.

INGENUIDADE E ESTUPIDEZ

Na língua alemã, a palavra que designa camelo é usada para identificar uma pessoa grande, tola, estúpida e pesada.

Esse aspecto de estupidez e ingenuidade é claramente ilustrado numa fábula indiana chamada "O plano da raposa". Nela, um camelo pertencente à caravana de um mercador é deixado na floresta por estar exausto. Ao encontrar o leão, acompanhado do leopardo, da raposa e do corvo, conta a eles sua história e recebe a proteção do rei da floresta. Um dia, o leão é ferido e os animais tentam caçar o suficiente para alimentá-lo, mas não conseguem. A raposa então elabora um plano e secretamente sugere ao leão que o camelo seja sacrificado para o bem de todos. O leão fica furioso e afirma que não poderia matar um animal que estivesse sob sua proteção. A raposa replica dizendo que ele sempre havia alimentado a todos; assim, se um deles voluntariamente se oferecesse como alimento para salvá-lo, ele poderia aceitar a oferta. Os animais vão se oferecendo, mas os outros argumentam que seu tamanho não é suficiente para satisfazer a fome do leão. Até que o camelo, sem se dar conta da trama feita contra ele, tolamente se oferece e, sem nenhuma objeção, é devorado (veja "Raposa: relação com outros animais" e "Raposa: astúcia e esperteza").

Esse aspecto parece apresentar certa universalidade, pois até na Mongólia encontra-se uma lenda, já citada no tópico "Forma e tamanho", referente à ingenuidade do camelo: quando Buda vai escolher os animais que representariam cada um dos 12 anos do calendário mongol, o camelo e o rato se apresentam como candidatos ao último deles. Depois de muita discussão, ambos decidem que o vencedor seria aquele que primeiro avistasse a luz do sol do dia seguinte. À noite, o camelo se posiciona olhando para o leste, enquanto o rato, sentado na corcova do rival, olha para o oeste, na direção de uma montanha coberta de neve. Sendo o primeiro a avistar o reflexo do raio de sol na neve, o rato vence e torna-se o representante do décimo segundo ano do calendário. Sentindo-se enganado, por saber que o sol nasce no leste, o camelo procura vingar-se e tenta esmagar o rato, que se esconde num monte de cinzas. É por isso que dizem que, quando o camelo vê um monte de cinzas, rola sobre ele na esperança de matar o ardiloso rato nele escondido (veja "Rato: relação com outros animais").

Tais contos permitem estabelecer um paralelo com uma pessoa que, inconsciente da maldade e do desamor dos outros em relação a si mesma, torna-se mais vulnerável e indefesa em situações de risco. Essa dinâmica pode ainda levar ao desenvolvimento de comportamentos exageradamente servis, na tentativa de ser aceita e integrada num grupo. O camelo representa, então, o indivíduo puerilmente ingênuo e alvo fácil de traição.

RIQUEZA E PROSPERIDADE

Como vimos nos tópicos anteriores, para os povos do deserto, o camelo é símbolo de riqueza por sua resistência e capacidade de suportar grandes cargas, assim como por ser um meio de transporte em regiões desérticas e fonte de alimentação. São inúmeras as histórias do folclore árabe que retratam esse animal com tais atributos. Em muitas, o valor de uma pessoa ou de um dote é avaliado em número de camelos. Por exemplo, na história "O sapato de ouro perdido", do folclore da Arábia Saudita, o dote de uma princesa é igual à totalidade de camelos que um homem possa marcar com ferro quente do amanhecer ao anoitecer.

Na Bíblia, encontram-se também exemplos do valor atribuído ao camelo, como na citação de Jó (1:3): "E possuía 7 mil ovelhas, 3 mil camelos, 500 parelhas de boi e 500 jumentos, e tinha muita gente a seu serviço. Era o homem mais rico do Oriente".

A posse de um camelo confere ao beduíno dignidade e autossuficiência, dependendo o bem-estar de sua família e da comunidade da saúde desses animais – que são fonte de alimento, vestimenta, tapetes, tenda e leite. Por esse motivo, eles mudam de região assim que surge qualquer ameaça à alimentação de sua manada. Esses animais são chamados por eles de "Ata Alá", ou presente de Deus.

O Antigo Testamento faz referência a vários profetas – como Abraão (Gn 12:16; 32:15), Jó (42:12) e Jacó (Gn 30:43) – que tinham numerosos bandos de camelos entre suas riquezas. No Gênesis (24:35) encontra-se: "O Senhor o abençoou [a Abraão] muito, e ele se tornou muito rico. Deu-lhe ovelhas e bois, prata e ouro, servos e servas, camelos e jumentos".

Nas guerras, os povos que possuíam a maior quantidade de camelos tinham maior poder. Uma passagem da Bíblia que ilustra esse fato é encontrada em Juízes (7:12), quando os israelitas, assustados diante do ataque de midia-

nitas e amalequitas montados em camelos, diziam que esses animais eram tantos quanto os grãos de areia da praia.

Em várias passagens do Antigo Testamento, o camelo, como animal de reis, recebe os mesmos adornos que estes: "Então Gideão avançou e os matou, e tirou os enfeites do pescoço dos camelos deles" (Jz 8:21 – veja "Camelo: montaria").

A riqueza representada pela quantidade de camelos pode significar a multiplicidade de recursos de que um indivíduo dispõe para lidar com as adversidades da vida.

PODER DE PROTEÇÃO

O poder de proteção do camelo está ligado à sua característica marcante de suportar pesadas cargas. Diante de uma epidemia de cólera, o povo da Arábia acreditava que, se um camelo fosse conduzido por toda uma cidade, a peste seria absorvida pelo animal e, consequentemente, os moradores estariam livres da doença após o sacrifício dele.

O aspecto protetor do camelo pode também ser visto na Índia, onde se acreditava que fantasmas não atravessariam a porta de uma casa se restos mortais de um camelo fossem enterrados em sua soleira.

Já o Alcorão (22ª surata, versículos 36 e 37) diz que os camelos podem ser oferecidos como sacrifício para obter as bênçãos de Deus.

Essa qualidade de proteção atribuída ao camelo é passiva, ou seja, ele não a promove. Sobre ele é projetado o mal, e então ele passa a carregar e a expiar os "pecados" da comunidade. Seu sacrifício cria a ilusão de que o mal foi extirpado. Em termos psíquicos, essa dinâmica se equipara à do indivíduo que, com dificuldade de discriminar-se do outro, emprega grande energia ao tomar para si o encargo de resolver problemas que não lhe pertencem, liberando os que estão à sua volta da responsabilidade de arcar com as próprias questões.

IMPUREZA

Os ensinamentos dados por Deus a Moisés e a Arão diziam que não se poderia comer a carne do camelo por este ser um ruminante e não ter casco dividido, o que o caracterizaria como animal impuro: "Digam aos israelitas: de todos os animais que vivem na terra, estes são os que vocês poderão comer: qualquer animal que tem casco fendido e dividido em duas unhas, e que rumina. Vocês não poderão comer aqueles que só ruminam nem os que só têm o casco fendido. O camelo, embora rumine, não tem casco fendido; considerem-no impuro" (Lv 11:2-4).

Embora seja raro, na iconografia hindu o camelo aparece como emblema de um demônio feminino, bruxa ou feiticeira relacionado à morte.

ANIMAL SAGRADO

Tanto o camelo como o dromedário são animais sagrados para os povos do deserto por serem essenciais à sua sobrevivência. Sua função de montaria resistente os leva a ser considerados aqueles que conduzem ao centro oculto, à essência divina.

O valor do camelo é ressaltado no conto "Uma viagem ao paraíso", da Arábia Saudita. Nele, um nômade, depois de ter recobrado os sentidos após uma grave enfermidade, assegura aos companheiros da tribo que há camelos no paraíso, pois viu a grama alta e abundante que poderia alimentá-los.

Entre os persas e os beduínos, os camelos eram sacrificados em santuários como uma preciosa oferenda em reconhecimento a algum sucesso obtido. Também eram sacrificados ritualisticamente em uma importante festa religiosa dos gnaoua, antiga tribo da região de Marraqueche (Marrocos). Nesse festival, uma procissão se estendia por vários dias até chegar ao santuário, onde divindades tribais eram incorporadas por participantes e dedicavam-se muitas oferendas a Alá e Maomé, numa mescla de animismo africano e islamismo. Quebrava-se o pescoço de um camelo e jogava-se seu corpo de uma montanha. Os gnaoua acreditavam que o sangue desse animal tivesse poderes concedidos pelos ancestrais, promovendo assim a aproximação entre a vida humana e o mundo dos espíritos.

Entre os beduínos havia a crença de que camelos com dez crias eram sagrados, não podendo ser montados nem ordenhados. A décima cria era sacrificada e servida numa festa, da qual as mulheres não participavam.

Na passagem do Alcorão referente ao Al-Ghashiya, Dia do Julgamento ou Juízo Final islâmico, encontra-se a citação de que a humanidade se dividirá em dois grandes grupos: os que serão salvos e os que serão amaldiçoados. Aqueles que forem abençoados e seguirem os ditames do Senhor serão salvos e poderão descansar serenamente, contemplando os camelos, uma das maravilhas da Criação.

Ainda segundo o Alcorão, Alá mandou um camelo fêmea para a tribo de Samud, objetivando testar sua fidelidade. Com a chegada do animal, a tribo foi exortada por Sáleh, que lhes disse: "Chegou-vos uma evidência do nosso Senhor. Ei-la aqui: a camela de Deus é um sinal para vós; deixai-a pastar nas terras de Deus e não a maltrateis, porque vos açoitará um doloroso castigo" (7ª surata, versículo 73). A tribo não levou em consideração o que fora dito por Sáleh; não reconheceu Alá e maltratou a fêmea. Insultou e desafiou o Criador e por isso foi atingida por um terremoto. Dessa forma, a tribo reconheceu Sáleh como verdadeiro profeta de Alá e admitiu que o camelo era, sem dúvida, uma dádiva divina. Segundo a tradição islâmica, essa história é uma metáfora da graça da fé. Aqueles que aceitam e usam a graça divina com sabedoria prosperarão; já os que fazem mau uso dela serão condenados.

ANIMAL FANTÁSTICO

Segundo o *Zohar*, texto cabalístico do século XIII, e o *Avesta*, livro sagrado persa, camelos voadores semelhantes a dragões e serpentes aladas são os guardiões do paraíso terrestre. Ainda de acordo com o *Zohar*, a "serpente da tentação" é representada por um camelo voador.

O GATO

▼

Ordem: *Carnivora*
Família: *Felidae*
Subgênero: *Felis catus*

Principais características biológicas

O gato vive praticamente no mundo inteiro e se encontra em todos os lugares por onde o homem já passou. Há indícios de que já existisse por volta de 7 mil anos atrás na Palestina, tendo sua domesticação ocorrido no Egito há cerca de 4 mil anos.

O gato doméstico (*Felis catus*), ao qual nos referiremos nesta obra, provavelmente descende do gato selvagem (*Felis silvestris*) da África e do extremo Sudoeste da Ásia. Sua existência na Europa data de 2 mil anos atrás.

Há várias teorias a respeito da domesticação desse animal. Uma delas, de cunho religioso, aponta-o como objeto de culto e adoração no antigo Egito, em cuja cidade de Bubástis ficava o centro de sua adoração, com centenas de milhares de estátuas de bronze erguidas em sua reverência, além de gatos mumificados.

Outra teoria refere-se ao controle dos roedores: a chegada do gato selvagem às cidades e vilas à procura de comida fez que controlassem essa população, evitando assim a peste, a disseminação de doenças e o ataque aos grãos armazenados.

Outros estudiosos afirmam que o gato foi domesticado em função de necessidades nutricionais (eram fonte de alimento), por ajudar o homem durante a caça ou simplesmente pelo prazer de sua companhia.

Estima-se que haja cerca de 400 milhões de gatos no mundo hoje (na proporção de um gato para 15 pessoas); devido à sua independência do homem, está mais espalhado pelo globo do que o cão, sendo a companhia doméstica mais popular em alguns países. É o único felino que vive na sociedade humana. Acredita-se que apenas 10% dos gatos vivam livres nas ruas.

A criação doméstica desse animal não lhe provocou grandes modificações na aparência e no tamanho. Assim, ele ainda mantém muitas características dos seus parentes selvagens.

Há mais de 30 raças diferentes de gato doméstico, geralmente classificadas conforme o comprimento do pelo: raças de pelo longo (por exemplo, gato persa) e raças de pelo curto (por exemplo, siamês). A maior parte dos gatos domésticos tem pelo curto.

Sua pelagem tem cor bastante variada: branca, preta, cinza, marrom-avermelhada ou uma combinação dessas cores em manchas. Pesquisas recentes (Mazzuko, 2001) indicam que proteínas específicas contidas na pele do gato preto provocam mais alergias nos donos do que aquelas presentes em gatos de pelagem clara.

O tamanho médio do gato é de 46 centímetros, acrescidos de cerca de 30 centímetros do rabo. Ele pesa em média de 3 a 4 quilos, podendo chegar a 7. Tem musculatura compacta e leve, constituída para lhe dar agilidade.

A cabeça do gato é arredondada e pequena; o focinho, curto. Seus olhos têm uma cobertura celular interna capaz de refletir e ampliar qualquer luz externa, razão pela qual são denominados "fosforescentes". Esse fato contribuiu para a crença medieval de que o gato era uma criatura demoníaca. Outra característica que sobressai é a de que sua íris tem um músculo que dilata por completo a pupila no escuro e a contrai verticalmente diante de forte luminosidade. A pupila se transforma, assim, numa estreita fenda vertical, característica de muitos felinos pequenos que lhes permite caçar no escuro.

Suas longas garras são retráteis, curvadas, afiadas e pontiagudas, podendo retrair-se para dentro de bainhas protetoras a fim de evitar contato com o chão quando ele se desloca e conservar-se afiadas. Auxiliam a segurar a presa e podem mutilá-la, constituindo poderosas armas de ataque e defesa.

Os bigodes do gato funcionam como sensores de temperatura, sendo extremamente sensíveis ao contato e propiciando sensações próximas das táteis. São o seu órgão sensorial básico e um sistema de alarme que indicam a proximidade de objetos.

Sua língua, coberta de papilas curtas, é áspera e ondulada e serve para lacerar e reter o alimento dentro da boca. O gato lava-se com ela e com a pata umedecida de saliva várias vezes ao dia, conservando-se sempre muito limpo. A aparência brilhante de seus pelos deve-se a esse hábito constante. O fato de deixar de lavar-se indica problemas de saúde.

Ele procura defecar e urinar fora de seu território imediato, preservando a limpeza de seu hábitat, chegando sempre a cobrir seus excrementos com terra. Pode ser facilmente educado ou treinado quanto a hábitos de higiene.

A alimentação do gato é bastante variada, incluindo carne e peixe.

Trata-se de um ágil trepador e bom nadador. Seu corpo facilita a escalada, os rompantes de velocidade atrás de presas – sempre menores que ele – e os saltos para lugares acima de seu perseguidor, permanecendo sempre com uma pata dianteira livre para a defesa.

Com visão e audição acuradas, tem amplo repertório de sons para comunicar e expressar diferentes estados e necessidades. Apresenta grande gama de miados, que podem referir-se a uma recepção de boas-vindas (como o cumprimento a outro animal ou ao ser humano) ou a um protesto. O ronronar, por exemplo, é uma característica específica do gato e demonstra prazer e contentamento. Trata-se de um som desenvolvido primariamente para informar a mãe do estado de saúde e de contentamento de seus filhotes. Mais tarde, já adulto, o gato continua agindo assim diante dos donos. O mecanismo pelo qual produzem esse som ainda não é bem conhecido. Certamente usam o ar que respiram para vibrar as cordas vocais, mas há também a hipótese de que utilizem outros órgãos.

Embora a fêmea possa acasalar com mais de um macho por estação, macho e fêmea formam um casal que por vezes perdura além do período de acasalamento. A fêmea alcança maturidade sexual entre sete e 12 meses. Os machos – sozinhos ou em grupo – cortejam a fêmea no cio seguindo-a por dias e copulando com ela sem nenhuma ordem preestabelecida. Durante esse período, a fêmea dá preferência a determinado macho, com o qual copula primeiro. A corte não segue um padrão estereotipado: em geral, consiste de machos seguindo uma fêmea durante longos períodos e tentando de tempo em tempo copular com ela, que os encoraja quando sexualmente responsiva. A fêmea em geral fica numa posição superior, sobre uma pedra, por exemplo, para ter um bom controle visual sobre os machos. Quando está pronta para copular, permite que um deles se aproxime. Durante o cio, que dura de cinco a seis dias, as fêmeas copulam com muitos machos, podendo ocorrer assim paternidade múltipla. Durante esse período, talvez haja conflitos entre os machos, gerando brigas ruidosas.

A fêmea é poliestra, tendo normalmente duas gestações por ano. Quando não engravida, costuma ter sucessivos períodos de cio. Nestes, comporta-se de modo muito particular: urina mais do que o normal e em vários locais da casa, emitindo mensagens químicas sobre a sua condição de fertilidade. Com miados fortes e frequentes, atrai os machos.

A gestação dura por volta de 65 dias e pode gerar de um a oito filhotes; a média é de quatro. O desmame ocorre com 8 semanas de vida. Com 6 meses, os filhotes tornam-se independentes, e aos 12 já são adultos.

A gata é uma mãe cuidadosa e protetora; limpa constantemente os filhotes e brinca com eles. Carrega-os pela nuca, lambe e alisa seus pelos, aconchega-os e, quando eles estão maiores, são receptivas às suas mordidas e brincadeiras.

Sempre vigilantes e atentas, os perigos e as ameaças aos filhotes deixam-nas furiosas. Assim, defendem-nos com braveza, até desconsiderando eventuais riscos. Isso é mais evidente nas gatas selvagens, que se mostram valentes ao extremo, precipitando-se em situações de risco mortal.

Os gatos têm uma enorme capacidade de adaptação e sobrevivem em diferentes hábitats e situações, chegando mesmo a mudar seus hábitos alimentares conforme o ambiente. Desenvolvem diferentes estilos de vida em diferentes meios, podendo ser mais solitários ou mais sociais, vivendo em grupos.

Os gatos são animais extremamente territoriais. Os machos de rua, sem dono, permanecem na área de nascimento, junto com as fêmeas, por 12 a 40 meses; depois se afastam, fixando-se em outros lugares. As fêmeas adultas vivem sozinhas ou em grupo; a maioria delas fica no local em que nasceu, afastando-se muito raramente.

Devido à sua natureza de caçador solitário e aos seus hábitos noturnos, o gato se diferencia de todos os outros animais domésticos. A ideia de frieza a ele associada é um preconceito derivado de sua independência e autonomia, características predominantes em sua natureza.

Revela-se, no entanto, muito social em suas atividades (aprecia dormir com outros animais e com pessoas) e pode ligar-se de maneira profunda e duradoura a alguém – o que nunca fará com outro gato –, desde que sua independência seja respeitada. Gosta de dividir sua área com uma família humana e, por ser grande observador, é capaz de reconhecer os sons (motor de um carro, por exemplo) que pertencem a ela. Para eles, o ser humano é a companhia ideal porque não representa um competidor potencial.

O gato vive em média 15 anos. A lenda de que ele tem sete vidas – ou nove, para os povos de língua inglesa – deve-se à mobilidade de sua coluna e de seus ombros: quando cai de costas, mesmo de pequena altura, consegue girar o corpo no ar e chegar ao solo apoiado nas patas.

São considerados predadores, sobretudo de pássaros, peixes e pequenos roedores. Em geral, depois de apanhar a presa, não a matam de imediato: rolam sobre ela, mordem-na e libertam-na, para então prendê-la novamente.

Simbolismo

MITO DE ORIGEM

Os antigos gregos acreditavam que todos os animais tivessem sido criados pelo sol e pela lua; enquanto o sol criou o leão, a lua criou o gato.

Uma lenda medieval conta que os gatos foram gerados acidentalmente pelo diabo quando este, desejando imitar Deus, tentava criar um homem. Entretanto, só conseguiu produzir um animal sem pelo. São Pedro, porém, penalizado, deu ao bicho o único bem valioso que possuía – um casaco de pelo –, tornando o gato tal como ele é.

Segundo lendas judaica e islâmica, os gatos não foram criados por Deus, mas o primeiro casal de gatos surgiu do espirro ou das narinas do leão que estava na Arca de Noé. De acordo com algumas versões, o gato passou então a controlar os ratos que atacavam as provisões da Arca.

Uma história dos índios *cochitis*, da América do Norte, mostra uma ideia semelhante a respeito da origem dos gatos, relatando que vários animais decidiram que a existência desse felino era necessária. O leão, designado para concebê-lo, foi colocado no centro de um círculo, ao redor do qual os outros animais fumavam. Depois de inalar a fumaça por duas vezes, brotou de suas narinas um casal de gatos, cuja semelhança com ele era notável – de modo que foram considerados sua cria. Os outros animais voltaram para as montanhas e os gatos permaneceram ao lado dos *cochitis* com a função de protegê-los dos ratos.

Um aspecto importante na origem do gato é o de que ele surge para beneficiar o homem, livrando-o de roedores que destruiriam suas provisões e ameaçariam sua saúde, como mostram as histórias citadas. Sua origem revela, dessa forma, uma associação com qualidades femininas e protetoras.

ESPERTEZA E AGILIDADE

A esperteza, a astúcia e a agilidade do gato são características que se destacam em várias histórias, lendas e contos de fadas, levando-os, com frequência, a escapar de situações difíceis e de armadilhas.

Às vezes, engana outros animais usando a esperteza, como se observa em uma fábula chinesa. Nela, o bichano tenta atrair os ratos para si ao colocar no pescoço rosários iguais aos usados pelos monges vegetarianos, o que o identificaria como um deles. Assim, consegue devorar vários ratos, e os que escapam concluem ingenuamente: "Esse gato ficou mais feroz depois que se tornou vegetariano" (veja "Gato: relação com outros animais").

Outra história de mesma origem, "O gato-leão e o rato gigantesco", conta que, durante o reinado de Wanli (dinastia Ming), surgiu na corte um enorme rato, tão grande quanto um gato, que causou muitos prejuízos. Por ordem do imperador, trouxeram-se vários gatos para eliminar o roedor, mas todos foram malsucedidos, tendo alguns sido por ele devorados. Chega então como presente de outro reino um gato branco com aparência de leão, por isso chamado de gato-leão. Colocado no mesmo local onde se encontrava o rato, permaneceu por um bom tempo agachado e imóvel. Quando o rato saiu da toca, atacou-o furiosamente, mas o gato escapou subindo numa mesa. O rato o seguiu, e assim subiram e desceram várias vezes, o que foi interpretado pelos súditos como medo e falta de capacidade do felino. Passado um tempo, o rato, cansado, ficou no chão para descansar, quando então o gato saltou sobre ele, atacando-o ferozmente, e assim lutaram até a morte do rato. Percebeu-se assim que o gato, por esperteza, fez o rato consumir suas forças para depois atacá-lo e vencê-lo.

Dessa forma, o gato é considerado trapaceiro por causa dos truques que usa para apanhar suas presas, ultrapassando até mesmo a astúcia da raposa – como pode ser visto na obra de La Fontaine. Na fábula intitulada "O gato e a raposa", ambos discutem a respeito de suas habilidades, tentando cada qual fazer prevalecer sua superioridade. Ao depararem com a ameaça de uma matilha, o gato, embora reconhecendo dominar menos truques que a raposa, consegue safar-se utilizando a agilidade e se refugiando no alto de uma árvore, enquanto a raposa acaba devorada por perder tempo escolhendo a melhor estratégia de fuga. Encontra-se fábula semelhante na obra de Esopo conhecida em quase toda a Europa, havendo também uma versão na cultura árabe (veja "Gato: relação com outros animais – gato e raposa").

Em uma história do folclore africano, quando o gato é ameaçado por animais mais poderosos que ele, como leão, leopardo e cachorro, propõe que seja poupado em função de suas habilidades de dançar e saltar. Ao demonstrá-las, utiliza a esperteza e a agilidade para enganá-los e fugir, dando um grande salto para a floresta.

Na fábula "A águia, a porca e a gata", de La Fontaine, uma gata vivia com sua ninhada em uma árvore que compartilhava com uma águia e uma porca, estas também com suas respectivas crias. Desejando ter a árvore só para si, a gata cria uma intriga entre suas vizinhas, aliando-se falsamente a cada uma delas e dizendo que suas crias estavam ameaçadas, pois a outra tencionava devorá-las. Então, ardilosamente, esconde-se durante o dia, saindo apenas à noite, em silêncio, em busca de alimento para sua prole. A porca e a águia acreditam que a gata abandonou sua casa e seus filhotes para protegê-las. Alarmadas, não se afastam da ninhada nem para buscar provisões, o que as leva à morte por inanição. Assim, a gata consegue seu intento.

Também de La Fontaine, a história intitulada "O gato e o rato velho" retrata um gato pardo enorme e mau que se finge de morto e dessa forma devora, sem grande esforço, muitos ratos. O mesmo tema aparece em histórias da Idade Média, nas quais o gato se faz de morto para atrair pássaros e devorá-los.

Aliás, essa característica de trapaceiro e esperto atribuída ao gato gerou no Brasil o uso da expressão "gato" para denominar ligações elétricas clandestinas e o intermediário nas negociações entre usineiros e boias-frias no período das safras.

Em um conto popular brasileiro, o gato ensina a onça a pular. Entretanto, temeroso de ser devorado pelo grande felino, não lhe ensina o último pulo, escapando assim da morte certa.

Essa habilidade natural dos gatos provavelmente deu origem ao termo popular "o pulo do gato", sinônimo de solução eficiente diante de situações difíceis que nem sempre pode ser ensinada. Também se usa a palavra "gato" para definir um goleiro ágil ou um exímio capoeirista (veja "Gato: relação com outros animais – onça").

Na crônica "Perde o gato", o poeta brasileiro Carlos Drummond de Andrade (1970, p. 29) ilustra a excepcional agilidade desse animal:

> Um gato vive um pouco nas poltronas, no cimento ao sol, no telhado sob a lua. Vive também sobre a mesa do escritório, e o salto preciso que ele dá para atingi-la é mais do que um impulso para a cultura. É o movimento civilizado de um organismo plenamente ajustado às leis físicas, e que não carece de suplemento de informação. Livros e papéis beneficiam-se com a sua presteza austera. Mais do que a coruja, o gato é símbolo e guardião da vida intelectual.

Em dois contos europeus – "O Gato de Botas", do francês Charles Perrault, e "Gagliuso", do italiano Giambattista Basile –, o felino usa de artimanhas audaciosas e por vezes mentirosas para beneficiar seu dono. De modo parecido agia o Gato Félix, protagonista de história em quadrinhos criada nos Estados Unidos em 1919. Travesso e esperto, podia resolver qualquer problema com suas ideias geniais (veja "Gato: gatos famosos").

Em um conto afro-americano de Guadalupe, México, denominado "A luta pela vida", um gato e um cachorro discutem sobre o que acontece após a morte. O gato acredita que quem morre não ressuscita, enquanto o cachorro crê na ressurreição. Para solucionar a questão, decidem conversar com Deus. Combinando de ir ao encontro d'Ele no dia seguinte, planejam colocar armadilhas pelo caminho para retardar a chegada um do outro. O gato coloca ossos para atrair o cachorro, enquanto este usa manteiga para atrair o gato. Sentindo o cheiro da manteiga, o gato percebe a armadilha e segue seu caminho. O cão fareja os ossos e não resiste à vontade de roê-los, detendo-se várias vezes durante o percurso. Chegando antes à presença de Deus, o gato consulta-o sobre a existência da ressurreição do homem. Deus lhe devolve a pergunta e o gato dá sua opinião, com a qual Ele concorda. Quando o cão chega, Deus lhe comunica que ele e o gato haviam concluído que, quando as pessoas morrem, não ressuscitam, e que ele perdera a chance de opinar sobre a questão, pois havia desviado de seu objetivo ao se atrasar roendo ossos pelo caminho (veja "Gato: relação com outros animais – gato e cão").

A malícia do gato é ressaltada no *Pancatantra*, coleção de contos e fábulas populares da Índia na qual o gato, chamado de "Orelha de Manteiga" ou "Orelhas Brancas", finge arrepender-se de todos os seus crimes e, assim, é nomeado juiz. Quando precisa decidir a respeito de uma briga entre uma lebre e um pássaro, mais uma vez trapaceia. Fingindo estar surdo, pede aos animais que se aproximem para contar-lhes o ocorrido. Assim que eles chegam bem perto, o gato os devora sem o mínimo esforço, o que evidencia a esperteza a serviço do comodismo.

Astúcia e preguiça também aparecem associadas na fábula de La Fontaine "O gato e o macaco", na qual ambos usam de artimanhas para roubar comida. O gato, em especial, utiliza grande agilidade para alcançar seu intento.

No *Mahabharata*, coletânea de mitos, contos folclóricos e lendas de deuses védicos da Índia, a fábula "O gato penitente" conta que um gato compenetrado aparentava praticar penitência às margens do rio Ganges. Seu comportamento inspirou confiança aos pássaros, os quais se agruparam para reverenciá-lo. Após algum tempo, os ratos imitaram o exemplo dos pássaros e colocaram-se sob a proteção do gato, imaginando que ele os defenderia. Dissimulado, o felino fez deles sua alimentação diária, persuadindo um ou dois a acompanhá-lo até o rio. Com isso, engordava excessivamente rápido, enquanto a população de ratos diminuía a cada dia. Então um rato sábio, desconfiando do gato, resolveu segui-lo até o rio, sendo também devorado. Porém, em função de seu desaparecimento, os ratos descobriram o truque e fugiram do lugar perigoso.

Encontra-se o mesmo tema do gato penitente na história russa denominada "Código de Manus", na qual o gato Eustáquio finge-se de monge para caçar os ratos. O gato, na realidade, era muito "gordo" para um penitente e, quando o questionaram sobre isso, respondeu que os comia porque tinha o dever de fazê-lo para preservar a saúde (veja "Gato: relação com outros animais – rato").

Devido às suas patas almofadadas, o andar ágil e silencioso do gato é mais uma característica que lhe permite uma aproximação sorrateira, habilidade fundamental para que um ladrão consiga roubar sem ser percebido. Esse seu atributo revela-se em inúmeras histórias em que rouba comida sem ser notado. Também se associa a ele o preguiçoso que rouba fazendo truques e enganando a vítima. Uma fábula judaica ressalta a esperteza do felino: ao responder à pergunta de Deus sobre de quem gostaria de receber o pão de cada dia – do lojista, do camponês ou do mascate –, o gato responde que preferiria recebê-lo de uma mulher distraída que esquecesse a porta da cozinha aberta.

Sua agilidade é bem retratada nas expressões populares brasileiras "andar como gato sobre brasas" (pessoa que anda com leveza e rapidez), "saber onde está o gato" (procurar o erro ou o engano) e "tirar castanha com mão de gato" (ser habilidoso sem se machucar).

Na tradição ídiche, outras histórias ilustram a esperteza desse animal, como aquela em que o gato come toda a manteiga da casa e, enquanto os donos discutem sobre o sumiço do alimento, foge sem ser notado.

No povoado de Helm (Polônia), não se conhecia o gato, havendo ali uma invasão de ratos. Para resolver o problema, compraram um gato muito caro, que com eficiência espantou todos os ratos, mas acabou fugindo para o telhado. Na tentativa de capturá-lo, os moradores puseram fogo na casa, mas o gato fugiu para o telhado de outra residência – e assim sucessivamente. Dessa maneira, quase toda a cidade foi queimada. A história ilustra a esperteza do gato diante da ignorância dos homens.

Tal esperteza é tão proverbial que, junto com um carneiro, conseguiu dar conta de 12 lobos e até mesmo de um urso e uma raposa, segundo um conto do folclore russo. Nele, o gato roubou a melhor comida dos donos e, ao fugir para não ser morto, levou consigo um carneiro. Juntos, tiveram várias aventuras; em todas elas, com truques e artimanhas engendradas pelo gato, ameaçaram animais mais fortes e poderosos.

Essa qualidade do gato aparece em brincadeiras infantis como a do "gato mia", muito popular entre crianças brasileiras. Trata-se de uma espécie de "pega-pega" no escuro, em que determinada criança, tateando, tem de encontrar as outras. Ao tocar um companheiro, pergunta-lhe: "Gato mia?", ao que se deve responder com um miado com voz disfarçada para não ser identificado. Se for bem-sucedido no disfarce, permanece no jogo, mas, se for identificado, perde. Vence aquele que consegue identificar todos os participantes. Essa brincadeira se vale do conhecimento da popular característica de dissimulação do gato.

A esperteza do gato, vista aqui simbolicamente, quando usada a serviço do homem, pode protegê-lo e auxiliá-lo em tarefas que exijam novas estratégias e até mesmo malícia. Como qualidades do ser humano, esperteza e agilidade são imprescindíveis para a sobrevivência em situações de risco e conflito. Agilidade mental confere rapidez na percepção e no raciocínio. Embora inteligente, uma pessoa ingênua pode ser facilmente enganada ou manipulada. O lado sombrio dessa qualidade aparece quando ela é usada para tirar vantagem ou lesar o outro. A figura bastante popular e pitoresca do malandro na cultura brasileira tem este caráter ambíguo: simpático e amável como um "gatão", mas oportunista e pouco confiável como um "gatuno", tem mãos e passos leves, passando assim despercebido. Trata-se de uma característica daquele que não faz enfrentamentos diretos, buscando seus objetivos com a utilização de artimanhas sutis.

Dessa forma, o modo de usar da esperteza é uma questão ética. Pelo lado construtivo, permite observar e criar diferentes saídas e alternativas em situações críticas e desafiadoras; pelo destrutivo, essas estratégias são utilizadas para vencer ludibriando a todos.

ASPECTO MALÉFICO E DEMONÍACO

Fantasias, superstições, mitos, lendas e contos de fadas associam o gato a poderes sobrenaturais, vinculados à magia, à bruxaria e à maldade. Uma das hipóteses desse simbolismo fundamenta-se no fato de o gato ter sido adorado como animal divino em certas religiões antigas ou de estar frequentemente relacionado a deusas pagãs (veja "Gato: deuses e espíritos").

Com o advento do cristianismo, o gato ficou associado aos poderes "terríveis" das Grandes Mães do passado e a religiões matriarcais, sendo por isso considerado poderoso e maligno: um animal relacionado à bruxaria e feitiçaria que deveria ser temido, perseguido e morto. Uma antiga lenda judaica fazia referência a esse aspecto ao afirmar que os gatos não foram criados por Deus, mas sim espirrados das narinas de um leão na Arca de Noé (veja "Gato: mito de origem").

Provavelmente, certas características físicas e comportamentais – como o fato de seus olhos brilharem à noite, sua habilidade como caçador noturno, seu miado "estridente" e persistente e sua sexualidade exacerbada – colaboraram também para essa projeção.

Embora no início do cristianismo outros animais que simbolizavam os instintos mais liberados também tenham sido perseguidos, no gato, provavelmente em razão de seu convívio doméstico, essa projeção se acentuou mais, originando comportamentos repressores e agressivos contra esse animal.

Assim, no simbolismo medieval e na Renascença eram comuns cenas da Sagrada Família ou da expulsão do paraíso em que se retratava o gato ao lado de Eva, como no quadro de Dürer denominado "Adão e Eva", em que aparece com o rabo por entre os pés dela. Em outras representações, era pintado aos pés de Judas. Em certas pinturas sagradas, representava figuras satânicas ou lembrava o pecado original.

Uma das primeiras referências a essa associação encontra-se na mitologia celta, no ciclo do rei Artur. O *Livro negro de Carmarthen*, poema épico do século XII, descreve a luta de Artur com uma bruxa, na qual ele parte o gato Paluc ao meio. Segundo a lenda, Paluc era uma figura diabólica nascida de um porco, com o poder de tornar a terra estéril, e, assim, comparada com os monstros da seca e da escuridão.

Outro exemplo da mesma época vem da Lombardia, onde se dizia que as bruxas adoravam o diabo na forma de um gato. Na Idade Média, por causa dessa crença, os gatos selvagens acabaram perseguidos e caçados pela realeza europeia, fato descrito e ilustrado num famoso *Livre de chasse* [Livro de caça] de Gastão III, também conhecido como Febo. A obra, escrita em 1387 ou 1388, foi traduzida para o inglês por Eduardo II. Nela, diz-se que o gato selvagem ou domesticado tinha falsidade e malícia bem conhecidas por todos e que nenhum outro animal teria em si tanto o espírito do demônio quanto o gato. Na Inquisição, essa perseguição se acentuou. Por exemplo, o inquisidor Nicolas Rémy afirmava que todos os gatos eram demônios. Para alguns desse período, nenhum sofrimento seria suficiente para esses animais.

Diz-se que heréticos, como os cátaros, associaram o gato ao demônio. Essa identificação com o "Príncipe da Escuridão", sem dúvida encorajada pelos hábitos noturnos do gato, já que se entendia a noite como "a hora do demônio e dos maus espíritos", é responsável pela crença amplamente difundida na Idade Média de que os gatos, em especial os pretos, eram aparentados das bruxas e até mesmo do diabo.

Essa crença ainda está presente em inúmeras culturas. Num conto popular brasileiro, por exemplo, o demônio toma a forma de gato preto com a intenção de provocar discórdia entre um casal.

Na prática da feitiçaria medieval europeia, houve também forte associação entre o gato e as mulheres. Muitas delas tinham como companhia um gato e foram acusadas de bruxaria. Por vários períodos na Europa cristã medieval, os gatos foram perseguidos por se acreditar que fossem feiticeiras disfarçadas e, como tal, precisavam ser destruídos. Pensava-se ainda que as mulheres se transformassem em gato e, se fossem feridas nessa forma, apareceriam no dia seguinte machucadas ou mutiladas.

Há registros de que os ingleses, nos séculos XVI e XVII, acreditavam que o espírito de uma bruxa pudesse aparecer como gato. Em especial, nesse período, o gato, sobretudo o preto, ganhou o caráter de mau e de satânico, associado à magia negra, lembrando aqui que essa foi a época terrível de julgamentos por bruxaria.

Paradoxalmente, na Igreja Católica da Inglaterra o gato era símbolo do protestantismo, enquanto na protestante era símbolo do catolicismo. Por isso, o animal foi quase extinto, o que aumentou o número de ratos e de pragas em toda a Europa. O preconceito contra o felino durou até a Revolução Francesa, mas ainda hoje se acredita que o gato preto tenha forte influência sobre a sorte.

Por essa razão, muitos gatos foram queimados. Quando não se encontrava uma mulher para queimar como bruxa, em geral se torturava um gato e o matava no lugar dela. Essas práticas objetivavam expulsar o mal, especialmente durante a Quaresma, quando se costumava atirar esse animal em fogueiras. Em certas regiões da França e da Suíça, durante os festivais do verão e da primavera, havia o costume de acender grandes fogueiras onde se queimavam gatos vivos – colocados no topo de um mastro sobre a fogueira ou nela atirados dentro de gaiolas, cestas ou sacos. As cinzas eram coletadas e levadas para casa, pois se acreditava que trouxessem sorte. As pessoas divertiam-se nesses festivais. Em alguns deles, como na França, até o rei participava dos festejos.

Lembrando essa época, ainda hoje se reproduz a cena em algumas cidades da Europa, tal como Einsiedeln, no interior da Suíça. No carnaval, queima-se em praça pública um enorme boneco de gato preto colocado no topo de uma fogueira. Quando o fogo o atinge, ele explode com os fogos colocados em seu interior. Durante o ritual de queima, enquanto pessoas fantasiadas de bruxa e demônio observam a cena, crianças badalam grandes sinos numa toada fúnebre.

Dizia-se também que qualquer bruxa poderia assumir a forma de gato (ou de lebre) nove vezes na vida. O antropólogo escocês James Frazer (1972, p. 762) observou: "Os gatos são os animais nos quais, com a possível exceção das lebres, as bruxas, supostamente, mais costumam se transformar".

O mal-estar que o gato podia provocar fica claro numa concepção inglesa do século XVII que afirmava que o hálito e o cheiro dos gatos consumiriam os líquidos do corpo e destruiriam os pulmões; aqueles que deixavam gatos subir na cama teriam o ar contaminado e cairiam em consumações e heresias. Na Europa, temia-se que o gato levasse uma criança à morte, sugando-lhe a respiração durante o sono na forma de vampiro. Ainda hoje se acredita que os gatos absorvam a respiração de quem está dormindo.

Em algumas partes da Europa, acreditava-se que os gatos se alimentassem de cadáveres. Se um deles pulasse sobre um corpo, este se transformaria num vampiro e o funeral seria interrompido até que o gato fosse caçado e morto.

Também se achava que os vampiros pudessem tomar a forma de gatos. O "gato-vampiro" tinha a capacidade de se transformar em uma bela mulher para seduzir e sugar as forças de um homem enfeitiçado por sua beleza. Um exemplo disso é a lenda japonesa do século XI "O gato de Nabeshima", na qual um grande gato-vampiro toma a forma da preferida do príncipe de Hizen, a belíssima Otoyo, depois de tê-la assassinado. Assim, aproxima-se do príncipe sugando sua força e vitalidade, quase levando-o à morte.

Todos esses mitos estiveram e ainda estão presentes em inúmeras culturas. Por exemplo, alguns povos da Malásia acreditavam que o gato tivesse poderes sobrenaturais e pudesse encarnar em cadáveres movidos pelo princípio do mal. Matá-los certamente atrairia má sorte. Nesse caso, como punição, o assassino seria obrigado, no "outro mundo", a carregar pesadas toras de madeira. Esse animal era investido de tanto poder que, se fosse muito "ousado", amarravam-no em uma canoa e o deixavam flutuando até morrer de fome.

Essas projeções negativas levaram a magias e presságios negativos relativos ao gato. Além disso, favoreceram sua imagem de animal maldoso, amoral e egoísta em certas lendas e contos folclóricos. Na fábula "O gato velho e a rata novinha", La Fontaine retrata a "maldade implacável" do felino quando uma jovem ratinha, antes de ser devorada, argumentando ser muito pequena e incapaz de qualquer mal, ingenuamente tenta em vão convencê-lo a soltá-la (veja "Gato: presságios associados" e "Gato: relação com outros animais").

O gato aparece em representações pictóricas muito antigas, como em mosaicos de Pompeia, sempre roubando comida da cozinha ou sobre a mesa. Em consonância com essa ideia, o ladrão é popularmente conhecido no Brasil como "gato" ou "gatuno". Diz-se também que a alma desse animal habita as ruas estreitas à noite, assombrando quem por ali transita.

Picasso retratou esse felino várias vezes, pintando-o como ladrão e matador que obtinha prazer "satânico" ao infligir uma morte lenta e tortuosa às vítimas, em geral pássaros.

Similarmente, em inglês, a expressão "brincar de gato e rato" significa fingir libertar alguém que está em seu poder enquanto o mantém aprisionado. Do mesmo modo, a expressão "viver sob as garras de um gato" refere-se a padecer de um sofrimento recorrente.

Sobre o gato projeta-se ainda a característica de desleal. Assim, várias fábulas de La Fontaine ilustram a traição humana com a figura do gato. Em "O gato, a doninha e o coelho", os dois últimos chamam um gato aparentemente pacato e sábio para resolver uma disputa. De modo astuto, o felino pede que ambos se aproximem para ouvi-los melhor, mas de súbito abre as garras e os devora (veja "Gato: cor – gato preto" e "Gato: relação com outros animais").

Dessa maneira, alguns atributos do felino – como hábitos noturnos, independência, andar silencioso, imprevisibilidade e sexualidade manifesta – facilitaram a projeção de aspectos sombrios sobre ele, tais como crueldade, hipocrisia, traição, roubo, deslealdade e perversidade.

Além disso, a associação entre gato e mulher, sempre considerada maléfica, provavelmente se deve à atitude temerária e agressiva dos homens em relação à natureza feminina. Em culturas ou épocas em que a sexualidade era bastante reprimida, a convivência doméstica com um animal que se comportava sexualmente de modo livre, constante e intenso gerava conflitos e ambiguidade. Assim, para eliminar as tentações internas, fazia-se necessário perseguir e eliminar os gatos. Acreditava-se que, assim, fosse possível livrar-se do poder de sedução da mulher, com o que o domínio do homem estaria assegurado.

FORÇA PROTETORA

Desde tempos remotos, o gato e suas representações são usados tanto como talismã quanto como amuleto, trazendo sorte ou afastando o mal. Assim, os malásios acreditavam que, por ter poderes sobrenaturais, o gato conferisse sorte aos donos.

No Japão, os gatos eram usados para proteger os manuscritos de roedores, qualidade enfatizada em fábulas de La Fontaine.

Na Europa, pensava-se ainda que cinzas de gatos espalhadas sobre os campos acabassem com as ervas daninhas. Um costume egípcio para manter os ratos distantes era o de besuntar a gordura de um gato macho sobre determinados objetos.

A habilidade do gato de proteger casas e fazendas de roedores e de cobras venenosas pode ter levado à crença de que ele pudesse também defender o ser humano de males sobrenaturais. Camponeses russos chegavam a colocar um gato próximo do berço das crianças para afugentar os maus espíritos.

Outra habilidade, a de enxergar no escuro, fez que chineses e japoneses atribuíssem a esse animal tanto a capacidade de detectar e afugentar os espíritos do mal quanto a de trazer boa sorte nos negócios e nas finanças.

Nessas culturas, são comuns no comércio os gatos-talismãs (*Maneki Neko*). Confeccionados com matérias-primas diversas, como madeira, plástico e cerâmica, são representados sentados com uma pata levantada ao lado da face. Crê-se que trazem prosperidade ao chamar com a pata os transeuntes para entrar e fazer bons negócios. Pode ser encontrado com a pata direita ou a esquerda erguida; às vezes, dependendo do local e da época, ambas estão erguidas.

Na cultura chinesa, o gato é chamado de "*mao*", aquele que protege o bicho-da-seda do ataque dos ratos e dispersa os maus espíritos. Na ausência do animal, acreditava-se que sua imagem pintada ou moldada em barro tivesse o mesmo poder.

A valorização desse animal pelo povo chinês torna-se evidente num conto em que um rei pede emprestado um gato a fim de eliminar os ratos que destruíam seu reinado. Mesmo depois de ter devorado todas as galinhas, o gato não perdeu seu valor benéfico e continuou muito estimado.

Inúmeros contos russos apontam o gato como um animal de início sem valor, mas que, devido às suas habilidades, passa a ser reconhecido como extremamente valioso, salvando vidas e cidades. Num deles, onde havia um reino infestado de ratos, um gato exterminador torna-se tão valioso que é trocado por três navios, embora tenha sido adquirido por alguns trocados.

Gatos malhados eram sinal de bom agouro no Japão. Na Europa, dizia-se que tinham a capacidade de proteger casas do poder destruidor do fogo (veja "Gato: a cor do gato").

Em várias partes do mundo, amuletos contendo a imagem do gato tornaram-se muito populares. Na Europa, o gato preto foi às vezes usado como amuleto da sorte e considerado possuidor de dotes mágicos (veja "Gato: a cor do gato – gato preto").

Provavelmente esse costume originou-se no Egito, onde estátuas e amuletos de gato eram muito comuns. Usados como aviamento, joia ou colocados na roupa ou sobre o corpo, forneceriam proteção contra os riscos da vida diária – sobretudo contra picadas de cobra e escorpião. Essa função apotropaica, existente até hoje, apareceu sobretudo em amuletos ou estátuas "mágicas" nos períodos Ptolomaico e Romano.

A população egípcia também usava gatos mumificados como oferendas votivas, que eram colocadas em repositórios sagrados (sepulturas). Um exame de raios X feito em múmias felinas contraria a crença de que os antigos egípcios nunca matavam seus gatos, pois muitas das múmias encontradas estavam com o pescoço quebrado. Como se tratava de filhotes, supôs-se que os sacerdotes os criassem para ser mumificados e provavelmente vendidos à população.

No folclore de vários povos, acredita-se que o gato tenha o poder de tirar a "energia negativa" do corpo de seus donos, liberando-a depois durante o sono.

Projeta-se no gato uma ampla gama de qualidades positivas, como proteção e sorte, por sua ótima visão e ação predatória sobre os ratos, tidos como malignos e destrutivos. Simbolicamente, ter visão apurada, sendo capaz de detectar aspectos sombrios ou ocultos em relacionamentos ou no mundo dos negócios, por exemplo, ajuda a desenvolver uma melhor capacidade de defesa e autoproteção – ambas necessárias para uma vida harmônica e saudável.

PODER DE CURA

Em função de sua habilidade de matar serpentes, mesmo venenosas, o gato tem sido, há muito tempo, associado à cura em várias partes do mundo. Acreditava-se que fosse imortal, que promovesse a cura e se dedicasse a ajudar a humanidade. Especialmente no Egito, é provável que tenha sido considera-do sagrado por essa razão.

Na medicina egípcia, a gordura, o pelo e o excremento de um macho e o pelo e a placenta de uma fêmea eram utilizados em prescrições variadas. A gordura, misturada à de outros animais, servia de cataplasma para aliviar rigidez muscular em diversas partes do corpo. A placenta constituía também um ingrediente fundamental numa loção para evitar o embranquecimento do cabelo. Dizia-se que o pelo de gata, misturado com leite humano e resina, e acompanhado de palavras de encantamento, curava queimaduras.

Na Índia, era montaria de Shashthi, deusa protetora das crianças e ado-rada pelas mulheres de Bengala que desejavam engravidar. Acreditava-se tam-bém que tinha o poder de evitar o contágio de varíola (veja "Gato: espíritos e deuses associados").

Para os japoneses, o gato preto podia curar melancolia, epilepsia e es-pasmos se colocado sobre uma pessoa doente. Certas partes do corpo do gato foram usadas com frequência pela medicina popular. Por exemplo, as velhas mulheres afrodescendentes do Alabama (Estados Unidos) usavam sopa de gato preto para curar tuberculose. Na Inglaterra, acreditava-se que esfregar o rabo de um gato desinchasse terçol, além de curar panarício e verrugas; se o animal fosse preto, curaria coceiras. Do mesmo modo, havia no Brasil a crença de que passar o rabo de um gato preto sobre o olho e dentro da orelha curava terçol e dor de ouvido, respectivamente (veja "Gato: partes do gato").

PODER MÁGICO

O poder mágico do gato está presente de diferentes formas em várias culturas. No Egito antigo, acreditava-se que existisse uma "bruxa-gata preta" que envenenava a mente das pessoas e as infectava com doenças, causando--lhes cegueira. Por outro lado, eram comuns amuletos em forma de gato en-feitados com os olhos do deus Hórus, os quais davam ao seu portador a capa-cidade de enxergar no escuro.

Na Antiguidade, segundo um dos primeiros livros sobre sonhos (198 a.C.), sonhar vendo-se na forma de um grande gato significava bom augúrio e abundância na colheita. No mesmo sentido, na Escandinávia acreditava-se que um espírito benfazejo transmutado em gato trouxesse mantimentos dos celeiros dos vizinhos.

Já para os eslavos, quem pretendia furtar no mercado lançava uma pitada de cinzas de um gato sobre a pessoa com quem ia negociar. Dizia-se que depois disso ele poderia pegar o que quisesse da barraca, pois o comerciante ficaria cego.

Também se queimavam gatos em certas regiões da França no primeiro domingo da Quaresma. Na região francesa das Ardenas, costumava-se cantar e dançar ao redor das fogueiras onde se queimavam gatos até a morte. Por acreditarem que com isso protegessem seu rebanho da doença e da bruxaria, os pastores faziam passar os animais entre a fumaça e as chamas (veja "Gato: aspecto maléfico").

Uma superstição que permaneceu até o século XVIII era a de que, se o corpo de um gato (ou de um gato e de um rato) fosse colocado no meio da construção da parede de uma casa, ela estaria protegida do ataque de ratos. Tal crença se confirmou quando foram encontrados cadáveres de gatos mumificados ou secos em grande número de construções na Bretanha e no resto da Europa. Alguns deles poderiam ser de gatos que entraram por buracos enquanto uma nova casa era construída e então ficaram presos. Vários desses esqueletos pertencem ao acervo do Museu de História Natural de Londres.

Entretanto, em outras partes do mundo contava-se que, se alguém matasse um gato, seria possuído por ele, a não ser que comesse uma parte do animal. Tanto no folclore europeu quanto no afro-americano são atribuídas maldições àqueles que maltratam ou machucam um gato: se alguém chutá-lo, terá reumatismo; se afogá-lo, será possuído pelo demônio.

Acreditava-se também que roubar um gato de uma casa trouxesse azar. Se o felino fosse atirado ao mar, isso provocaria uma enorme tempestade. De forma contrária, para os marinheiros portugueses, afogar um gato era a maneira mais certeira de promover ventos favoráveis.

Uma crença ainda presente é a de que o gato tem sete ou nove vidas. Quem tirar uma será assombrado por ele, terá má sorte ou sofrerá outros castigos. Na Sicília (Itália), consagrava-se o gato a santa Marta e dizia-se que, em respeito a ela, aquele que matasse um gato teria sete anos de infelicidade. No Brasil, segundo um dito popular, "quem mata um gato tem sete anos de atraso".

Por outro lado, o poder benéfico do gato expressa-se, por exemplo, na crença do povo da ilha de Java (Indonésia) de que, banhando um ou dois desses animais, macho e fêmea, podia-se fazer chover. Para os malásios, povo do Sudeste asiático, deixá-lo encharcado produziria chuva abundante. Em Jacarta, capital da Indonésia, as crianças costumavam mergulhar gatos na piscina com a mesma finalidade.

De acordo com o folclore russo, não se permitia que meninos acariciassem gatos, pois poderiam perder a memória. Isso se devia ao fato de que os gatos comiam ratos, considerados causadores de esquecimento (veja "Rato: aspecto maléfico" e "Rato: presságios associados").

Outro poder mágico atribuído ao gato relacionava-se à crença em sua habilidade de atrair uma presa e retê-la com o olhar.

No Brasil, chás preparados com pelos da ponta do rabo de gatos pretos eram usados como "simpatia" para "amarrar" namorados ou despertar amizades (veja "Gato: partes do gato – olhos e rabo").

Por outro lado, o bom tratamento dado a um gato poderia trazer benefícios, pois se acreditava que o felino tivesse poderes sobrenaturais que dariam sorte ao seu dono. Um conto russo, por exemplo, fala do "gato da feiticeira", que, grato a uma boa menina que o alimentara com presunto, ensina-lhe truques, dando-lhe objetos mágicos para evitar que seja devorada pela bruxa Baba Yaga.

Provavelmente originada na África e presente na Idade Média, a felinomancia ou eluromancia era a arte de prever o futuro pela observação dos sons e do comportamento dos gatos. Por exemplo, ser seguido por um gato estranho poderia significar boa sorte ou dinheiro; a entrada de um gato preto em uma casa vazia traria sorte e prosperidade aos futuros moradores.

O desejo de interferir na natureza, no próprio destino e no dos outros, por bem e por mal, cria fantasias projetadas às vezes em animais cujas características facilitam essa intenção. No caso do gato, seu modo de olhar, sua independência e suas atitudes "misteriosas" podem despertar fascínio ou medo relacionado a uma ligação com o inconsciente. Trata-se de uma atração universal, presente desde tempos imemoriais, correspondente a um comportamento arquetípico.

PROVEDOR DE SORTE E DE RIQUEZAS

São inúmeras as histórias em que o gato, quando bem tratado, aparece como provedor de riquezas e de sorte para seus donos. Acreditava-se até que dormir com um deles traria sorte.

Nos contos de fadas, o gato ajuda os oprimidos frequentemente, resgatando pessoas que estão em situação de miséria e de dificuldade. Por exemplo, nos contos franceses "O Gato de Botas" e "A gata branca", o felino usa a esperteza e a criatividade para transformar um jovem pobre em um homem rico e em rei, respectivamente, ou revela seu lado protetor na versão irlandesa de Cinderela, em que a fada madrinha é substituída por uma gata chamada Moerin (veja "Gato: relação com o ser humano").

Em algumas regiões do Norte da Itália, considerava-se o gato o gênio familiar de uma casa. Certas histórias diziam que ele habitava um palácio, que era também lugar da boa fada e do bom mágico. Dependendo de como as pessoas que visitavam o local tratassem os gatos que lá habitavam, receberiam muito ouro ou seriam maltratadas e arranhadas. Na Toscana, uma fábula conta que uma mãe com muitos filhos mas sem dinheiro encontra uma fada que lhe diz que vá ao cume da montanha, onde encontraria gatos que davam esmolas num bonito palácio. A mulher vai até lá e um gatinho a deixa entrar; ela varre as salas, acende o fogo, lava os pratos, arruma as camas e assa pão para os felinos. Ao final, ela vai até o rei dos gatos, que está sentado com uma coroa na cabeça, e pergunta sobre as esmolas. O rei toca um sino de ouro e chama seus súditos. Informado da bondade daquela mulher, ordena que encham seu avental com moedas de ouro. A irmã malvada da pobre mulher, que também foi visitar os gatos mas os maltratou, volta para casa aterrorizada e gravemente ferida por muitos arranhões.

Em uma história russa, o gato de um czar mostra-se tão hábil em fazer truques que conquista a admiração de uma princesa, ajudando seu dono a se casar com a amada (veja "Gato: poder mágico"). Segundo o folclore francês, o gato preto também pode revelar riquezas (veja "Gato: a cor do gato – gato preto – associado à boa sorte").

Na China, onde o gato apareceu por volta de 1.000 a.C., era símbolo de felicidade, sendo a ele atribuídos certos poderes divinos.

Os contos relatados ilustram a importância de considerar e respeitar a vida instintiva. Quando percebemos as necessidades básicas e atendemos a elas, o resultado é sempre uma compensação, que pode vir como ganho de energia e vitalidade. A atenção dada ao corpo pode servir de contraponto às demandas intelectuais, levando a um estado de maior equilíbrio e produtividade.

Entretanto, quando, devido a uma atitude egoísta ou narcísica, não se atende às pequenas demandas, descuidando dos instintos, o resultado pode ser desastroso e frustrante. Na atualidade, temos exemplos de pessoas estressadas e doentes que, na ânsia por eficiência, dinheiro e poder, deixam de lado suas necessidades básicas, desrespeitando os limites do próprio corpo e assim comprometendo sua saúde física e mental.

SENSUALIDADE E FERTILIDADE

Em muitas culturas, o gato está ligado à sensualidade e à fertilidade, por causa de sua forte libido e da facilidade de se reproduzir. Essas associações aparecem tanto em rituais de fertilidade humana quanto naqueles ligados à produção agrícola.

Entre os rituais para promover a fertilidade, os agricultores da Transilvânia levam à casa dos recém-casados um gato em um berço para ser embalado na presença do casal, um mês após o casamento.

No antigo Egito, em algumas tumbas, retratava-se o gato sempre próximo de uma mulher – ao seu lado ou debaixo de sua cadeira –, indicando uma associação entre gato, mulher, sexualidade e fertilidade. A deusa-gata Bastet representava esse simbolismo, e algumas de suas estátuas em forma de gato tinham inscrições de invocação a ela. Assim, era adorada como princípio feminino da natureza, da fertilidade e do poder gerador, como complemento feminino de Ptá, o deus-sol, criador da vida (veja "Gato: deusas-gato").

Nessa mesma cultura, tornaram-se muito populares os amuletos representando uma gata com filhotes. Quando o casal decidia o número de filhos que desejava, procurava um amuleto que tivesse o mesmo número de gatinhos para que a mulher o usasse num cordão no pescoço ou o pendurasse na parede de casa ou num templo próximo. A seguir, rezava constantemente a Bastet, pedindo que lhe concedesse aquele mesmo número de filhos. Esses amuletos também serviam para proteger as mulheres grávidas e ajudá-las no momento do parto. O gato podia ser ainda atributo da deusa lunar Ísis, associando mulheres grávidas à imagem da lua e à ideia de que esta fazia a semente crescer no útero.

O simbolismo da fertilidade também estava presente nas atividades agrícolas. Além de Ísis (egípcia), divindades como Deméter (grega) e Cerridwen (celta) tomavam a forma de gato e davam à luz o espírito do milho. Na colheita desse alimento, considerado em inúmeras culturas esteio da vida, era comum o ritual de preservar o último feixe amadurecido e pendurá-lo numa viga, na crença de que assim sua reprodução estaria assegurada na próxima colheita. De modo semelhante, na França identificava-se o gato com o espírito do milho e chamava-se o último feixe colhido de "rabo de gato". A associação desse animal com a agricultura aparece também na Boêmia, onde às vezes o gato era enterrado na plantação por se acreditar que fosse um espírito do campo (veja "Gato: espíritos e deuses associados ao gato").

Na mitologia dos povos nórdicos, Freya, deusa solar do amor e da fertilidade, viajava numa carruagem puxada por um par de gatos, fazendo que sementes se espalhassem e brotassem. Abençoava e protegia especialmente as colheitas dos agricultores que punham uma tigela de leite no milharal para alimentar seus gatos divinos. Freya também abençoava todos os amantes, sendo sexta-feira, o dia dedicado a ela, o mais auspicioso para os casamentos. Alguns ainda acreditavam que o aparecimento de um gato no dia do casamento indicasse bom agouro.

Na Europa medieval, práticas ritualísticas para promover a fertilidade tanto dos campos quanto das pessoas envolviam um gato branco e eram celebradas com comida e vinho. Em contraposição, existiam rituais ligados ao aspecto demoníaco do gato preto, nos quais se matava esse animal com o propósito de causar infertilidade, tempestades, esterilidade e impotência (veja "Gato: aspectos maléficos e demoníacos" e "A cor do gato – gato preto").

Na Escócia, havia uma superstição de que, se um gato ejetasse sêmen em comida e uma mulher a comesse, ela geraria gatinhos.

Os antigos bestiários também retratavam a relação dos gatos com a luxúria. Segundo estes, o gato era lascivo e insaciável no sexo. Também os associavam com o pecado, a ponto de aparecerem como escravos dos prazeres.

Nas representações artísticas do conhecido pintor espanhol Pablo Picasso, o gato aparece com frequência associado à sexualidade feminina. Segundo o pintor, as gatas "não pensavam em outra coisa a não ser fazer amor" (veja "Gato: relação com o feminino").

Assim, a expressão "gata no cio" é usada de modo pejorativo para se referir a uma mulher que mostra aberta e frequentemente seu desejo sexual sem maiores pudores.

O aspecto sensual e sedutor do gato é ilustrado numa dança brasileira de origem indígena que leva o seu nome, vista com mais frequência no Sul do país. Na coreografia dessa dança, o personagem gato representa o homem conquistador, que, sapateando, corteja insinuantemente a personagem perdiz, representação da mulher.

O gato simboliza a forte e livre expressão da instintividade sexual. A sensualidade felina, quando incorporada em um homem ou em uma mulher, revela-se por uma movimentação sutil, indireta e sinuosa, que pode ser bastante atraente para o sexo oposto. A assimilação dessas qualidades favorece o jogo amoroso e sedutor entre amantes. Entretanto, quando essa sensualidade é vivida de modo descontrolado e indiscriminado, pode levar a situações de perigo e de inadequação social, chegando a constituir um quadro patológico.

LIBERDADE E INDEPENDÊNCIA

O gato tem sido símbolo de liberdade e independência. Embora conviva com o ser humano há séculos, mantém certa resistência à obediência e ao treinamento doméstico; não gosta de ser agarrado e se desespera quando preso.

Essas qualidades são muito bem descritas por T. S. Eliot (1991, p. 27) em seu livro *Os gatos*. Nele, o poeta discorre, entre outros, sobre um gato que faz de tudo para contrariar as expectativas de seus donos: "[...] pois o animal faz, tal e qual, e não há jeito de evitar o que faça". O autor refere-se ainda a gatos que, por "farra", divertem-se quebrando objetos, derrubando móveis ou fazendo desaparecer joias: "Como um furacão que arrasa, deixam no caos a casa" (*ibidem*, p. 37). Além disso, o poema caracteriza os felinos como zombeteiros e sorrateiros, que somem de vista quando há confusão. No mesmo livro, Eliot acentua em vários versos a independência desse animal e o cuidado que se deve dedicar a ele se quisermos tê-lo conosco.

No poema "Como tratar os gatos" (*ibidem*, p. 77-79), o autor insiste na necessidade de respeitar os hábitos desses felinos caso se queira ser amigo deles:

> Com os Gatos, dizem, que é regra bastante
>
> Só lhes falares se te falam antes. [...]
>
> Que ele ressente a familiaridade.
>
> Em geral, eu me inclino com recato,
>
> E digo: como passa, Senhor Gato? [...]
>
> Antes que qualquer gato condescenda
>
> Em tratar-te de amigo, uma oferenda
>
> É necessária, qual sinal de aceite:
>
> Algo assim como um bom prato de leite. [...]
>
> Um gato é alguém que adquiriu direito
>
> De esperar essas mostras de respeito. [...]

No poema "Dar nome aos gatos" (*ibidem*, p. 9), o mesmo autor menciona o lado misterioso e independente do animal:

> [...] Só o gato sabe, mas a ninguém confessa.
>
> Se vires um gato em profundo mutismo,
>
> Saibas a razão que o tempo lhe consome:
>
> Sua mente paira a divagar no abismo
>
> E ele pensa, e pensa, e pensa no seu nome:
>
> No inefável afável
>
> Inefanifável,
>
> Fundo e inescrutável sentido de seu Nome.

Essas características se confirmam em várias tradições, como no budismo chinês, em que o gato é símbolo de autodomínio.

A mitologia romana representa o aspecto lunar de Diana, deusa da liberdade, com um gato aos seus pés. Segundo a história, algumas legiões romanas marchavam com o gato em suas bandeiras e escudos, simbolizando a defesa de sua liberdade e independência. Com o mesmo sentido, a imagem do gato podia ser vista nos mosaicos e afrescos de Pompeia, assim como nos emblemas de antigas famílias suíças.

Por seu caráter independente, associa-se o felino à lei e à libertação dos oprimidos, como exemplificado na imagem de santo Ivo, padroeiro dos advogados, às vezes retratado com um gato ao lado.

Essa conexão entre independência, gato e justiça já existia no antigo Egito, onde se costumava decorar a deusa-gato Bastet com "penas de Mata", deusa da lei e da justiça representada por uma mulher com penas de avestruz na cabeça (veja "Gato: deusas-gato").

Outro aspecto da independência do gato reside no fato de ele parecer não se importar em agradar a seus donos nem sentir-se incomodado quando se comporta de modo inesperado. Esse comportamento enigmático e indomável pode provocar no ser humano raiva, certo temor e até admiração.

A atração humana pelo gato e os sentimentos ambíguos que ele provoca, tal como o medo irracional do seu ataque, fundamentam-se na fantasia de que esse animal não é controlável e pode tanto fugir, seguindo um caminho "desobediente", quanto atacar de modo inesperado.

Sua autonomia e fidelidade ao próprio ritmo e à própria vontade, sem se importar com as necessidades dos que o cercam, podem despertar inveja e ressentimento. Aparentemente não demonstra necessidade de se adaptar ao local onde vive ou seguir suas regras. Essa condição autocentrada, em que a prioridade é seu conforto e bem-estar, representa a não domesticação dos instintos, qualidade essa que desafia normas e regras coletivas. Desse modo, o gato como símbolo pode significar liberdade, independência e necessidade de priorizar a si mesmo. Relaciona-se também com a ativação da imaginação e com a busca do desconhecido.

CAÇADOR E LUTADOR

O gato é um animal caçador por excelência e perseguidor contumaz de ratos, baratas, insetos, galinhas e pássaros, entre outros. Assim, funciona como importante elemento no controle de pragas nas casas e nas lavouras.

É provável que o gato egípcio domesticado tenha chegado à Grécia nos séculos IV e V a.C., espalhando-se pela Itália em grande número. Substituindo o furão como caçador de ratos, disseminou-se por todo o continente.

A imagem do gato como caçador aparece já na raiz latina *catus* ou *cattus* em quase todas as línguas europeias. O termo denota "agarrar", "captar", "capturar" e "apanhar" (veja "Gato: partes do gato – olhos"). Essa relação encontra-se ainda na mitologia egípcia, na qual o nome da deusa-gata Bastet relaciona-se com os adjetivos "despedaçador" e "dilacerador". No Talmude, chama-se o gato de "aquele que se lança com as garras sobre a presa". Em certos bestiários, é denominado "aquele que é fatal para os ratos", devido aos seus hábitos predatórios.

Considera-se que o gato pode passar por muitas transformações, mas nunca perde seu instinto caçador (veja "Gato: relação com o feminino"). Uma lenda russa mostra a vantagem desse aspecto da natureza felina: quando Lúcifer tentou, disfarçado de rato, atravessar os portões do paraíso, o cão o deixou passar, mas o gato pulou sobre ele, impedindo-o de entrar.

A fama de caçador ardiloso e incansável fez famílias europeias representar a virtude de um bom guerreiro em emblemas e brasões com a imagem de um gato. Esse animal também é famoso por sua capacidade de lutar por um período longo, combatendo até o fim de qualquer batalha.

A paciência do gato no ato da caçada é proverbial. No budismo chinês, encara-se a atitude meditativa como semelhante à do gato, que espera e observa imóvel e paciente a presa antes de lançar-se sobre ela.

Essas características felinas representam duas qualidades psicológicas importantes do homem na relação com seus objetivos: a capacidade de observar, planejar e esperar estrategicamente o momento adequado para agir e a persistência de se manter focado até alcançar sua meta. Ambas são funções executivas fundamentais na realização de atividades complexas e competitivas, as quais exigem um bom controle de impulsos e emoções.

PSICOPOMPO

A fama do gato de nunca perder o caminho leva à associação entre esse animal e a qualidade de guia e psicopompo – aquele que conduz os mortos ao submundo, servindo também de ponte entre mundo externo e interno.

No antigo Egito, considerava-se o gato mediador entre a vida interior e a exterior, entre deuses e homens – portanto, ele tinha o poder de orientar a trajetória do homem que o consultasse, dando-lhe um conhecimento que de outra forma permaneceria oculto. Na viagem do morto para o submundo, contada nos papiros, gatos e seres com cabeça de gato surgiam frequentemente para guiar o viajante. No *Livro dos mortos* (verso 145), o falecido, diante do décimo segundo portão – cujo guardião tem cabeça de gato –, diz: "O nome do deus que o guarda é Gato". Segundo a tradição, o faraó Tutancâmon foi levado para o submundo por um gato preto. Foi encontrada em sua tumba uma estátua de ouro em que o faraó aparece em pé sobre uma base apoiada no lombo de seu felino.

Desse modo, por certo período, os gatos foram mumificados e enterrados em túmulos, colocados em sarcófagos e ornados com rezas protetoras, pois se acreditava que os animais tivessem uma vida após a morte, como ocorreria com os humanos – juntos de seu dono ou sozinhos. Na barca que conduzia a alma pelo submundo, os gatos representariam a força e a agilidade que ajudariam o homem a vencer os obstáculos.

De modo semelhante, entre os celtas existia um santuário com um gato deitado em um divã prateado. Esse gato era um mediador entre os deuses e os homens, entre o bem e o mal. Por ter acesso a ambas as esferas, sua sabedoria profética lhe permitiria ensinar ao homem a maneira de equilibrar valores conflitantes.

No folclore finlandês, os gatos são vistos como aqueles que transportam homens do mundo externo para o interno, sendo citados como mediadores no importante épico *Kalevala*. O livro menciona um bruxo que, ao recitar seus feitiços para um grupo de homens, faz que estes sejam levados num trenó conduzido por um gato até os limites do mundo da escuridão e dos maus espíritos.

No antigo Sião, era comum enterrar vivo um gato junto com seu dono, se este fosse membro da realeza. Caso o animal conseguisse escapar por alguma fresta do templo, dizia-se que ele carregava a alma do falecido, sendo por isso tratado com todas as honrarias.

Membros de uma tribo da Malásia acreditavam que, após a morte, seriam conduzidos por um gato em sua viagem do inferno ao paraíso. Essa travessia seria facilitada pelo gato, que, aspergindo água, diminuiria a temperatura do inferno.

Na obra *As flores do mal*, Baudelaire atribui aos gatos um olhar místico e os relaciona com espíritos familiares que, de modo intrigante, se comunicam com o outro mundo e apontam para o mistério da existência.

Segundo Marie-Louise von Franz, o lendário Gato de Botas é também um exemplo da característica de psicopompo, na medida em que auxilia o dono a encontrar seu caminho e a conquistar fama e riqueza.

Como vimos, a projeção dessas qualidades no gato deve-se basicamente à sua capacidade de enxergar no escuro e se orientar no espaço, o que o torna símbolo da função transcendente, aquela que liga consciente e inconsciente. Esses mesmos aspectos o transformaram no animal predileto de pessoas místicas ou ligadas à espiritualidade, assim como era nas lendas companheiro de bruxas e feiticeiros. Nesse sentido, para o ser humano, o gato representaria a capacidade de introversão e conexão com o mundo espiritual e transcendente.

CLARIVIDÊNCIA

O gato é um animal ao qual se atribui, entre outros, o poder da clarividência, que está ligado ao formato e à cor de seus olhos. Várias crenças relacionam esse poder à sua capacidade de ver à noite e à beleza de seus olhos, sobretudo os do gato branco. Uma crença gnóstica fala da presença de um gato que, com seu conhecimento do bem e do mal, guardava a Árvore da Vida no Jardim do Éden.

Segundo a tradição egípcia, a deusa Bastet, enquanto gata branca, é aquela que tudo vê, fluindo seu poder sobretudo através de seus olhos sagrados. Acreditava-se que raios solares saíssem de seu olho direito, trazendo saúde, alegria e a possibilidade de ver adiante, iluminando o mundo externo a fim de acurar a percepção e apontar caminhos. Por outro lado, raios lunares que saíam de seu olho esquerdo iluminavam o mundo interior, impedindo o ser humano de tornar-se vítima das forças inconscientes (veja "Gato: a cor do gato" e "Gato: espíritos e deuses associados").

Para os celtas, o gato, mediador entre deuses e homens, equilibrava os conflitos entre as esferas divina e humana, tendo visão profética (veja "Gato: psicopompo"). Por sua reputação de clarividente, esse animal era especialmente conhecido em algumas regiões da Europa como aquele que curava a cegueira. Acreditava-se que um dos amuletos que conferiam o poder de vidência era o olho de um gato preto misturado com a vesícula biliar de um homem (veja "Gato: partes do gato – olhos").

Na Inglaterra, a simples aproximação de um gato malhado era suficiente para desenvolver no ser humano o poder da vidência. Já na Escócia, havia a crença de que o gato tinha o poder de trazer luz e visão aos "mentalmente cegos".

Segundo crendices brasileiras, para obter o dom da clarividência era necessário matar um gato preto numa sexta-feira à meia-noite e colocar em cada um de seus olhos um grão de feijão. O gato enterrado deveria ser regado todas as noites, e os feijões que crescessem, carregados no bolso esquerdo.

A capacidade de enxergar onde a maioria não enxerga e o andar silencioso e sinuoso, além das características de independência e autossuficiência do gato, sugerem mistério e conexão consigo mesmo, tornando-o um animal especialmente propício para fantasias a respeito do mundo sobrenatural e da ligação com o não cognoscível.

A vidência que se atribui miticamente a esse animal pode ser interpretada como resultado do contato com a esfera instintiva que dá substrato a percepções intuitivas, as quais podem ser traduzidas como capacidade de prever e antever. Tal possibilidade fornece novos caminhos, levando ao conhecimento de uma natureza diferente, que advém de uma profunda ligação com o mundo interno. Trata-se aqui da qualidade intuitiva e da função transcendente necessárias à vida psíquica e à adaptação ao mundo quando há um esgotamento do conhecimento linear e racional.

LIMPEZA

O gato é famoso pela constante limpeza de todo o corpo com lambidas, apesar de sua conhecida aversão ao banho. A expressão popular brasileira "banho de gato" ilustra essa característica: refere-se à pessoa que evita tomar um banho completo.

Na região báltica, o fato de o gato se limpar depois de comer originou a história folclórica na qual esse animal, ao capturar um rato, é convencido por este de que era preciso se lavar antes de comê-lo. Enquanto o gato se lavava, o rato fugiu. Desde então, prevenido, o gato passou a comer antes e a se lavar depois.

A palavra híndi para gato é "*margara*", que significa limpador. Entre os hindus, a gata também ganhou fama pela limpeza, sendo ainda associada à lua como luminosa, que com seus feixes de luz dispersa as sombras da noite, limpando-a das nuvens, tidas como ratos cinzentos e sombrios.

No Brasil, diversas crendices populares associam o ato do gato de se limpar a certos presságios, como o de receber visitas em casa (veja "Gato: presságios").

O ato de limpar-se indica sua capacidade de cuidar de si, mantendo o bem-estar e a higiene corporal. Nesse sentido, falamos na psicologia da autonomia e do desenvolvimento de recursos para o autocuidado, indispensável à saúde física e mental. "Lamber-se" é um ato de introversão que possibilita contato consigo mesmo e a retirada das "sujeiras externas", aspectos negativos que podem "poluir" e sobrecarregar o indivíduo.

MUSICALIDADE

O gato é associado à música provavelmente por causa das várias tonalidades dos seus miados e de seu ronronar, que lembra a vibração de instrumentos musicais. O ronronar, sonoridade exclusiva desse animal, é expressão característica de prazer e contentamento.

O gato serviu de ornamento e inspiração para vários instrumentos musicais, entre eles o saron, instrumento javanês, e o sistro egípcio. Este, emblema

da deusa-gato Bastet, tinha desenhos de gatos sagrados. Amplamente utilizado em rituais religiosos egípcios e em certas atividades militares, tinha a função de reunir as tropas para as guerras. Seus sons lembram os de instrumentos de corda, como o violino.

O andar gracioso e coordenado dos gatos e a modulação de seus miados lembram também dançarinos e músicos. Por essa razão, "orquestras de gatos" aparecem em ilustrações de livros infantis com certa frequência.

Dizem também que gatos gostam de música e inspiraram diversas composições, como "A fuga do gato", de Domenico Scarlatti, e "Dueto cômico para os gatos", de Rossini. Ravel, Stravinsky e Tchaikovsky, entre outros compositores, introduziram miados em suas músicas.

O musical *Cats*, de Andrew Lloyd Webber, baseado no livro *Os gatos*, de T. S. Eliot, descreve em poesia vários tipos de gato que na verdade espelham características bem humanas. Segundo o poeta, para compreender um gato é preciso respeitar sua atitude reservada e oferecer-lhe uma amizade leal. Só assim se poderá descobrir o verdadeiro nome do gato, pois este é sempre um grande mistério.

IMORTALIDADE

A posição enrolada que o gato assume frequentemente ao deitar para dormir – com a cabeça tocando o rabo, formando um círculo – faz dele um símbolo de eternidade.

No Egito antigo, por se acreditar em sua imortalidade, seu corpo era embalsamado a fim de mantê-lo intacto para o momento da ressurreição. Era comum preceder seu enterro de honras funerárias e a família à qual ele pertencia lamentar muito sua morte. De várias partes do Egito despachavam-se gatos mumificados para a cidade de Bubástis, onde os colocavam em prateleiras num imenso cemitério devotado a eles. Especialmente os gatos que tinham entre as orelhas uma marca em forma de escaravelho eram considerados divinos e escolhidos para viver nos templos, já que o escaravelho, símbolo solar, acompanhava os mortos para que ressuscitassem. Por essa razão, maltratar um gato era um crime tão grave que a punição poderia ser a morte.

Também na Índia maltratar os gatos constituía crime sério, enquanto na Europa e na África acreditava-se que os maus-tratos dessem azar. Dizia-se ainda que quem matasse esse animal sofreria perseguição ou grande vingança. Segundo uma crendice popular brasileira, se alguém matar um gato deve matar mais seis, para cortar o azar que se desencadearia com a morte do primeiro.

Outros povos acreditavam que os gatos portassem o espírito dos mortos. No Japão, considerava-se uma mancha preta nas costas do gato uma marca sagrada, caso em que ele era enviado aos templos.

Na Europa, a ligação desse animal com o nascimento da Virgem e a ressurreição aparece em algumas lendas, revelando a crença de sua imortalidade, poder de cura e dedicação à humanidade.

Em muitas culturas ocidentais e orientais é bastante comum a ideia de que o gato tem sete ou nove vidas. Isso se deve provavelmente à sua capacidade de escapar ileso de situações perigosas e adversas.

PREGUIÇA E ACONCHEGO

O gato caracteriza-se como um animal que passa longos períodos dormindo de modo aparentemente solto e relaxado, sendo por isso considerado indolente e dorminhoco. No Japão, simboliza um repouso sereno.

Essa característica é ilustrada em uma lenda sobre o profeta Maomé, autor do Alcorão. Certo dia, Maomé foi chamado para uma emergência. Não querendo perturbar o sono do animal que dormia em seus braços, utilizou a espada para cortar seu manto ao redor do gato e só então partiu para atender ao chamado.

Uma das poesias do escritor inglês T. S. Eliot (1991, p. 13-15), "A velha gata malhada", descreve claramente essa qualidade:

[...] Deitada o dia inteiro passa na esteira ou nos degraus da escada,

E dorme, e dorme, e dorme e dorme...

Mas isto é o que faz uma gata malhada!

[...]

Deita-se junto da janela, ou bem fofinha na almofada.

Pintores como Chagall, Rembrandt, Bruegel, Veronese, Manet e Tintoretto incluíram o gato em suas obras para dar a elas um senso de aconchego e intimidade. Um bom exemplo é a pintura de Leonardo da Vinci "A madona e o gato", na qual um gato é retratado no colo de Nossa Senhora junto com o menino Jesus. Outro exemplo é o estudo "Virgem e Cristo criança com um gato", no qual Nossa Senhora carrega o filho e este, por sua vez, tem um felino nos braços. Esse animal tem sido usado ainda na publicidade como imagem de refinamento e bom sono, pois é conhecido por sempre procurar um lugar quente e protegido para se refugiar do barulho e do frio. Assim, muitas histórias mostram-no como desejoso de boa comida e boa cama, não medindo esforços para conseguir esse conforto.

No livro *Il gatto romano* (1962), do poeta italiano Mario dell'Arco – pseudônimo do arquiteto Mario Fagiolo –, um homem diz que, se tiver de reencarnar, que seja na forma de gato, revelando a inveja do estilo de vida desse animal.

O lado negativo desses atributos é reconhecido em algumas culturas como ócio e preguiça. Assim, no simbolismo cristão, o gato pode representar certa apatia. A expressão inglesa *copycat* refere-se à pessoa que imita o outro em vez de empenhar-se na busca das próprias inspirações. Isso pode simbolizar pouco esforço ou preguiça diante dos desafios da vida.

O gato pode ser usado como referência de comportamentos narcísicos nos quais, em seus aspectos saudáveis, a prioridade é a busca de uma vida de conforto, bem-estar e até mesmo de ócio sem culpa. Em seus aspectos negativos, essa autorreferência extremada pode levar a desconsiderar as necessidades dos outros e o mundo à sua volta. O personagem Garfield ilustra bem essa última condição (veja "Gatos famosos: Garfield").

RELAÇÃO COM O SER HUMANO

A relação do gato com o ser humano é rica e multifacetada. Em algumas histórias – como em "O Gato de Botas" –, enfatiza-se seu caráter benéfico, o que revela um relacionamento de proteção e cooperação.

Um conto do folclore francês mostra essa relação próxima e afetuosa entre uma menina e seu melhor amigo, um gato branco, ao discorrer sobre uma época em que era comum os gatos pescarem e caçarem para seus donos. Certo dia, de repente, o gato tornou-se preto, conseguindo ocultar-se com mais facilidade, o que favoreceu sua atividade como caçador. Nessa condição, ele pôde ajudar ainda mais a menina, participando ativamente de sua vida.

O gato pode ser visto também como curador e servo, impedindo que casas e colheitas sejam destruídas pelo ataque de ratos e cobras. Uma história chinesa ilustra essa característica. No reino Zhao, uma casa tornou-se um covil de ratos, que estavam destruindo alimentos, roupas, móveis, objetos e até as paredes, ameaçando assim a sobrevivência da família. O dono da casa tomou emprestado de outro reino um gato que atacava ratos, mas também capturava galinhas. Passado um tempo, os ratos foram eliminados. No entanto, as galinhas, que eram importantes para a alimentação das pessoas, acabaram dizimadas do mesmo modo. Questionado sobre a permanência do gato em função do prejuízo com a perda das galinhas, o chefe da casa argumentou que isso era secundário, pois os danos causados pelos ratos podiam provocar fome e frio. Assim, ficar com o bichano e garantir abrigo e cereais tinha mais importância que ficar sem galinhas.

Ainda com referência ao aspecto benéfico desse animal na relação com o ser humano, ressalta-se que o gato pode representar um tipo de sabedoria que muitas vezes falta ao homem, na medida em que sempre demonstra saber como enfrentar diferentes situações perigosas.

O gato pode ser usado para ilustrar falhas ou qualidades humanas, como vemos nas fábulas populares de Esopo e La Fontaine. Por exemplo, na história "O galo, o gato e o ratinho", o gato se faz passar por simpático, com "ar humilde e comedido", para então devorar um ratinho que ingenuamente se aproximara dele. As qualidades aqui representadas são sedução e hipocrisia.

As características de beleza e sensualidade são projetadas sobre o gato, a ponto de alguém belo e atraente ser chamado de "gata" ou "gato" (veja "Gato: sensualidade e fertilidade"). São comuns ainda histórias de gatas transformadas em mulheres, às vezes devido à paixão de um homem por elas (Veja "Gato: relação com o feminino").

Na relação do homem com o gato, frequentemente surge o caráter ambíguo desse animal, que demanda do ser humano um comportamento preciso e ardiloso para não ser por ele destruído. Uma antiga história do folclore hebraico ilustra bem essa ambiguidade: chamam uma velha senhora para ajudar em um parto, mas ela descobre que a parturiente é uma gata de um clã de gatos demoníacos. Por fazer tudo que lhe instruíram, a parteira é paga com dentes de alho, os quais se transformam em ouro, tornando-a muito rica.

Todas essas narrativas ilustram o uso tanto para o mal quanto para o bem das qualidades de ardiloso e esperto. Quando para o mal, objetivam obter proveito e alcançar posição vantajosa em relação ao outro. Quando para o bem, as mesmas qualidades podem servir para a autoproteção e a realização de desejos e projetos próprios. O apreço pela individualidade e pela independência representado por esse animal revela a importância de respeitar essas condições a fim de que ocorram o crescimento e o desenvolvimento da personalidade.

RELAÇÃO COM O FEMININO

A associação do gato com o feminino funda-se em seu jeito sedutor, leve, sinuoso e gracioso de andar.

Na mitologia chinesa, o gato é considerado um animal portador da energia feminina, chamada "*yin*"; no Japão, associam-no à mulher, pela beleza e graça de seus movimentos.

Uma crença budista diz que as mulheres assemelham-se aos gatos, pois tentam arruinar todos os que caem em suas garras. Diz a lenda que, em certa ocasião, Buda tomou a forma de um galo que convivia com outros galos. Uma gata que comia todos os pássaros que encontrava tentou seduzir o Buda oferecendo-lhe a juventude eterna, uma escrava para servir a ele ou uma esposa honrada. No entanto, Buda não cedeu a essas tentações e a mandou embora, dizendo: "Não há honra em seu coração quando você tenta me seduzir".

A gata tem sido associada à vaidade feminina em seu aspecto tanto negativo quanto positivo. O comportamento habitual de passar horas se limpando traria essa ideia de vaidade extrema.

Ligada também à sexualidade ardente e exacerbada, a gata representa, por vezes, o comportamento feminino promíscuo. No século XVIII, em algumas culturas da Europa, a expressão "ter um gato" era sinônimo de ser prostituta, devido à associação entre a habilidade predatória desse animal sobre ratos e pássaros e a prostituta como "predadora" de homens.

Ainda nesse século, muitas histórias contavam que o gato se transformava em uma linda mulher com o objetivo de se casar com um senhor para arruinar seu feudo.

Todas essas histórias ilustram a crença popular na natureza maliciosa e no poder mágico do gato.

A partir de meados do século XIX, ele adquiriu uma posição especial nas artes plásticas e literárias, sendo considerado representante do gracioso e do belo presentes no sexo feminino, como ocorreu nos quadros do pintor impressionista francês Auguste Renoir. Sua imagem é também frequente em obras de vários outros pintores, entre eles Leonardo da Vinci, Manet, Miró, Picasso, Klee, Di Cavalcanti e Aldemir Martins (veja "Gato: sensualidade e fertilidade").

Na literatura, aparece em obras de escritores famosos como Balzac e Baudelaire. Esse último, no livro *As flores do mal* (2006), associa a gata à amante no seguinte trecho de seu poema "O gato":

Quando os meus dedos cobrem de carícias

Tua cabeça e o dócil torso,

E minha mão se embriaga nas delícias

De afagar-te o elétrico dorso,

Em sonho a vejo. Seu olhar, profundo

Como o teu, amável felino,

Qual dardo dilacera e fere fundo [...]

No Brasil, a expressão "gatinha" refere-se à mulher bonita, atraente ou carinhosa. Já a expressão "gata" indica particularmente a sensualidade de uma mulher (veja "Gato: sensualidade e fertilidade").

Inúmeros contos falam da transformação de gatas em princesas ou em belas mulheres. Em um conto do folclore francês, uma gata branca auxilia um dos filhos do rei a cumprir as tarefas impostas a ele como desafio para herdar o reino. Na última delas, que consistia em encontrar a mulher mais linda do reino, a gata instiga o príncipe a cortar seu rabo, o que a transforma numa bela dama. Assim, o príncipe ganha o trono.

Em um conto dos irmãos Grimm, "O pobre rapaz do moinho e o gato", uma gata, agradecida por receber muitos cuidados do protagonista da história, transforma-se em uma linda mulher, que se casa com ele.

Esse tema se repete em uma das fábulas de Esopo, na qual um jovem pede a Vênus que transforme em mulher uma gata pela qual estava apaixonado para que pudesse se casar com ela. No entanto, em sua noite de núpcias, ao ver um camundongo, a mulher instintivamente sai em seu encalço. Vênus fica furiosa com seu comportamento, que revela a persistência de sua natureza animal, e a transforma de novo em gata.

Outra versão dessa história encontra-se na fábula de La Fontaine denominada "A gata metamorfoseada em mulher", cujo enredo reafirma que ninguém pode escapar da própria natureza.

Nos tempos modernos, em 1940, a personagem Mulher-Gato aparece no primeiro número da revista de histórias em quadrinhos *Batman*. Chamada apenas de "a Gata", era inimiga de Batman, o homem-morcego. Retratada como ladra inescrupulosa, acaba sendo relativamente poupada por

Batman nas punições por seus crimes. Ambos tiveram um breve romance e o clima de sedução entre eles permaneceu. Era também protetora do bairro East End de Gotham City, onde morou quando prostituta. Aventureira e animada, sempre provocava Batman, sentindo prazer em descumprir a lei. Vestia-se com roupa de seda e portava um chicote como arma, tornando-se um dos personagens mais sensuais e populares da história dos quadrinhos. Por sua exuberância e charme e pelo "amor bandido" vivido por ela e pelo herói protagonista, tornou-se importante e valorizada no mundo do homem-morcego. Mais tarde, protagonizou séries de TV e de diversos filmes (veja "Morcego: herói associado – Batman").

Em inglês, o termo "*catfight*" refere-se a brigas entre duas mulheres, geralmente envolvendo agressões verbais, arranhões, tapas, puxões de cabelo e roupas rasgadas. Também se usa essa expressão para descrever uma campanha política em que duas candidatas são adversárias.

Nas mais diversas histórias, a gata aparece conectada ao princípio feminino de sedução, graça e beleza, o qual precisa ser elaborado e integrado para que evolua do estado instintivo para o consciente. Como vimos, a habilidade de seduzir consiste sobretudo em ter acuidade "felina" para perceber os pontos vulneráveis daquele que se deseja conquistar. Assim como o gato, o sedutor não expressa seu desejo de forma direta, mas se insinua sub-repticiamente, evitando um confronto aberto. A sedução pode ser um recurso importante e vantajoso em situações em que deparamos com um oponente mais forte. Porém, o indivíduo que usa a sedução para alimentar uma falsa persona, mostrando-se aquilo que não é, pode ser desmascarado em situações de tentação e conflito, revelando a verdadeira natureza de seu ser. Nesse caso, emerge uma instintividade primária sem controle, sendo o ego sobrepujado por seus desejos mais primitivos.

PRESSÁGIOS ASSOCIADOS AO GATO

Às vezes o gato aparece associado a presságios e, em muitos casos, sua presença indica uma ocorrência negativa.

Na Alemanha, por exemplo, acredita-se que, se uma briga entre dois gatos ocorre perto de um homem doente, a morte deste é iminente – nesse caso, considera-se benigno um dos animais, como um anjo, e maligno o outro, como o diabo, na disputa pela alma do enfermo.

No Japão e em alguns países europeus, acreditava-se que os gatos fossem muito sensíveis às mudanças no tempo e ficassem inquietos antes de uma tempestade. Desse modo, em inúmeras superstições, sobretudo de marinheiros, observa-se o comportamento do gato como indicativo do tempo.

No País de Gales, os marinheiros acreditam que terão uma viagem difícil se o gato do navio miar com frequência; se ele for brincalhão, enfrentarão uma tempestade de vento. Outros creem que, se o gato estiver alegre, a viagem será boa, e ocorrerão ventos fortes se ele for preso num vaso ou em algo semelhante. Na Sicília, diz-se que, se um gato miar enquanto os navegadores recitam o rosário, pressagia-se uma viagem tediosa.

Segundo uma crença chinesa, o aparecimento de um gato desconhecido indica uma mudança desfavorável no ambiente. Também se encontra em certas referências uma associação entre o surgimento de um gato com pobreza e escassez, pois ele é capaz de perceber a presença de camundongos e ratos, e onde estes habitam as provisões são sempre devoradas.

Há, entretanto, alguns presságios positivos, entre eles o que diz que, quando o gato lava o focinho, significa bom tempo, sinal de chuva ou a chegada de uma visita, especialmente se ele o faz na sala de estar. No Maine (Estados Unidos), o fato de o gato olhar pela janela é sinal da aproximação de chuva (veja "Gato: sensualidade e fertilidade" e "Gato: a cor do gato – gato preto").

A COR DO GATO

A cor do gato é um fator determinante nas projeções que se fazem sobre esse animal – além de as qualidades simbólicas das cores se incorporarem aos significados dessas projeções. Enquanto o branco traz associações positivas, ligadas à luz solar ou lunar, o preto, na grande maioria das vezes, provoca reações de medo, aversão e fantasias mágicas destrutivas.

Gatos com pelagem de outras tonalidades despertam diferentes fantasias, como poder e sorte.

Gato branco

Associado a ajuda e cura – No antigo Egito, o gato branco era considerado curador e cuidador, neutralizando venenos e aumentando o poder de recuperação das pessoas.

Em outras culturas, também era considerado libertador do oprimido, ajudante de jovens, pobres e desprivilegiados. Além disso, trazia riqueza, poder e honra em razão de sua astúcia e de seus recursos para vencer as forças das trevas (veja "Gato: poder de cura"; "Gato: poder mágico"; "Gato: clarividência"; "Gato: força protetora").

Associado à lua – Na mitologia hindu, o gato branco, chamado de limpador da noite, era comparado à lua – que, com seu esplendor prateado, dispersava as sombras da noite e comia os ratos cinzentos noturnos. Por essa associação, projetava-se nele um caráter luminoso e benigno (veja "Gato: limpeza").

Similarmente, associava-se o gato de orelhas brancas à lebre ou à lua. Entretanto, algumas tribos africanas identificavam-no com o sol e explicavam o eclipse lunar dizendo que o gato estaria comendo a lua, uma vez que esta havia invadido o caminho cíclico solar. Os nativos, então, realizavam um ritual em que batiam palmas a fim de persuadir o gato a libertar o astro.

Imortal e solar – No antigo Egito, via-se o gato branco macho como um deus imortal e autogerado. Nesse sentido, assim como o deus-sol Rá, o gato era o fogo solar, fonte de poder, da luz e de toda a vida. Como Osíris, o gato branco tanto fecundava a terra como simbolizava a própria semente fertilizada (veja "Gato: deusas-gato" e "Gato: partes do gato – olhos").

Gato marrom-avermelhado e gato malhado

No Japão, o gato marrom-rosado ou avermelhado, chamado de "Flor de Ouro", aparecia como detentor de um poder malicioso, sobrenatural e mágico, sendo considerado o mais poderoso dos animais dessa espécie. Adoravam-se os gatos de três cores (as quais ocorrem somente nas fêmeas) por ser considerados portadores de boa sorte para as famílias, os pescadores e os marinheiros.

Ainda no Japão, os pescadores costumavam levar um gato malhado nos braços a fim de manter os ratos afastados e também para proteger-se dos fantasmas de seus ancestrais, que podiam tomar a forma de ratos.

Na Europa, pensava-se que o gato malhado tivesse o poder de proteger as casas contra a destruição do fogo (veja "Gato: força protetora").

Gato preto

Associado a mau agouro – Diversas culturas associam o gato preto a mau agouro e azar. Assim, pode ser presságio de infortúnio, trazendo pobreza e frustração. Nesse contexto, seria considerado opressor, torturador, traidor, mentiroso e ladrão.

Em países como Alemanha, Brasil, China e Estados Unidos, cruzar com um gato preto é quase sempre um mau agouro e sinal de azar, pobreza ou doença. Essa crendice leva a vários rituais de evitação, como afastar-se de gatos, desviar deles ou mudar de caminho.

Havia também crenças de que um sonho com gato preto durante o Natal sinalizava doença no resto do ano ou seu aparecimento nessa época poderia significar morte.

Associado à bruxaria e ao demônio – Frequentemente se vincula o gato preto a bruxaria e cultos demoníacos. Por vezes ele era visto como encarnação de bruxas ou seu acompanhante, participando ativamente de muitos de seus feitos. Acreditava-se que tivesse a capacidade de ver fantasmas, podendo também ser o espírito de um morto. Dizia-se que o gato preto feiticeiro envenenava a mente das pessoas e provocava-lhes infecções e cegueira.

Assim como o sapo, esse felino era um animal-fetiche das bruxas, por ter a fama de atrair o diabo. Acreditava-se que os sabás, reunião de feiticeiras, fossem presididos por um demônio encarnado num gato preto. Entretanto, registros do século XIII encontrados na França revelam que já se adoravam demônios na forma de gato preto mesmo antes do surgimento dos sabás.

Em várias histórias medievais, esses animais eram queimados, pois se acreditava que estivessem enfeitiçados. No século XV, época de grande perseguição à bruxaria, muitas mulheres acabaram na fogueira, acusadas de bruxas só por terem um gato. Na França católica, cestos com gatos vivos eram jogados na fogueira de são João, prática mantida até o século XVII.

Muitas lendas europeias e japonesas descrevem bruxas que são identificadas por feridas feitas em gatos. Segundo essas lendas, todas as feiticeiras tinham um espírito felino que as acompanhava em seus voos noturnos. Na Hungria, acreditava-se que o gato entre 7 e 12 anos se tornasse uma bruxa e que bruxas montavam gatos machos, sobretudo os pretos. Para livrá-los dessa possessão, era necessário fazer uma incisão em forma de cruz na pele do animal.

Algumas histórias tradicionais italianas e hindus consideravam que gatos pretos habitassem as noites sem luz. Em algumas regiões da Itália e da Alemanha, achava-se que os gatos pretos que perambulavam pelos telhados no mês de fevereiro na verdade fossem bruxas e, portanto, deveriam ser mortos. Por causa dessa crença, eram mantidos longe do berço das crianças.

Ainda nesses países, dizia-se que, quando um gato preto se colocava ao lado da cama de uma pessoa doente, anunciava a morte dela; quando visto próximo de um túmulo, indicaria que a alma do falecido estava em poder do demônio.

Muitas lendas associam o gato preto às forças do mal. Dizem até que a forma predileta do demônio era a desse animal, com atributos sobrenaturais como o de se tornar invisível e voar. Aparecia sob muitos disfarces malévolos e suas garras, extremamente fortes, dificultavam a libertação de suas presas – por isso classificava-se o demônio de "velho arranhador".

Na China, há histórias de dragões que apareciam disfarçados de gatos.

Na Romênia, acreditava-se que sua passagem sobre o corpo de um defunto o transformaria em vampiro.

Uma lenda indígena canadense a respeito de índios que eram todos gatos pretos menciona uma gata, bruxa terrível e traiçoeira que tinha o poder de transformar-se em homem ou mulher. Sua ambição: tornar-se chefe da tribo, usurpando o poder de seu líder heroico e provedor. Assim, ela o atrai para uma armadilha e assume o poder. O líder, com muito esforço e a ajuda de um amigo feiticeiro, consegue retornar à sua aldeia já devastada, lutar contra a gata-bruxa e vencê-la, recuperando sua posição e salvando seu povo.

Também se associavam noites sem lua a esse animal, pois se acreditava que ele assumisse um caráter demoníaco ao engolir o sol. Enquanto preto, seria lunar, mau e mortífero. As "orgias" felinas ocorridas em noite sem luar eram consideradas rituais estéreis, pois relações sexuais com o demônio não davam frutos, mas criavam chuva e tempestade, destruição de colheitas, morte de animais, esterilidade e impotência nos humanos.

Havia ainda a crença eslava de que, durante as tempestades, os demônios tomavam conta do corpo dos gatos. Nessa ocasião, era prudente retirá-los de dentro de casa, pois se acreditava que anjos jogassem relâmpagos sobre eles para livrá-los do demônio.

Um conto do folclore paulista diz que um gato preto, demônio disfarçado, é trazido por um bom homem para morar com ele e sua esposa, com quem vivia harmoniosamente. O gato, aproveitando-se da preocupação do marido de que ele fosse muito bem tratado em sua ausência, recusa o alimento dado pela esposa, com a intenção de criar discórdia no casal. O homem, vendo o gato emagrecer, deduz que a mulher está sendo negligente e a ameaça caso não cuide melhor do animal. Entretanto, dias depois, o homem descobre o plano maldoso do gato e, com muita raiva, surra-o até a morte (veja "Gato: aspecto maléfico e demoníaco").

Associado a maldade e voracidade – O gato preto deitado e aninhado em si mesmo, numa posição que se assemelha à forma circular, é associado ao uroborus, serpente que morde o próprio rabo e devora a si mesma. Figura simbólica encontrada nas mitologias nórdica e egípcia, essa serpente representa a maldade e a voracidade, características projetadas sobre o gato quando nessa posição.

Os celtas acreditavam que gatos pretos tivessem poderes sobrenaturais. São frequentes histórias em que diferentes heróis druidas têm de lutar para vencê-los. Histórias escocesas falam de gatos-fera pretos enormes, com pintas brancas no peito. Esses gatos se reuniam em grupo e eram liderados por um gato-rei que aterrorizava a todos.

Em uma lenda budista, a maldade é atribuída ao gato preto por este ter matado o rato que levaria o remédio para curar Buda. Por essa razão, foi o único animal impedido de participar do funeral do grande sábio.

No Oriente, tanto na China quanto no Japão, várias histórias falam de gatos pretos fantasmagóricos, monstruosos, que devoravam as vítimas sem piedade. No folclore hebraico, Lilith, a primeira esposa de Adão, depois de expulsa do paraíso, tornou-se um vampiro que, com a forma de um gato preto, sugava o sangue de bebês recém-nascidos.

Como veículo das deusas do inferno, a nórdica Hel e a grega Hécate, o gato é considerado por muitos o anunciador da morte. Diversas histórias relatam a aparição de um gato negro fantasmagórico por ocasião do falecimento de alguém.

Na obra *As flores do mal*, Baudelaire afirma que os gatos podem ser verdadeiramente diabólicos. No conto "O gato preto", de Edgar Allan Poe, esse animal provoca fantasias extremamente destrutivas e testemunha o enlouquecimento de seu dono e os crimes horrendos por ele cometidos (veja "Gato: aspecto maléfico e demoníaco").

Sacrifício do gato preto – Esse animal era frequentemente vítima de cultos demoníacos por causa de sua cor, associada ao demônio e à escuridão. Considerado um "presente aceitável para o demônio", era a este oferecido em sacrifício para aplacar sua ira. Também era sacrificado pelo povo e pelos feiticeiros com o intuito de eliminar a ameaça que ele representava.

O sacrifício do gato preto tinha ainda o objetivo de livrar as pessoas de todas as suas culpas, pois estas e todos os pecados eram projetados sobre ele.

De acordo com a bruxaria medieval, enterrar um gato preto com uma peça de ouro e fechar seus olhos com dois feijões realizaria o desejo de ter sempre dinheiro (veja "Gato: aspecto maléfico e demoníaco" e "Gato: clarividência").

Associado à previsão do tempo – Lendas de marinheiros diziam que os gatos, além de terem a capacidade de prever tempo ruim, poderiam também provocá-lo, provavelmente por sua ligação com a bruxaria. Uma das soluções seria, nesse caso, jogar um gato preto ao mar ou ao fogo.

Na Irlanda, costumava-se prender gatos pretos debaixo de uma panela de metal até que eles usassem seu poder para acalmar uma tempestade (veja "Gato: presságios").

Associado a boa sorte – No Egito, na Grécia e em Roma, achava-se que os gatos pretos tivessem dotes mágicos. Acreditava-se que até mesmo suas cinzas, se espalhadas sobre os campos, mantinham afastadas as ervas daninhas.

Nos tempos atuais, em algumas regiões, o gato preto denota boa sorte e implica bons agouros para seu dono. Em certos países europeus, é mascote da sorte, sendo usado como talismã.

No folclore francês, havia a crença de que, se alguém segurasse um gato preto numa encruzilhada de cinco estradas e depois o soltasse, seria por ele conduzido diretamente a um tesouro escondido (veja "Gato: provedor de sorte e de riquezas").

PARTES DO GATO

Bigodes

Acredita-se que os bigodes do gato – considerados amuletos – funcionem como radares; se trançados, podem ser usados na mata e na cidade para localizar rumos ou caminhos. Seus olhos e bigodes também eram usados em certos feitiços dos negros americanos do Sul dos Estados Unidos.

Olhos

Os olhos do gato são provavelmente responsáveis pela espiritualidade e pela magia atribuídas a esse animal. O fato de ter visão noturna boa e aguçada, de olhar fixo nos olhos das pessoas, de não piscar e de suas pupilas brilharem à noite provoca profunda impressão no ser humano, levando alguns a considerar os gatos sagrados. Devido a essas características e ao poder de fascínio que seus olhos parecem exercer, projeta-se nesse animal o poder de vidência e a capacidade de conhecer os mistérios do mundo interno e sobrenatural. O gato é especialmente conhecido como curador da cegueira pela clarividência a ele atribuída (veja "Gato: clarividência").

Os antigos egípcios acreditam no poder talismânico dos olhos do gato, associados aos movimentos do sol e da lua. Assim, a palavra egípcia usada para designar gato é "*mau*", que significa "ver".

Do mesmo modo, em antigos bestiários europeus, o nome comum do gato era *catus*, no sentido de que ele capturava e também captava tudo de-

vido ao brilho intenso de seus olhos – que parecia penetrar nas sombras da escuridão, como se fosse um feixe de luz. Por essa razão, também era usado pelos europeus da Idade Média como precioso talismã (veja "Gato: caçador e lutador"). Dizia-se que especialmente os olhos do gato branco iluminavam o relacionamento entre as pessoas e com a vida, além de protegerem da má intenção dos outros e de acidentes inesperados e precipitados pelo próprio ser humano (veja "Gato: a cor do gato – gato preto").

Provavelmente foi pelo fato de os olhos do gato dilatarem-se à noite e brilharem na escuridão que esse animal passou a ser associado às variações de posição do sol e às fases da lua em várias culturas – a ponto de ele ter sido visto como uma deusa lunar que controlava marés, a vegetação, o tempo e os seres humanos.

Em algumas regiões da China e da Nova Inglaterra (Estados Unidos), levantava-se a pálpebra do gato para saber as horas, pois se acreditava que o tamanho da pupila de seus olhos fosse determinado pela altura do sol no horizonte. Segundo os marinheiros da Nova Inglaterra, as pupilas dos gatos são quase fechadas na maré baixa e amplamente abertas na maré alta.

De modo análogo, no folclore francês, os olhos do gato preto foram associados à cristandade por acreditar-se que a luz do sol e da lua brilhassem através de seu olhar.

No entanto, essa capacidade de enxergar na escuridão profunda e de modificar as pupilas de acordo com a incidência de luz fez que o gato, em outras culturas, fosse considerado traiçoeiro e aliado às forças das trevas. Sua visão aguçada o relacionava com o pecado, sendo visto como escravo de prazeres e daquilo que surge perante seus olhos.

O olhar do gato era sentido como tão poderoso que o consideravam diabólico. Uma lenda irlandesa ilustra esse tema ao falar do temor que tal olhar provocava nas pessoas. O gato é aquele que lhes faz mal com o olhar, esperando uma oportunidade para atacar (veja "Gato: aspecto maléfico e diabólico").

Especialmente o gato preto era tido como o felino mau que tudo vê. Segundo algumas lendas, seu olhar brilha como fogo – lembrando o inferno – e pode fazer emergir fortes sentimentos de ódio e vingança, transformando de relance uma pessoa em pedra (veja "Gato: a cor do gato – gato preto").

A qualidade prodigiosa de sua visão – fundamental para um artista plástico – atraiu Picasso, que tornou os olhos do gato um dos temas recorrentes em sua pintura.

Ossos

Em várias regiões da Europa, os ossos de gatos pretos eram usados como uma espécie de amuleto (veja "Gato: a cor do gato – gato preto").

Pele

Usava-se a pele do gato para tratar dor de garganta e urticária. Os holandeses acreditavam que se pudesse curar uma inflamação com a pele de um gato macho recém-nascido (veja "Gato: poder de cura").

As manchas na pele de um gato podiam indicar sacralidade; assim, no Egito antigo, uma mancha escura na parte posterior do pescoço do gato siamês era considerada a "marca do templo". Acreditava-se que, se um deus tocasse o siamês, deixaria a sombra de suas mãos para sempre em seus descendentes. Os felinos que tivessem uma marca entre as orelhas na forma de escaravelho eram considerados divinos, sendo escolhidos para viver nos templos. No Japão, entendia-se uma mancha preta nas costas de um gato como marca sagrada, e esses bichanos também eram enviados aos templos, pois se supunha que carregassem a alma dos ancestrais.

Pelo

Usava-se o pelo do gato para tratar queimaduras e reumatismo. No Brasil, uma antiga superstição dizia que, para fortalecer amizades e namoros, devia-se tomar "chás de simpatia" preparados com pelos da ponta do rabo de um gato preto (veja "Gato: poder de cura").

Rabo

É frequente a associação do rabo do gato com rituais de cura e poder de encantamento. No Egito antigo, o rabo desse animal foi amplamente usado para curar cegueira. Também se dizia que para evitar doença na família devia-se cortar e enterrar o rabo de um gato preto debaixo da soleira da casa (veja "Gato: poder de cura").

Para os celtas, o poder do rabo do gato era tal que acreditavam que quem pisasse nele se transformaria numa serpente e o picaria.

Segundo certas lendas, o demônio usava o rabo do gato preto para enfeitiçar pessoas e escravizá-las (veja "Gato: a cor do gato – gato preto").

No Japão, dizia-se que gatos-demônios que tinham rabo bifurcado carregavam poder dobrado. Para quebrar esse poder, era preciso cortar-lhes o rabo quando ainda filhotes. No Brasil, crendice similar dizia que o gato se tornaria caseiro e amoroso se cortassem o seu rabo.

RELAÇÃO COM OUTROS ANIMAIS

O gato aparece na maioria dos contos populares e fábulas como pérfido, egoísta, astuto e ardiloso nas suas relações com outros animais. Em muitos contos, o gato mente, revela uma moral duvidosa e tem atitudes ambivalentes, favorecendo a projeção de aspectos ambíguos sobre si.

Gato e cão

Em diversas culturas, encontram-se histórias que se referem à rivalidade e inimizade entre gato e cão. No Brasil, a expressão popular "feito cão e gato" indica a falta de entendimento nas relações humanas.

Uma das origens dessa rivalidade é contada numa história em que cão e gato tentam dividir uma vaca. O gato faz um acordo com o cão prometendo-

-lhe todas as partes que fazem barulho quando tocadas por uma faca. Assim, essa seria a razão pela qual os cães comem os ossos enquanto os gatos comem a carne. Isso acabou com a amizade entre eles, sendo o motivo das brigas constantes entre ambos.

Uma lenda judaica diz que, quando criado, o gato era amigo do cão, dividindo com ele seu alimento. Entretanto, passado um tempo e escasseando a comida, decidiram separar-se para buscá-la, combinando jamais procurar o mesmo amo. O gato foi a Adão, que lhe deu abrigo e o alimentou, enquanto o cão buscou a ajuda dos outros animais, mas não teve sucesso. Procurou, então, Adão, protegendo-o durante a noite da ameaça de outros animais; agradecido, o homem ofereceu-lhe alimento e casa. O gato, furioso com o cão, cobrou-lhe o cumprimento do combinado. O cão foi então para a casa de Set, filho de Adão, mas o gato nunca mais quis aproximar-se dele.

Outra referência a essa origem encontra-se em uma história brasileira na qual o gato e o cachorro competiam para ver quem tinha a voz mais bonita nas serenatas. O cachorro estava em vantagem na disputa, mas o gato o convenceu de que sua voz ficaria melhor se ampliasse sua boca, cortando o focinho dos dois lados até a orelha. O cachorro, então, seguiu o conselho do gato, mas depois disso perdeu a voz, conseguindo apenas uivar e latir. O cão jurou vingança e a partir de então se tornou inimigo do gato.

Um conto afro-americano fala de um gato e de um cão que discutiam sobre o destino do homem após a morte. O gato dizia que o homem não voltava à vida, enquanto o cão argumentava o contrário. Para solucionar esse impasse, decidiram então perguntar a Deus. No caminho até Ele, o cão colocou um pouco de manteiga na estrada tentando retardar o gato, que certamente pararia para comer a iguaria. Dessa forma, esperava encontrar Deus primeiro. O gato, pensando o mesmo, encheu o caminho de ossos, mas, percebendo a armadilha que lhe fora preparada e não parou, ao passo que o cão não conseguiu resistir. Ao encontrar Deus primeiro, o gato fez valer seu argumento e, desde então, os homens não voltam à vida depois de mortos. O cachorro perdeu a chance de vencer a disputa por não conseguir ater-se ao seu objetivo.

A tradicional animosidade entre esses animais pode ser constatada no desprezo com que o famoso gato Garfield trata seu companheiro, o cão Oddie, fazendo-o de tolo sempre que possível (veja "Gato: gatos famosos – Garfield").

No Brasil, a literatura de cordel de Pernambuco também ilustra essa conhecida inimizade. Conta-se que o gato tinha um armazém onde vários bichos vendiam seus mantimentos. Certa vez, o cachorro passou pela venda e começou a beber. O gato resolveu acompanhá-lo. Depois de esvaziar três garrafas, o cachorro foi embora e "pendurou" a conta. Quando a raposa chegou, alertou o gato para os maus princípios do cachorro, dizendo que este era traiçoeiro e pouco digno de confiança. Enfurecido, o gato pegou o rifle e saiu atrás do cachorro. Os dois se encontraram e brigaram, mas foram apaziguados pela comadre preguiça, que impôs a paz.

A rivalidade entre cão e gato tem sido usada como metáfora de conflitos entre aspectos opostos da personalidade. Assim, fala-se de pessoas "cachorro" e pessoas "gato" para distinguir indivíduos obedientes, fiéis e servis daqueles independentes e autocentrados. A expressão "briga de cão e gato" exemplifica tanto um conflito entre pessoas quanto qualidades psicológicas inconciliáveis.

Gato e macaco

Na fábula "O gato e o macaco", de La Fontaine, esses animais são parceiros na preguiça e na malandragem. Ambos estabelecem uma aliança para enganar os donos e roubar comida. Porém, o macaco, mais inteligente, usa as habilidades do gato a seu favor. Adulando-o, convence-o a retirar com suas patas ágeis castanhas quentes da brasa enquanto as devora sozinho.

Gato e onça

Em várias culturas encontra-se referência à esperteza do gato em relação à onça. Uma história pernambucana conta que a onça pede ao gato que lhe ensine a pular, o que este faz prontamente. A seguir, os dois veem um camundongo em uma fonte e a onça propõe ao gato ver quem conseguirá pegá-lo com um só pulo, sugerindo que o gato pule primeiro. O gato aceita e salta sobre o roedor. Em seguida, a onça pula sobre o gato, mas este consegue escapar. A onça, desapontada, reclama que o gato não lhe ensinou tudo, ao que ele responde: "Nem tudo os mestres ensinam aos seus aprendizes". Em algumas versões, a onça é substituída pelo tigre, mas sempre com o mesmo final.

Gato e pássaro

Um dos hábitos bem conhecidos dos gatos é a maneira como caçam e devoram pássaros. A antiga fábula chinesa (século XV) "A águia-real e o gato" ilustra claramente essa habilidade. Diz que os filhotes da águia-real sentiam fome e ela não tinha nada para alimentá-los. Assim, capturou um gato e o levou para o ninho com a intenção de fazê-lo em pedaços para que seus filhotes pudessem comê-lo. Entretanto, o gato se adiantou e, atacando-os de surpresa, devorou a todos. Ao ver a fúria e o desespero da águia, o gato lhe disse: "Não se surpreenda! Você me levou para a sua casa".

A fábula de La Fontaine "O gato e os dois pardais" mostra a qualidade traiçoeira do gato em relação aos pássaros. Inicialmente, um gato e um pardal conviviam na mesma casa em razoável harmonia, apesar das constantes provocações mútuas, até que chegou um pardal visitante, que se desentendeu com o primeiro pardal, ameaçando agredi-lo. Indignado, o gato decidiu defender seu antigo amigo e devorou o visitante. Assim, ao descobrir como a ave era surpreendentemente apetitosa, resolveu devorar também seu companheiro.

Em "O gato penitente", história indiana do *Mahabharata*, um gato finge arrepender-se de seus crimes e é eleito juiz. Traiçoeiramente, devora os pássaros (veja "Gato: esperteza e agilidade").

A dupla dos desenhos animados Frajola e Piu-Piu, denominados nos Estados Unidos Sylvester e Tweety, da produtora Looney Tunes, fez grande sucesso a partir dos anos 1950 mostrando uma inversão de poderes. O desenho exibe uma relação sádica em que o canário Piu-Piu cria, sem piedade, situações maldosas, deixando Frajola, o gato, derrotado e indefeso.

No entanto, a relação entre esses animais pode, por vezes, ser de amizade. Na Índia, existe um conto em que gato e pardal são amigos e por duas vezes libertam o jovem herói da bruxa. Gato e pardal aparecem aqui na forma de Ashvins, divindades gêmeas da mitologia hindu.

Gato e raposa

Histórias que falam da disputa entre gato e raposa são encontradas em diferentes versões no folclore de várias partes do mundo, assim como nas fábulas de Esopo e de La Fontaine. Nestas, o gato mostra-se em geral mais esperto que a raposa quando precisa escapar de situações arriscadas.

Uma das histórias do folclore brasileiro diz que um gato e uma raposa disputavam qual dos dois seria o mais astuto, cada um gabando-se de suas habilidades. A raposa afirma possuir um saco variado de astúcias; já o gato diz ter apenas uma astúcia em seu alforje, a qual valeria por mil. Ao encontrarem uma matilha de cães, suas astúcias são colocadas à prova: a raposa corre de um lado para o outro, fazendo mil rodeios para esconder-se, mas ao sair de um esconderijo é morta por dois cães. Já o gato, utilizando-se da única habilidade da qual se gabava – a ligeireza –, sobe rapidamente em uma árvore próxima e escapa da matilha.

Variantes desse tema são encontradas na Europa e nas Américas. Nelas, o gato sempre vence a raposa, chegando a devorá-la, assim como a seus filhotes. Por exemplo, em uma lenda russa, o gato consegue libertar um galo da raposa, para logo a seguir devorar todos os seus filhotes (veja "Raposa: relação com outros animais").

Gato e rato

A origem da inimizade entre gato e rato é extremamente antiga. No folclore africano, uma fábula conta que houve um tempo em que gatos e ratos eram amigos. Numa grande enchente, ambos ficaram ilhados no alto de um morro, onde colhiam mandioca. Decidiram, então, construir uma embarcação com os talos das mandiocas que haviam colhido e puseram-se a remar na direção de casa. Remaram por longo tempo, até que o rato, esfomeado, devorou um pequeno pedaço da jangada, alarmando seu companheiro, que o obrigou a continuar remando. Ao anoitecer, o gato, exausto, adormeceu; aproveitando-se disso, o rato roeu tanto a embarcação que fez nela um buraco, e assim afundaram. Com muito esforço, alcançaram terra firme. O gato, enfurecido, declarou ao rato que ia devorá-lo, mas este conseguiu convencer o felino a esperar que ele se banhasse, pois estava enlameado. O gato ingenuamente concordou, dando-lhe assim a oportunidade de fugir. Diz-se que é por essa desavença que esses dois animais são inimigos até hoje.

Uma das histórias sobre a Arca de Noé exemplifica essa crença ao descrever o empenho do rato em destruir toda espécie de vida fazendo um buraco na Arca. Entretanto, não conseguiu realizar seu intento por ter sido capturado pelo gato, e o buraco acabou fechado por um sapo que saltou sobre ele.

Outra história também descreve a origem dessa inimizade ao contar como o sol e a lua criaram todos os animais. Quando o sol criou o leão, a lua, para superar essa criação, produziu um gato. Em consequência, o sol, para se vingar, criou o rato, simbolizando seu descontentamento. A lua, para se vingar do sol, criou um profundo ódio entre esses animais.

Em outras tradições míticas, a criação do gato é atribuída a Deus, e a do rato, a Satã. Uma lenda italiana sobre são Francisco de Assis diz que, quando este vivia isolado em seu retiro, foi atormentado por Satã, que enviou centenas de ratos com a finalidade de perturbar suas orações. Até que das mangas da túnica de são Francisco pulou um gato, que furiosamente matou quase todos os ratos.

O rato tem sido vítima tradicional do gato. Em alguns bestiários de língua inglesa, chama-se o gato de *mouser* – caçador de ratos (do inglês *mouse*, camundongo). A relação entre eles por vezes é sádica: o gato "tortura" o rato, fingindo soltá-lo para depois capturá-lo repetidamente. A expressão popular "brincar de gato e rato" remete a essa dinâmica, além de falar de desencontros entre duas pessoas que tentam se relacionar.

Fábulas de La Fontaine ilustram a atitude impiedosa do gato com o rato. Na história "O gato velho e a rata novinha", esta, ao sair de sua toca, cai nas garras de um velho gato. Ingenuamente tenta conseguir sua compaixão, implorando-lhe piedade com sua voz frágil e chorosa, dizendo-lhe que uma ratinha tão pequena e insignificante como ela precisava de muito pouco para se alimentar. Se ele a deixasse viver mais um tempo, ela poderia crescer e engordar, tornando-se ótimo alimento para seus filhos. Porém, o gato não se compadece e a devora de uma só vez.

O ódio do gato pela rataria é contado também em "O gato e o rato velho". Nessa fábula, depois de muitas tentativas infrutíferas de exterminar os ratos, o gato resolve adotar nova estratégia, pendurando-se pelos pés numa trave e fingindo-se de morto. Inocentemente, os ratos se aproximam, sendo então devorados de um só bote. Ele também os engana quando, coberto de farinha, deita-se imóvel num caixote aberto. Quando os ratos se aproximam, mais uma vez caem na armadilha. Só um rato velho e mais experiente não se ilude e consegue se livrar do felino.

Numa história síria muito popular, "O gato que foi a Meca", o rei dos gatos saiu em peregrinação a Meca, tornou-se um religioso devotado e passou a seguir uma rotina de preces. Isso fez o rei dos ratos crer que ele se transformara num animal piedoso, a quem não mais se permitia atacar ratos. Assim, o rei dos roedores se dispôs a fazer uma visita de boas-vindas ao gato, que, ao vê-lo, imediatamente o atacou, demonstrando que, apesar de religioso, não perdera o instinto. Vemos que, mesmo que o simbolismo religioso esteja presente, o caráter predatório do gato prevalece. Esse animal, portanto, pode representar na psique humana a dimensão instintiva e impulsiva, ligada ao mundo da natureza.

Por outro lado, algumas histórias ilustram as consequências do excesso de domesticação ou falta de prática da vida instintiva, afastando o ser de sua essência. Em uma antiga história chinesa do século XIV denominada "O gato que temia os ratos", conta-se que no reino de Wei havia um homem, chamado Chu, que tinha interesse por poucas coisas, mas gostava de criar gatos. Tinha mais de cem, todos muito habilidosos para capturar ratos. Assim, os gatos aniquilaram tanto os ratos da casa de seu dono como os das casas vizinhas, passando a não encontrar mais o que comer. O dono não teve outro remédio a não ser comprar carne de porco para dar aos gatos e, assim, várias gerações de gatos da família Chu acostumaram-se a comer carne de porco sem saber da existência de ratos. Tempos depois, um habitante da cidade cuja casa fora invadida por roedores lembrou-se da fama de bons caçadores que tinham os gatos da família Chu e resolveu pedir-lhe um gato emprestado. Porém, para o gato, pertencente à geração que nunca havia caçado ratos, o animal era um monstro de pelo castanho, olhos negros saltados e orelhas em pé, que emitia sons estranhos. Cansado de esperar que o gato agisse, o homem o empurrou para dentro de um vaso onde um rato ficara preso. Morto de medo, o gato miou ao se defrontar com o rato. Este logo percebeu que o gato era incapaz de atacá-lo e deu uma mordida em sua pata. O gato se assustou, deu um pulo com todas as suas forças, saiu do vaso e escapou.

Outras histórias chinesas falam da importância do gato no controle da proliferação dos ratos, grandes causadores de problemas, pois roem roupas e roubam cereais. A rivalidade aparece na história "O gato vegetariano", que descreve a astúcia do gato na perseguição dos ratos. Para atacar mais roedores, o gato disfarçou-se usando um rosário dos monges vegetarianos. Por causa desse disfarce, os ratos entenderam que o gato havia deixado de comer carne e, contentes, foram agradecer-lhe. Aproveitando-se da aproximação dos ratos, o gato atacou-os e comeu vários deles. Os que fugiram disseram então, em coro: "Esse gato ficou mais feroz depois que virou vegetariano".

Num conto de Omã denominado "O gato piedoso", um gato se aquecia ao sol e, ao avistar um rato, invocou para este a proteção de Alá, mas o rato, desaforadamente, gritou: "Que Alá não proteja ninguém", dizendo ainda ao gato que não se metesse em sua vida. Logo a seguir, o rato escorregou, caiu e foi pego pelo gato. Com esperteza e malandragem, o roedor pediu ao gato que, antes de devorá-lo, rezasse com ele. Quando o gato levantou as patas em atitude de prece, o rato escapou, deixando o gato desgostoso por sua ingenuidade. Então o bichano, com raiva, arranhou a própria cara. Assim, passou-se a acreditar que, quando um gato esfrega o focinho, está se lembrando do cheiro daquele rato.

Como vimos, muitas vezes a esperteza do rato o faz vencer o gato, seu inimigo mais tradicional. A história chinesa da dinastia Ming "O gato e o rato" exemplifica essa relação (veja "Rato: esperteza").

A relação entre gato e rato é uma das mais comuns nas histórias em quadrinhos. De 1913 a 1944 foi publicado em jornais dos Estados Unidos a tirinha "Krazy Kat", de G. Herriman. A protagonista era uma gata apaixonada por um rato que não lhe correspondia e só lhe atirava tijolos – fato que não alterava suas inclinações românticas. Ao mesmo tempo, um cão policial a amava.

Outro exemplo é a famosa dupla Tom (o gato) e Jerry (o rato), criada em 1940 por Hanna e Barbera e desenvolvida por eles até 1957. Outras produções desse desenho se sucederam, sempre fazendo muito sucesso. Em suas histórias, o gato é com frequência colocado em situações ridículas pelo rato e quase sempre termina derrotado. Em ocasiões raras, Tom vence quando Jerry atua como instigador. Geralmente a relação é sadomasoquista, mas, quando surge um inimigo externo, ambos se unem para enfrentá-lo (veja "Rato: relação com outros animais").

Gato, rato e cão

A literatura popular de diferentes países mostra que a eventual relação amigável entre gato, rato e cão é falsa, pois carrega em sua base rivalidades e ameaças atávicas. São comuns os contos que ilustram a origem dessa rivalidade (veja "Rato: relação com outros animais – rato, gato e cão").

Numa história africana, um gato e um cão têm a tarefa de resgatar o anel mágico de seu dono. Enquanto o cão cede aos instintos e se distrai alimentando-se de carne, o gato continua empenhado em conseguir seu intento. Com extrema habilidade e astúcia, o gato faz um acordo com o rato e consegue que este roa a caixa onde estava escondido o anel. Para chegar ao seu destino, todos teriam de atravessar um rio. O cachorro convence o gato de que seria mais capaz de levar o anel durante a travessia, mas o derruba na água. O gato, ameaçando um peixe, obriga-o a resgatar o anel no fundo do rio. Ao encontrar o seu dono, o gato relata toda a peripécia e a partir daí, como prêmio, passa a ter sempre o melhor lugar na cama dele e comida sempre no prato, enquanto ao cachorro resta dormir junto das cinzas do fogão.

O conto egípcio "O anel do rei dos djinns" narra a história de um pobre homem que não conseguia trabalho e não tinha como sustentar a família. Sua mulher lhe dá algumas moedas para que ele fosse comprar comida. No caminho, encontra um homem mau e ganancioso, que se aproveita de sua compaixão e exige todo o seu dinheiro para libertar um pássaro, um cachorro, um gato e um rato que ele estava torturando. Agradecido, o pássaro, que na realidade era filho do rei, lhe dá penas mágicas e instruções para que ele obtenha de seu pai um anel mágico que realizará seus desejos. O homem torna-se então rico e se casa com a filha do sultão. Esta, desejando uma cópia do anel, entrega-o a um joalheiro, que o rouba, fazendo desaparecer a jovem e o palácio do herói. Ameaçado de morte pelo sultão, que exigia a filha de volta, o herói sai em busca do anel e recebe a ajuda dos animais que havia salvado: o cão, o gato e o rato. O cachorro carrega o gato em suas costas e o rato senta no colo do gato, deixando os transeuntes maravilhados com tal demonstração de união e cooperação entre três lendários inimigos. Empreendem uma longa viagem em busca do anel, conseguindo recuperá-lo, e com ele o pobre homem tem novamente tudo o que havia perdido – inclusive a memória. Assim, recorda-se da família e retorna para casa levando sua fortuna.

Na Rússia, uma história semelhante fala de um jovem que tem um cão e um gato. Por meio de um anel mágico, ele obtém um grande tesouro, o que o habilita a casar-se com a filha do czar. A princesa, entretanto, rouba-lhe o anel e foge, e o jovem é preso pelo seu pai. O gato e o cão partem em busca do anel e se empregam no palácio da princesa. O gato aprisiona um rato, que em troca da própria vida resgata o anel, que é devolvido ao seu dono. Assim, libertam o jovem e forçam a filha do czar a voltar para a casa do pai (veja "Rato: tamanho, agilidade e esperteza").

Outra lenda russa mostra a vantagem da preservação da natureza instintiva do gato. O cão e o gato eram guardiões dos portões do paraíso. Quando Lúcifer tentou, disfarçado de rato, atravessá-los, o cão o deixou passar, mas o gato pulou sobre ele. Essa história revela o forte instinto do gato, que mesmo em situações mais humanizadas não perde seu caráter predatório fundamental (veja "Gato: relação com o feminino").

Gato e serpente

Na mitologia egípcia, gato e serpente são muitas vezes associados ao olho solar do deus Rá. Essa associação deve-se ao poder de atrair e paralisar suas presas apenas com o olhar e ao comportamento imprevisível característicos desses dois animais. No *Livro dos mortos*, está escrito que Rá lutou na forma de um gato macho com a serpente Apófis, em Heliópolis. Rá não podia matar a serpente na condição de deus-sol, pois para confrontá-la teria de adentrar a escuridão do submundo, onde o sol não tem lugar. Porém, como os gatos podem ver no escuro, ele tomou a forma desse animal para se aproximar da serpente. Além disso, o gato, assim como a serpente, é extremamente ágil e rápido e utiliza táticas imprevisíveis para lutar. Uma ilustração desse livro mostra Rá como um gato macho cortando a cabeça da serpente – "Grande Gato Macho" é uma das denominações de Rá. Estudiosos acreditam que esse é o motivo de o gato ter-se tornado um animal sagrado no Egito. São atribuídos a ele e à serpente aspectos escuros e luminosos: o gato branco identifica-se com a serpente branca, ao passo que o gato preto identifica-se com a serpente preta. Assim, considera-se o gato branco o oposto da serpente negra. A serpente, repositório de todo o mal e de diversas doenças, é identificada também com o demônio que vem do submundo. O gato branco mítico neutraliza o veneno da serpente negra, pois é capaz de ver o que acontece na escuridão. No aspecto luminoso, tanto o gato quanto a serpente simbolizam a eternidade, tendo sido usados como guardiões de templos, associados a ressurreição e cura e, ainda, consultados como oráculos. Em seu aspecto escuro, são vistos como encarnações do demônio, acreditando-se que circundavam o mundo e lutavam contra heróis usando fogo, ondas e venenos. Ambos foram associados à queda do paraíso e à luxúria.

Na mitologia escandinava, o gato aparece como uma das formas da serpente mítica Midgard, que vivia dentro do mar, circundava a terra e, com seus movimentos, provocava terremotos. Conta-se que Thor, deus nórdico do trovão, a confundiu com um gato.

Gato e tigre

São comuns histórias em que o gato se mostra mais esperto que o tigre. Uma delas, do folclore da Malásia, fala da semelhança entre os hábitos de ambos, menos quanto à habilidade de escalar árvores, que faltava ao tigre. Assim, o gato aparentemente concorda em ensinar ao tigre todos os seus truques. Este, pensando ter aprendido todos eles, ataca seu professor, mas o gato escapa subindo numa árvore, truque que não havia ensinado ao seu aluno. Dizem que é por isso que o tigre nunca sobe em árvores.

Gata, águia e porca

Na história de La Fontaine "A águia, a porca e a gata", essa última, desejando ter só para si a árvore que compartilha com os outros dois animais e suas crias, esperta e ardilosamente faz intriga entre eles e alcança seu intento (veja "Gato: esperteza").

DEUSAS-GATO

Gatos na condição de divindades aparecem predominantemente como figuras femininas e foram cultuados sobretudo no Egito antigo. Personificam diferentes aspectos da natureza da mulher, como gestação, fertilidade, proteção e nutrição.

Bastet

Seu culto originou-se no delta do rio Nilo no primeiro milênio antes de Cristo e se disseminou pelo Egito, crescendo com o passar do tempo. Durante a dinastia ptolomaica (305-30 a.C.), a popularidade do gato atingiu o auge.

Na cidade sagrada de Bubástis, uma das principais da história egípcia, ficava o templo da deusa Bastet, mãe divina de todos os gatos, numa ilha cercada de braços do rio Nilo. De acordo com a mitologia, seu pai era Osíris e sua mãe, Ísis. Em várias regiões do Egito havia muitos templos dedicados a ela, onde se encontravam centenas de milhares de gatos mumificados.

Durante todo o reinado de Bastet, os gatos domésticos recebiam o maior respeito: muitos levavam joias e lhes deixavam comer no mesmo prato que seus donos. Os gatos doentes eram tratados com grande atenção e os de rua, alimentados com pão molhado em leite e peixes do Nilo.

Na época, abundavam figuras felinas usadas como amuletos e também na decoração de anéis, broches, colares e instrumentos musicais feitos de ouro, prata, ametista e pedras preciosas.

Bastet, dócil e amável, ganhava festas requintadas, animadas com música, danças, brincadeiras, ritos e orgias sexuais, as quais objetivavam aumentar a fertilidade animal, vegetal e humana.

Recorriam a essa deusa, conhecida pelo amor à vida noturna e por sua função de protetora, particularmente para ajudar em problemas humanos. Símbolo da maternidade, da fertilidade e do amor, também era adorada como uma virgem e regia a gestação e a nutrição. Associavam-na ainda ao calor solar, talvez por seu hábito de se banhar ao sol.

Por outro lado, estava ligada a rituais funerários, pois ajudava os mortos a retornar ao "útero da mãe-terra". Havia também grandes cemitérios de gatos nos quais se adorava Bastet.

Era venerada no Egito como deusa-gata lunar, pois purificava a noite, livrando-a dos ratos e das sombras. Acreditava-se também que fosse o olho lunar do deus-sol Hórus quando, durante as horas de escuridão, os raios solares invisíveis ao homem se espelhavam nos olhos fosforescentes do gato, assim como a luz do sol se reflete na lua.

Conhecida como "a senhora de Bubástis", era representada com corpo de mulher e cabeça ora de gata, ora de leoa, o que se referia a dois aspectos dessa deusa: protetor e pacífico e ameaçador e perigoso, sendo difícil distinguir um do outro na arte egípcia. Só a popularidade do deus Osíris superava a de Bastet.

Podia-se também representá-la com cabeça de gato, segurando numa das mãos um instrumento musical e, na outra, a cabeça de uma leoa, o que indicaria que a qualquer momento poderia assumir seu lado feroz, equivalente à instabilidade emocional do princípio feminino.

As deusas Sekhmet, Pakhet e Tefnut, que eram representadas em forma de leoa ou de mulher com cabeça de leoa coroada por um disco solar, encarnavam o lado sombrio e feroz de Bastet.

Sekhmet

Sekhmet, cujo nome significa "a poderosa", era a deusa da guerra. Lançava fogo pela goela e se achava que ela devorasse e dilacerasse homens. Associados ao seu culto havia os "consertadores de ossos", que com sua intercessão curavam fraturas.

Pakhet

O nome dessa deusa originou-se da palavra "*pakh*" (arranhar), significando literalmente "aquela que arranha". Um grande cemitério de gatos mumificados foi localizado nas vizinhanças de seu templo. Ela teve importante papel na corte faraônica e nas crenças sobre a vida após a morte. Desencadeava torrentes devastadoras nos desertos.

Tefnut

Deusa do orvalho e da chuva, Tefnut tinha também um caráter solar. Na cosmogonia egípcia, seria o elemento feminino do primeiro par divino.

Mafdet

Deusa egípcia em forma de gato que aparece nos "Textos das pirâmides" – inscrições encontradas nas paredes de salas e corredores das pirâmides dos reis, feitas entre 2340 a.C. e 2140 a.C., no final do Império Antigo. Retratada ora como gato, ora como outro felino, era conhecida como "a senhora do castelo da vida". Reverenciada como protetora contra serpentes, aparece às vezes como uma gata matando uma serpente com as garras. Foi uma das primeiras deusas com forma de mulher e cabeça de gato.

Cerridwen

Deusa-gata da mitologia celta galesa. Feiticeira, possuía um caldeirão mágico no qual preparava uma poção que proporcionava o conhecimento universal. Dizia-se que era ao mesmo tempo benévola e destrutiva.

Li Shou

De acordo com a mitologia chinesa, os agricultores adoravam a deusa-gata Li Shou. Na época do final da colheita, comemoravam festivamente com sacrifícios aos gatos, porque estes evitaram que os ratos destruíssem seus grãos.

ESPÍRITOS E DEUSES ASSOCIADOS AO GATO

As características simbólicas principais do gato, como fertilidade, energia sexual e proteção, têm presença marcante em sua associação com diversos deuses, sobretudo no Egito antigo. Sua habilidade como caçador o transformou num animal muito apreciado em culturas agrícolas, sempre ameaçadas por roedores. Isso também o tornou representante do lado feminino da natureza, como figura protetora e nutridora.

O gato sagrado do Egito

O culto a esse felino era bastante significativo no Egito, onde os primeiros gatos domesticados descendiam do ancestral selvagem *Felis silvestris lybica*. No início, atribuíam-se a ele qualidades apotropaicas e, aos poucos, foi adquirindo um lugar proeminente para o povo egípcio.

Uma das mais antigas representações do gato está nas chamadas "facas mágicas", que tinham a finalidade de proteger contra os perigos do cotidiano, como escorpiões, cobras venenosas, doenças, acidentes, partos difíceis, pesadelos e medos desconhecidos. Eram encontradas ainda como importante objeto nas tumbas – em algumas das quais jazia seu antigo proprietário.

O gato aparece como ornamento em diversos túmulos e monumentos, na função de guardião, como no do deus-sol Rá. Era também representado em hieróglifos com uma pata segurando uma grande faca, instrumento tradicional egípcio para cortar a cabeça do inimigo. Nas imagens, retratavam-no sentado sobre as patas traseiras e segurando tais facas com as dianteiras.

A importância do gato no Egito era tal que se sentenciava à morte quem o matasse, ainda que por acidente.

Ísis

Deusa fundamental na mitologia egípcia, Ísis era considerada mãe lunar da natureza e representada com um sistro, instrumento de percussão como o chocalho que ela sacudia para indicar que tudo está em movimento ininterrupto. A parte superior do sistro tem às vezes um gato esculpido com face humana. Segundo uma lenda egípcia, esse animal seria associado à lua e a pupila de seus olhos se dilatariam e se contrairiam segundo as fases desse astro.

Nebethetepet

A energia sexual constituía uma das características mais marcantes da deusa egípcia Nebethetepet. Sua ligação com o gato provavelmente se devia à fertilidade e ao poder de procriação desse animal.

Osíris

Deus da mitologia egípcia, Osíris, quando identificado com o gato solar, era adorado como divindade da vegetação e associado ao espírito do milho, conhecido por "a semente". No ritual anual da colheita, quando se celebrava a morte, o desmembramento e a ressuscitação de Osíris, este era frequentemente representado por um gato, que, desse modo, também encarnava o espírito do milho.

Rá, o deus-sol

O gato, embora de início valorizado apenas pelas camadas mais pobres da população egípcia, ganhou *status* religioso elevado ao ser associado a Rá, o deus-sol.

O gato macho, ligado a Rá, relaciona-se, assim, com a jornada noturna do sol pelo submundo: Rá tomou a forma de gato para lutar contra a serpente Apófis em Heliópolis, cidade egípcia de grande importância religiosa e política na época do Império Antigo. A serpente habitava o submundo e ele, como sol, não poderia atingi-la. Assim, transformado em gato e dotado da capacidade de enxergar no escuro, conseguiu aproximar-se e matá-la, cortando-lhe a cabeça e passando a ser chamado de "Grande Gato".

O *Livro dos mortos* (capítulo 17) também relata e ilustra a façanha do "Grande Gato", que corta a cabeça de Apófis, a qual ameaçava a árvore sagrada (árvore da vida). Essa é provavelmente uma das razões de o gato ter sido considerado sagrado e adorado no Egito. A imagem arquetípica do "Grande Gato" que habitava Heliópolis talvez não se refira aos gatos domésticos, mas aos felinos selvagens de rabo curto que viviam nos bosques do delta do Nilo (veja "Gato: relação com outros animais").

Nos "Textos das pirâmides", o gato macho é associado a Rá, aparecendo como seu apoio e sua manifestação. No Império Novo, via-se no gato macho a encarnação do deus-sol. Já a gata era equiparada ao olho solar.

No *Livro do Amduat* ("o que está no além" ou "o que está o submundo"), importante texto que discorre sobre os rituais fúnebres do Egito antigo, faz-se uma comparação entre o miado do gato e a voz das almas dos habitantes do além ou do submundo.

Figuras felinas podem exibir um escaravelho – símbolo do sol nascente – encravado na cabeça ou no peito, revelando assim seu significado solar. As paredes das tumbas reais construídas depois de 1540 a.C. no Vale dos Reis contêm cópias dos chamados livros do submundo ou do além. Trata-se de textos e representações que descreviam em detalhes a região das águas escuras do submundo, para o qual o deus-sol Rá tinha de descer no final do dia e o qual devia atravessá-lo durante a noite. Era preciso enfrentar muitos perigos, inimigos e obstáculos nessa viagem para que o sol pudesse reaparecer triunfantemente no horizonte, no alvorecer. Vários demônios auxiliavam Rá, entre eles gatos e seres com cabeça de gato.

Na obra *Os hieróglifos*, Horapolo, suposto autor egípcio do século IV ou V d.C., diz que as pupilas do gato mudam de acordo com o percurso do sol e a hora do dia. Afirma ainda que a cidade de Heliópolis ostentava a imagem de um deus com cabeça de gato.

Várias outras culturas também adoraram o gato como animal sagrado.

Ai Apaec

Um dos deuses dos mochicas, do Nordeste do Peru, era retratado como um homem velho de bigodes felinos que tomava conta da cópula humana, assegurando que ela desse frutos.

Ártemis e Diana

Da mitologia greco-romana, destacavam-se como deusas associadas ao gato, na forma do qual muitas vezes apareciam. Os gregos identificavam Bastet com Ártemis, cujo nome romano era Diana, amplamente conhecida na Idade Média como rainha das bruxas. Ártemis transformava-se em gata para escapar dos brutos gigantes que queriam matá-la. Por vezes se representava Diana, deusa lunar e da liberdade, com um gato a seus pés.

Diz a lenda que, quando os deuses do Olimpo fugiram dos gigantes, Diana tomou a forma desse animal.

Freya

Deusa do amor na mitologia germânica e escandinava, sua carruagem era conduzida por gatos brancos.

Sasthi

Na mitologia da Índia, é a deusa associada ao gato e considerada protetora das crianças e das mulheres no momento de dar à luz. Adorada pelas mulheres de Bengala que desejavam ter filhos, por vezes aparecia montada num gato.

Espírito do trigo ou do milho

Na Idade Média, o gato era considerado o "espírito do trigo ou do milho", sobretudo nas festas das colheitas na Alemanha e na França. Segundo várias tradições, o espírito do milho às vezes tomava a forma de gato, sendo as crianças advertidas a não ir aos campos porque "o gato estava lá". Também se dizia a elas que "o gato" viria pegá-las, pois ele estava dentro da espiga.

Em outras tradições, no início da colheita enfeitavam um gato com adornos e espigas de milho e o chamavam de "o gato vestido para festa". No término da colheita, ele era de novo coberto com fitas e espigas de milho, enquanto os camponeses dançavam e divertiam-se. Quando a dança terminava, as garotas despojavam solenemente o gato de seus ornamentos, e ele tinha de lamber as eventuais feridas dos agricultores.

Em algumas regiões, ao ceifar o último milho, os camponeses diziam "o gato está pego" e, durante a debulha, o homem que dava o último golpe ganhava o apelido de "o gato" ou o "colhedor do gato-milho". Na Suíça, nos Vosges, chamava-se o final da colheita de "pegando o gato" e falava-se de um gato gordo ou magro conforme a colheita fosse boa ou ruim.

Diversos outros rituais e brincadeiras marcavam o fim da colheita do milho na Europa. Em alguns deles, o gato era morto e enterrado no campo para impedir que o espírito do mal prejudicasse a próxima colheita. Outras vezes, colocava-se um gato vivo no último fardo de milho, espancavam-no até a morte e, então, o cozinhavam e comiam em ritual. Perto de Amiens (França), a expressão ao término da colheita era "estão indo matar o gato". Quando se cortava a última espiga de milho, matava-se um gato no terreiro do sítio e o assavam e comiam no domingo como um prato de festa.

Na região da Silésia (Europa central), denominava-se "o gato" o ceifador que cortava a última espiga de milho. Enrolavam nele talos de centeio e juncos verdes e o enfeitavam com uma longa cauda trançada. Às vezes ganhava a companhia de outro homem vestido de forma parecida, o qual chamavam de "gata". Era dever de ambos perseguir pessoas e bater nelas com uma longa vara (veja "Gato: sensualidade e fertilidade").

GATOS FAMOSOS

Garfield

Criado em 1978 por Jim Davis, nos Estados Unidos, o personagem Garfield ainda faz grande sucesso em filmes e histórias em quadrinhos. Gordo, preguiçoso, sonolento e mal-humorado, ele dorme na casa do dono, Jon, come da comida predileta dele e destrói sua mobília. Tem "personalidade autoritária", transformando seu proprietário praticamente em escravo. Conselheiro e confidente de Jon, critica sua forma espalhafatosa de se vestir e sua frase predileta é: "Os gatos são invencíveis". De humor sarcástico, proverbial, sempre mantém um tom amoroso que sobrepuja seu sorriso irônico.

Garfield mostra-se bastante complexo do ponto de vista psicológico: revela uma dualidade entre bondade e maldade, confiança e traição, depressão e alegria de viver. Aponta o ridículo do ser humano quando este se mostra vaidoso ou orgulhoso de seus feitos, dando a devida proporção aos seus sucessos e expondo a realidade de modo irônico.

Por outro lado, é afetivo, carinhoso e preocupado com seu dono. Oscila entre momentos de extrema extroversão, expressando energia, graça e bom humor, e fases em que, deprimido, mostra descrença e uma perspectiva pessimista. O único temor que ele tem é fobia de aranhas. Apesar das autocríticas, tem grande segurança de si mesmo, demonstrando forte autoestima.

Esse personagem tornou-se tão popular que suas tiras foram publicadas em jornais de vários países. Somente nos Estados Unidos, cerca de 1.150 jornais as reproduziam diariamente. Hoje, há uma verdadeira indústria de cartões, livros, camisetas, brinquedos e suvenires com sua estampa (veja "Gato: relação com o ser humano").

O Gato que Ri

O Gato que Ri ou Gato de Cheshire é um dos personagens de *Alice no País das Maravilhas*, romance de Lewis Carroll publicado em 1865. Extremamente independente, sua característica principal é a capacidade de aparecer e desaparecer gradualmente a bel-prazer, deixando visível apenas o seu sorriso. Seu nome tornou-se uma expressão inglesa aplicada às pessoas que, quando sorriem, mostram dentes e gengivas, muitas vezes consideradas maliciosas: "sorrir como um gato de Cheshire". O comportamento misterioso desse personagem associa-o à magia da "terra encantada", podendo ser considerado símbolo da ligação com o mundo desconhecido, inconsciente.

O Gato de Botas

O conto "O Gato de Botas", embora tenha sido escrito no século XIX, é provavelmente muito mais antigo, aparecendo depois em um conto dos irmãos Grimm. Nele, dizia-se que havia um moleiro muito pobre com três filhos, um moinho, um burro e um gato. Depois de sua morte, os filhos dividiram os bens. Ao terceiro filho coube o gato que só caçava ratos, deixando-o infeliz com a inutilidade de sua herança. O gato pediu, no entanto, que ele lhe mandasse fazer um par de botas para que pudesse andar entre os homens. Para agradar ao rei, que gostava muito de comer perdizes, fez uma armadilha com um saco de milho, conseguindo caçar algumas delas. Elas foram oferecidas ao rei com os cumprimentos de seu dono, que ele inventou ser um conde. Em retribuição, o gato recebeu um saco de ouro, que levou ao filho do moleiro. O gato retornou muitas vezes ao castelo do rei, sempre voltando com muito ouro, e o enganou, fazendo que pensasse que as terras pelas quais eles passavam pertenciam ao suposto conde. Desse modo, provocou um encontro entre seu dono e o rei. Por meio de vários truques, impressionou-o tanto que este concedeu a ele sua filha em casamento. Quando o rei morreu, o filho do moleiro herdou seu reino e nomeou o gato seu primeiro-ministro.

Uma das características mais marcantes retratada no conto é o autocontrole desse gato, que finge não desejar o que realmente deseja. Dessa forma, captura perdizes, mas não as devora, porque tem em mente algo maior: o seu poder e o enriquecimento de seu dono. Segundo B. Hannah (1992), esse felino representaria um ponto de vista intermediário entre o reino animal, instintivo, e o reino espiritual. Suas botas o levariam a ganhar certa distância de seus instintos, humanizando-o e afastando-o da terra. Dessa forma, consegue dissociar-se de suas emoções, controlando-as, a fim de atingir suas metas.

Nessa linha de reflexão, o instinto "felino" no ser humano, quando descontrolado, pode causar grandes estragos se o indivíduo for tomado por emoções selvagens. Entretanto, se bem utilizado, esse mesmo instinto pode indicar novos caminhos e soluções, aumentando a autoconfiança, como se vê na história do Gato de Botas.

ANIMAL FANTÁSTICO

Alma de Gato

Alma de Gato é o nome dado ao animal fantástico encontrado no folclore dos estados brasileiros do Rio Grande do Norte e da Paraíba. Segundo a lenda, trata-se de um fantasma assustador e de grande prestígio, que aparece à noite na forma de gato preto, com olhos vermelhos de tamanha intensidade que os fazem parecer tochas. Ele não ataca nem agride como um gato real, sendo um fantasma criado pela imaginação para provocar medo nas crianças, garantindo obediência aos pais e às babás por coação.

Tulivieja

A tradição folclórica da República do Panamá fala de Tulivieja, ser híbrido que tem garras, corpo de gato e patas de cavalo. Hedionda, surgiu como castigo de Deus a uma bela mulher que afogou o filho, fruto de amor incestuoso, sacrílego. Por essa razão, foi transformada no monstro, que vaga pelas margens dos rios chamando por seu filho sem nunca encontrá-lo.

O GOLFINHO

▼

Ordem: *Cetacea*

Subordem: *Odontoceti*

Principais características biológicas

Os golfinhos, também chamados de delfins, são mamíferos que se adaptaram à vida aquática há milhões de anos. Pertencem à ordem dos cetáceos e à família dos delfinídeos, sendo classificados em diferentes espécies. Em função das semelhanças físicas e também de outras características biológicas, é difícil diferenciar as espécies desse animal. Por essa razão, abordaremos os aspectos biológicos mais gerais referentes a eles.

Os golfinhos vivem em água salgada e doce, habitando todos os mares e muitos estuários de grandes rios. Seu tamanho varia de 70 centímetros a 9 metros. Quando adulto, pesa entre 40 e 270 quilos; no entanto, raramente, alguns indivíduos da espécie golfinho-de-risso chegam a pesar 680 quilos. Entre os golfinhos destacam-se os botos, animais de menor porte que se assemelham aos outros golfinhos quanto à estrutura biológica e a hábitos de comportamento, mas são mais ariscos na relação com o homem e saltam muito menos. Estes últimos são nativos da Amazônia e das costas do Atlântico, do Pacífico, do Índico, do Mar Adriático, do Mar Cáspio, do Mar Vermelho e do Golfo Pérsico. Os botos se dividem em várias famílias: a *Delphinidae*, à qual pertence o boto-cinza ou tucuxi; a *Iniidae*, na qual se destaca o boto cor-de--rosa, também chamado no Brasil de "golfinho da Amazônia", encontrado nas bacias do rio Amazonas (Brasil) e Orinoco (Venezuela) e ainda em rios da Bolívia, do Peru, do Equador, e da Colômbia; e a família *Pontoporiidae*, à qual pertence o franciscano.

Os golfinhos são odontocetas, isto é, têm dentes de número variado, de quatro a 200, conforme a espécie. Seu corpo tem forma de torpedo e sob a pele existe uma camada de gordura, muito importante para regular a temperatura do animal, pois tem propriedades isolantes. O sistema circulatório, que realiza a troca de calor entre o fluxo sanguíneo arterial e venoso, é outro mecanismo de regulação da temperatura. A narina é um orifício aberto localizado no topo da cabeça, dotado de válvulas que se fecham quando o animal submerge. A cauda, com disposição horizontal, característica dos cetáceos (golfinhos, botos e baleias), desempenha uma função propulsora ao movimentar-se verticalmente durante o deslocamento do animal.

A cor mais frequente do golfinho é a cinzenta, de vários tons, mas algumas espécies apresentam cor alaranjada, rosada e avermelhada.

A ausência de pelos nos golfinhos diminui o atrito de seu corpo com a água e lhes possibilita nadar em grande velocidade, podendo atingir 50 quilômetros por hora. São grandes saltadores – seus pulos chegam a atingir 6 metros – e conseguem mergulhar a uma profundidade de 280 metros, ficando submersos por até oito minutos. Os saltos ocorrem principalmente durante a alimentação, nas brincadeiras e na atividade sexual.

Os golfinhos não têm olfato, e seu paladar, como em todos os cetáceos, é reduzido. O tato, porém, é muito desenvolvido – esses animais tocam-se muito enquanto nadam e antes do ato sexual.

Seu tempo de vida varia muito, dependendo da espécie. Os golfinhos-de-dentes-rugosos e os nariz-de-garrafa vivem por volta de 35 anos, podendo as fêmeas, que vivem mais, atingir os 50. Os machos amadurecem sexualmente entre 10 e 13 anos; as fêmeas, entre 7 e 12 anos.

O cortejo sexual é bastante demorado e envolve vocalizações, toques, saltos e batidas com as nadadeiras na água. A cópula se dá com um forte "abraço", abdome contra abdome. Em algumas espécies, a fêmea copula com vários machos, podendo provocar uma disputa acirrada e até mesmo agressiva entre eles.

A fêmea dá à luz apenas um filhote, passando por um período de gestação que varia de dez meses e meio a 16 meses, com intervalo de dois a cinco anos entre as gestações. No nascimento, os bebês são expelidos de modo que a cauda seja a primeira parte do corpo a sair, o que evita que se afoguem caso haja complicações ou demora no momento do parto. A mãe é assistida por fêmeas adultas que ajudam o recém-nascido a subir imediatamente à superfície para respirar pela primeira vez. Assim que nasce, o filhote tem de um quarto a um terço do tamanho da mãe.

Durante todo o primeiro ano de vida, a mãe jamais se separa de sua cria. Nesse período de amamentação, a estreita ligação com a mãe é imprescindível para a sobrevivência da cria. Diante do perigo, a mãe se coloca entre o filhote e o predador, usando o corpo como escudo. Esse relacionamento garante alimentação e proteção, além de compensar a baixa taxa de natalidade dos golfinhos.

O leite é muito nutritivo e rico em calorias, sendo expelido diretamente na boca do filhote pelos fortes músculos localizados ao redor das glândulas mamárias, situadas em cada um dos lados da abertura genital.

A alimentação do golfinho adulto consiste basicamente em peixes, lulas, polvos e crustáceos. O golfinho chega a consumir por dia em torno de 5% de seu peso corporal.

Esses cetáceos podem viver sozinhos, em duplas, em pequenos grupos ou até em grupos integrados por milhares de indivíduos. Deslocam-se formando diversas figuras geométricas. No perímetro externo ficam os machos jovens, cuja função é proteger os animais do centro – filhotes e fêmeas.

São muito cooperativos tanto na busca de alimentação como na ajuda a companheiros doentes e feridos, empurrando-os para a superfície para que possam respirar.

A boa acuidade visual – tanto dentro como fora da água – é outra característica dos golfinhos. Seus olhos são envolvidos por fortes músculos, que dão maleabilidade à lente ocular, cuja forma muda de acordo com o meio. Assim, suas pupilas se contraem a tamanhos mínimos diante de forte luminosidade ou se dilatam em águas profundas e escuras.

O cérebro desses animais tem circunvoluções e atingiu o tamanho do cérebro humano há 30 milhões de anos, enquanto o cérebro humano só atingiu o tamanho atual há 100 mil anos. Esse fato, somado à habilidade dos golfinhos cativos de aprender brincadeiras complexas que demandam vários objetos e truques – além de sua capacidade de estabelecer laços sociais com os humanos –, sugere a existência de alto nível de inteligência. Diferentemente da maioria dos animais selvagens, ele é fácil de treinar para a realização de acrobacias, localização de objetos escondidos e brincadeiras com bola. Alguns golfinhos são até mesmo capazes de aprender rápido procedimentos complexos apenas observando o comportamento de outros indivíduos.

Os golfinhos têm um biossonar acoplado a uma bolsa de gordura na parte frontal da cabeça, denominada melão. Esse mecanismo, chamado de ecolocalização, permite localizar e analisar objetos e presas, além de orientar os animais durante o deslocamento. O golfinho emite sons quando o ar passa por seus seios nasais, que são internos, abaixo do orifício respiratório. Esse som é direcionado pelo melão para o meio externo, ecoa no objeto, é captado pela mandíbula e levado para o ouvido, que o recebe mandando para o cérebro informações a respeito da consistência, da distância e do tamanho do objeto.

As vocalizações emitidas pelos golfinhos assemelham-se a estalos, cliques e assobios. Estes, que podem ser extremamente individualizados, e os cliques são usados na comunicação, e esses últimos, utilizados também na ecolocalização. Os golfinhos são capazes de ouvir e emitir uma gama de sons muito maior do que a captada pelo ouvido humano.

O alto grau de inteligência, a boa acuidade visual, a capacidade de ecolocalização, a comunicação que esses animais estabelecem entre si e sua relação com os seres humanos sempre constituíram fatores instigantes para o homem. Desde meados de 1970, em laboratórios marinhos da Universidade do Havaí, realizam-se pesquisas sobre golfinhos, sobretudo relacionadas à sua capacidade de comunicação. Foram desenvolvidos dois tipos de linguagem, a acústica e a visual, que vêm tornando possível a comunicação com seres humanos e ampliando o conhecimento sobre o funcionamento cerebral desses animais.

Há inúmeras conjecturas sobre os aspectos terapêuticos resultantes do contato e da convivência com os golfinhos. Sua capacidade de cura aparece tanto em antigos escritos gregos como em inúmeros relatos feitos por pessoas ao longo da história que dizem ter-se beneficiado desse contato. Acredita-se que o sonar do golfinho ecoe no corpo humano e provoque uma alteração molecular que aumenta a produção de células T e endorfinas e/ou promove maior harmonia entre os lados direito e esquerdo do cérebro. Relata-se também seu efeito positivo em portadores de síndrome de Down, autistas e doentes graves.

Nos últimos 20 anos, a Marinha dos Estados Unidos tem treinado golfinhos para executar diversas tarefas, como encontrar partes de mísseis perdidas no fundo do mar utilizando suas habilidades naturais, entre as quais a de ecolocalização. Em 2003, na guerra contra o Iraque, a Marinha americana contou com a ajuda de golfinhos nariz-de-garrafa adestrados para localizar minas nas águas do Golfo Pérsico.

A indústria do entretenimento vem aproveitando a capacidade desses animais de aprender truques para realizar espetáculos que atraem milhares de pessoas, constituindo um negócio muito lucrativo. O famoso golfinho Flipper é da espécie nariz-de-garrafa, encontrada em todos os mares do planeta e em cativeiro. Acrobático e curioso, foi ele quem inspirou o seriado americano.

Os predadores naturais do golfinho são os tubarões e as orcas, que atacam sobretudo os filhotes. O homem é também um predador significativo, pois tem matado, muitas vezes por acidente, grande número de golfinhos, que ficam presos em redes de pesca ou são feridos pela hélice de barcos. A poluição dos mares também tem sido responsável pela morte de muitos desses animais.

Simbolismo

MITO DE ORIGEM

Uma lenda sobre o deus grego Dioniso narra que, em uma viagem de navio para Naxos, ele percebeu que os marinheiros desviaram-se da rota seguindo em direção à Ásia, onde pretendiam vendê-lo como escravo. Ao se dar conta do que acontecia, Dioniso transformou os remos do navio em serpentes, encheu o navio de pedras e fez soar flautas invisíveis e crescer guirlandas de vinhas que paralisaram o navio. Os marujos, enlouquecidos, atiraram-se no mar, onde o grande deus Possêidon transformou-os em golfinhos. Pode-se relacionar essa lenda com a crença de que os golfinhos se esforçariam para salvar os homens nos naufrágios porque seriam, na verdade, piratas arrependidos – portanto, seres humanos.

GUIA, PROTETOR E SALVADOR

O golfinho encontrado no Mediterrâneo e em águas temperadas aparece no folclore de vários povos marítimos.

Na relação com o ser humano, ele é visto, tanto em lendas como na etologia, como salvador, guia protetor e companheiro (veja "Golfinho: principais características biológicas").

Como vimos, diversas pesquisas têm estudado o sistema de comunicação do golfinho por meio da decodificação dos sons que ele emite, numa tentativa de entender sua linguagem. Isso concretizaria um sonho muito antigo do homem de compreender melhor tão intrigante criatura.

O golfinho é um animal conhecido especialmente por sua amizade com os seres humanos desde a Antiguidade. Em inúmeras histórias, meninos aparecem montados em golfinhos e náufragos são salvos de afogamento por esses animais. Uma das histórias mais famosa é a de Árion, poeta e músico grego do século VII a.C., que em viagem de navio da Sicília para Corinto, foi ameaçado de morte por marinheiros, invejosos de sua riqueza. Ele os persuadiu a deixá-lo cantar uma última canção antes que o jogassem ao mar. Atraído por sua música, um golfinho o resgatou das águas e o carregou em segurança até a praia.

A história de Árion, sua angústia ao ser jogado no mar e seu salvamento realizado por um golfinho são interpretados pelo historiador grego Plutarco (46 d.C.-120 d.C.) como uma metáfora da evolução espiritual: graças à intervenção do golfinho, Árion passa de um mundo agitado e violento para o mundo da salvação imortal. Chevalier e Gheerbrant (1986, p. 405) ampliam tal metáfora fazendo um paralelo com a evolução espiritual do ser humano:

> De modo mais psicológico e ético, o relato indica também a passagem da excitação e dos terrores imaginativos à serenidade da luz espiritual e à contemplação, pela mediação da bondade (a imersão salvadora, a soltura, o ar benevolente dos golfinhos etc.). Percebem-se aqui as três etapas da evolução espiritual: predominância da emotividade e da imaginação; intervenção da bondade ou do amor e do sacrifício; iluminação na glória da paz interior.

Plutarco, na obra *Sobre a inteligência dos animais*, relata que Ulisses gravou a imagem do golfinho em seu anel e em seu escudo em sinal de reconhecimento a esse animal por ter salvado seu filho Telêmaco quando caiu no mar.

Ainda nos tempos anteriores ao cristianismo, a imagem do golfinho começou a se destacar na costa nordeste do Mediterrâneo e em torno do mar Negro, especialmente na Ásia Menor, na Grécia e na Itália. Considerava-se o golfinho um bom companheiro de viagem, um amigo do marinheiro. A ele se atribuíam qualidades como grande inteligência, habilidade física, devoção e espetaculares feitos ao salvar vidas – características que o tornavam um ser quase divino. Na época, marinheiros e pescadores consideravam crime contra as leis de amizade capturar qualquer golfinho que por acaso ficasse preso em sua rede, e os libertavam cuidadosamente. O respeito e a reverência por esse animal explicam as centenas de imagens de golfinhos presentes em monumentos e objetos de arte. Tal respeito existe também, ainda hoje, entre os indígenas da bacia amazônica brasileira.

Em Annan (Vietnã), também se acreditava que os golfinhos salvassem marinheiros em naufrágios.

A ideia de golfinhos como salvadores do homem no mar não aparece só nos mitos antigos. Vários relatos do século XX falam de golfinhos empurrando para a praia pessoas que estavam se afogando, sendo amistosos com nadadores e permitindo que crianças montem em suas costas. Na América do Sul, alguns nativos consideram o tucuxi, espécie fluvial de golfinho, um animal sagrado, amigo e protetor, e acreditam que ele traz à praia os corpos de pessoas afogadas.

O boto está presente há muitos séculos no folclore brasileiro. É provável que os mitos nacionais tenham passado por um longo processo de convergência com histórias e superstições da Europa e da África. Assim, o boto recebeu a herança do golfinho dos mares gregos.

A falta de defesa do ser humano na água – ambiente misterioso, desconhecido e ameaçador, frequentado pelo homem como fonte de alimentação e meio de alcançar outras terras – levou à projeção no golfinho de qualidades positivas de proteção e salvação. Provavelmente isso se deva ao fato de o animal ser inteligente e comunicativo – e, por também ser mamífero, muito próximo do ser humano.

Como salvador, o golfinho simboliza um importante recurso da psique no resgate de aspectos imersos no inconsciente, possibilitando uma reorganização mais equilibrada e saudável. Nessa medida, como símbolo, o golfinho é aquele que promove a conscientização de profundos estados psíquicos.

SENSUALIDADE E PODER DE SEDUÇÃO

Em lendas de diferentes culturas, o golfinho aparece relacionado a episódios amorosos, caracterizando-se como símbolo de luxúria.

Na mitologia grega, era tido como um fetiche itifálico devido à forma de sua cabeça – que, para os gregos, assemelhava-se à glande humana. Comparava-se com os movimentos do ato sexual o seu nado, com saltos para fora e para dentro da água, furando ondas com o focinho. Aparece ao lado dos deuses Afrodite e Eros como símbolo de sensualidade (veja "Golfinho: deuses associados ao golfinho").

Na literatura grega, diversos poemas mencionam a luxúria do golfinho, narrando passagens em que ele se apaixona por rapazes bonitos. Na fábula "O menino e o golfinho", registrada pelo gramático greco-egípcio Apião (20 a.C.--45d.C.), um golfinho morre de saudade por ter falecido um menino a quem amava (veja: "Golfinho: relação com o ser humano").

O boto da Amazônia brasileira, espécie fluvial de golfinho, conserva essa mesma característica de sensualidade e sedução do golfinho dos mares, razão pela qual é conhecido como grande conquistador das mulheres locais e responsável pela concepção de vários bebês.

O boto vive em várias regiões do Brasil, nas quais deu origem a lendas muito conhecidas pela população. Nelas, aparece com aspectos semelhantes aos das sereias, figuras mitológicas da costa europeia que habitavam os rochedos marítimos. Como elas, usa o canto para seduzir e morre quando encontra alguém que resista ao seu encantamento. O boto é um "dom-juan fluvial", que seduz a céu aberto as jovens caboclas ou índias que se banham no rio e tem relações sexuais com elas ali mesmo. Na forma de ser humano, frequenta bailes, bebe, dança, encontra-se com mulheres e desaparece antes de clarear o dia, momento em que voltam para a água, retornando à sua condição animal. Algumas trovas populares referem-se a esse fato:

O boto não dorme

No fu ̇ ̇ do rio

Seu dom é enorme

Quem quer que o viu

Que diga, que informe

Se lhe resistiu

[...]

E o tal dançará

Aquele doutô

Foi boto, sinhá

Foi boto, sinhô

(Santos, s/d, p. 110-11)

Por esse motivo, a tradição popular amazônica considera que qualquer filho de pai desconhecido descende do boto. O poeta gaúcho Raul Bopp (1998) assim registrou o tema:

Amor chovia

Chuveriscou

Tava lavando roupa, maninha

Quando o boto me pegou.

– Ó Joaninha Vintém,

boto era feio ou não?

– Ah, era um moço loiro, maninha,

tocador de violão.

– Me pegou pela cintura

– Depois o que aconteceu?

– Gentes!

Olha a tapioca enrolando nos tachos.

– Mas que boto safado!

Nas proximidades do rio Tapajós, o Çairé – a mais antiga manifestação da cultura popular amazônica brasileira – também festeja o boto. Festividade de caráter religioso introduzida pelos jesuítas no século XVII, hoje o

Çairé é festejado em setembro, numa ilha paraense de pescadores denomina-da Alter do Chão, e nele convivem elementos sacros e profanos. Durante o dia, há rituais católicos, procissões, rezas e ladainhas. À noite, a festa tem dança, música e dramatizações referentes às lendas do tucuxi e do boto-cor-de-rosa. Na lenda, oriunda dos boraris, povo indígena do Pará, o boto é morto por um pescador a mando do índio Tuxaua por ter engravidado sua filha, Cunhantã-
-iborari. Seu assassinato desperta a fúria dos maus espíritos e então, a pedido do próprio Tuxaua, o pajé o ressuscita.

Entre as inúmeras histórias existentes destaca-se a de Igarapé dos Cur-rais, no rio Amazonas, que fala de dois moços desconhecidos, muito boni-tos, que dançaram e beberam a noite toda numa festa, desaparecendo antes do amanhecer. Quando partiram, as pessoas encontraram num poço próximo dois botos que nunca tinham sido vistos ali. Como a casa onde se realizara a festa se localizava longe do rio, concluíram que os rapazes, na realidade botos metamorfoseados, na pressa de retornar à água, haviam se atirado ao poço. Os moradores da redondeza, alvoroçados, resolveram matá-los, e ao cortar a cabe-ça dos bichos ficaram surpresos com o forte cheiro de cachaça que dali emanou.

Nessa mesma região, uma variante da lenda conta que, por influência diabólica, os botos se transformavam em rapazes muito bonitos que iam aos bailes e dançavam com as moças. Extremamente atraentes, com olhos negros brilhantes, eram irresistíveis a essas mulheres, que meses depois apareciam grávidas. Os rapazes desapareciam de forma misteriosa, as crianças cresciam e, mais tarde, morriam afogadas, quando então se dizia que voltavam a ser "peixes" como os pais. Ainda segundo essa lenda, os botos não se esquecem dos filhos e até hoje procuram aflitos por eles, no fundo do rio. Acredita-se também que os botos farejem de longe a gravidez humana, e que mulheres grávidas que viajam em canoas corram o risco de ser atacadas por eles e leva-das para o fundo do rio.

> Os viajantes ressaltam que o boto possui hábitos peculiares: é o único "peixe" a seguir, bufando de possível curiosidade, as barcas. Beira demasiado as margens, namorando os fogos acesos. Seus roncos têm qualquer coisa de malícia e de desafio. Era natural que o boto mantivesse na plenitude orgulhosa da raça a memória de sua desbragada carnalidade. (Câmara Cascudo, 2002, p. 163-64)

Na região amazônica, existe a crença popular de que as mulheres menstruadas não devem andar em canoas, transitar pelas margens dos rios nem usar vestido vermelho para não atrair o boto.

O boto-vermelho é aquele a que mais se atribui a facilidade de transformar-se em homem para seduzir donzelas. Quando adquire a forma humana, gosta de cachaça e de bailes; não tira o chapéu nas festas, para que o orifício de sua cabeça não seja visto. Engravida as mulheres que se entregam a ele, mas não as afoga depois.

Numa lenda paraense, uma bonita índia, depois de se casar com um desconhecido e ter um filho, descobre que seu marido tinha cauda de peixe. Ao confrontá-lo, ele fica irritado e desaparece. Desesperada, a moça chora tanto que suas lágrimas fazem transbordar o rio, onde ela e seu filho se afogam. Na manhã seguinte, os índios veem um boto empurrando dois corpos para a margem. Acredita-se que a história se deva ao hábito dos botos de empurrar o corpo de pessoas afogadas.

De acordo com a população dessa região, o boto aceita qualquer situação para satisfazer seus desejos sexuais, chegando a se transformar em mulher para seduzir rapazes. Nessas ocasiões, surgem como mulheres de grande beleza, verdadeiras "sereias tropicais" que atraem os rapazes, os quais pagam com a vida por alguns momentos de prazer (veja "Golfinho: transformação em ser humano").

O boto é considerado a personificação de Uauiará, ou Uiara, senhor das águas, espírito protetor dos peixes, amante das caboclas e das índias na mitologia tupi. O primeiro filho de muitas nativas é considerado fruto do relacionamento com esse deus, que se transmuta em humano para seduzi-las. O

Uauiará representa a versão masculina da Iara ou Mãe-d'Água, que tem poder de sedução semelhante (veja "Golfinho: deuses associados ao golfinho").

Sua beleza, a forma longilínea de seu corpo, seus movimentos sinuosos na água e sua facilidade de contato com o ser humano fazem do boto um animal no qual se projeta sensualidade e sedução. Relaciona-se com a sereia por seu poder de seduzir, mas diferencia-se dela por ser romântico em suas relações amorosas. Segundo o dito popular, o boto "seduz, viola, dança, bebe, mas não mata" (Câmara Cascudo, 2002, p. 140).

O golfinho e o boto, como representantes do masculino jovem e impulsivo, exercem um fascínio sobre a mulher, que pode ser atraída por uma força sexual inconsciente. As mulheres mais vulneráveis a essa situação são aquelas cujo *animus* – seu lado masculino inconsciente – se caracteriza por aspectos sombrios e destrutivos. Com suas defesas enfraquecidas, podem se tornar suscetíveis a situações de risco. E assim, fixadas no princípio do prazer, seu processo de individuação fica prejudicado. Esse quadro é comum naquelas que repetidamente escolhem inconscientemente parceiros com os quais não se pode estabelecer vínculos confiáveis nem duradouros.

RELAÇÃO COM O FEMININO

A palavra "delfim", outra denominação para golfinho, vem do grego *delphinos*, que significa ventre, útero, o que associa esse animal ao princípio feminino. Os gregos primitivos acreditavam que o golfinho fosse um peixe dotado de útero e seios. Isso, aliado à sabedoria que lhe era atribuída e à compaixão pelos humanos, tornava-o representante da Grande Mãe. Mais tarde, essa relação foi transferida para Tanit, deusa-mãe fenícia (veja "Golfinho: deuses associados ao golfinho").

O golfinho aparece também como totem de Deméter, deusa grega da agricultura e da fertilidade, representando-a em seu papel de "Senhora do Mar" (veja "Golfinho: deuses associados ao golfinho"). Como símbolo da luxúria, desde a Antiguidade clássica o golfinho é vinculado a Afrodite, deusa grega do amor, como símbolo da sensualidade, aparecendo em quase todas as representações de seu nascimento. Além disso, em várias obras de arte, pinturas e esculturas, Afrodite aparece acompanhada de golfinhos.

De acordo com a crença pré-helênica, o golfinho e a lua levavam a alma dos mortos para o submundo. Afrodite, identificada com a lua e com o golfinho, às vezes desempenha o papel de psicopompo (veja "Golfinho: psicopompo").

Porém, apesar de receber algumas projeções do feminino, a simbologia do golfinho é predominantemente fálica. Em diversas histórias de diferentes culturas e épocas, é mostrado como um grande sedutor de mulheres e às vezes de homens (veja "Golfinho: sensualidade e poder de sedução").

Simbolicamente pode representar o aspecto mais primitivo do *animus*, lado psicológico masculino da mulher vinculado à sexualidade e à sensualidade indiscriminadas. Isso se evidencia numa descrição de Câmara Cascudo (2002, p. 136): "É dedicado à Vênus e aparece, roncando de cio, junto à deusa resplendente".

TRANSFORMAÇÃO EM SER HUMANO

A transformação do golfinho e do boto em ser humano sedutor é tema de várias histórias populares da região amazônica brasileira, como "Igarapé dos currais" e "botos-vermelhos". Nelas, esses animais se transformam em homens bonitos que aparecem em bailes onde dançam, bebem, seduzem e engravidam as moças, desaparecendo em seguida de forma misteriosa (veja "Golfinho: sensualidade e poder de sedução").

Entretanto, em outros países, certas lendas mostram tal transformação de modo inverso: o ser humano se transforma em boto, como castigo e reparação. Segundo um mito do povo *warao*, da Venezuela, a mulher adúltera é transformada em golfinho; já seu amante vira crocodilo.

No estado brasileiro do Pará, histórias de pescadores abordam a habilidade do boto de se transformar em ser humano e vice-versa. Uma delas conta que um pescador arpoou um boto que o incomodava. Mais tarde, foi preso por um grupo de soldados vestidos de vermelho, que lhe mandaram fechar os olhos; quando os abriu, viu-se num lugar desconhecido. Lá, o pescador encontrou uma amiga, que havia algum tempo desaparecera no rio. Esta lhe disse que aquela era a terra dos botos. Recomendou que ele cuidasse da ferida infligida ao boto e não comesse nada dali – caso contrário, jamais voltaria à terra, como acontecera com ela. O pescador fez o que ela disse e, três dias depois, os botos transformados em soldados o levaram de volta.

Em outra história, dois pescadores atiraram três arpões no vulto de um homem que frequentava uma casa na beira do rio. O homem fugiu e entrou na água. No outro dia, um grande boto com três arpões enfiados no corpo foi encontrado no mesmo rio.

A projeção de qualidades humanas nesse animal, mamífero aquático muito próximo do homem, também se relaciona com a curiosidade e o interesse despertado pelos mistérios do fundo das águas, cujo domínio é atribuído ao golfinho (veja "Golfinho: sensualidade e poder de sedução", "Golfinho: guia, protetor e salvador" e "Golfinho: presságios associados ao golfinho").

PSICOPOMPO

Na arte antiga dos povos mediterrâneos, é frequente a imagem do homem cavalgando golfinhos. Esse animal sagrado tinha papel importante nos ritos funerários como psicopompo, guia das almas. Os cretenses acreditavam que os mortos se retirassem para o fim do mundo, para a Ilha dos Bem-Aventurados, conduzidos por golfinhos que os carregavam nas costas.

Na colônia grega de Olbia, a noroeste do mar Negro, encontraram-se pequenas estátuas em forma de golfinho nas mãos dos mortos. Além disso, em ornamentos de urnas funerárias, imagens de golfinho faziam parte das representações da alma passando para o outro mundo.

Na Inglaterra, em Willingham, local onde foram encontrados objetos religiosos de origem céltico-romana, havia um cetro com a imagem de um deus jovem nu carregando um relâmpago na mão junto de um golfinho e a cabeça de um touro de três chifres. Nesse cetro, a presença do golfinho e do touro representam aspectos específicos do culto ao deus solar celta. O golfinho provavelmente representa a morte e a viagem subsequente da alma pelo mar no Além.

O golfinho era também emblema da deusa lunar Afrodite. Juntos, conduziam as almas dos mortos para o submundo (veja "Golfinho: deuses associados ao golfinho" e "Golfinho: relação com o feminino").

A característica de guia das almas do golfinho é o outro lado de seu caráter salvador. Aí, ele atua como elemento de ligação com o transcendente, em que a consciência retorna à origem, ao inconsciente, ao mar.

SÍMBOLO DE PODER

Em várias culturas, associa-se o golfinho à vida, à morte e também à adivinhação, à sabedoria divina e ao amor. Tais qualidades, acrescidas de sua grande velocidade de deslocamento, tornaram-no senhor da navegação.

Atributo de Possêidon, deus dos oceanos, simboliza o poder do mar, sendo muitas vezes representado com um tridente ou uma âncora (veja "Golfinho: emblema de Cristo"). Assim como a baleia, o golfinho simboliza transformação e regeneração.

Na arte céltica, o golfinho aparece com frequência em posição de poder, associado a deuses e heróis.

Dauphiné era o nome de uma antiga região do Sacro Império Romano vendida à França em 1343 por seu rei, denominado Humberto II de Viennois, falido e sem descendentes. Seu brasão de armas tinha um golfinho estilizado, com as costas encurvadas, cabeça grande, tronco e espinha dorsal fina. Aparecia frequentemente coroado, porque nesse território se considerava o golfinho rei dos "peixes". Após a compra do condado, os reis da França passaram a usar o título de *dauphin* (delfim). Na época, o nome comumente designava o filho mais velho de um rei seu sucessor. Até hoje se usa a palavra delfim para designar o sucessor de alguém importante, especialmente na política – sendo até mesmo uma designação do segundo colocado num campeonato.

Na França, o delfim mais famoso foi Luís XVII (1785-1795), filho mais velho de Luís XVI, monarca decapitado em 1793, durante a Revolução Francesa. Também chamado de "delfim perdido", ele morreu misteriosamente no cativeiro durante a revolução, com apenas 10 anos.

Na heráldica, também se usava o golfinho por simbolizar vigilância, beleza, feminilidade, amor pela música e sensibilidade.

De acordo com a tradição do *feng shui* – antiga arte de posicionar objetos no espaço com a finalidade de facilitar o fluxo de energia –, os golfinhos são considerados criaturas mágicas representantes do amor universal, e se usa sua imagem em pinturas, esculturas, móbiles e brinquedos para atrair serenidade e liberar o pensamento criativo.

O golfinho representa o poder jovem que traz a renovação, substituindo a antiga ordem, e sua agilidade e velocidade podem ser equiparadas às características da força e da impulsividade dos adolescentes. Associa-se à ideia do surgimento de novos recursos que emergem do inconsciente.

PRESSÁGIOS ASSOCIADOS AO GOLFINHO

Diferentemente do que acontece com outros animais, os presságios associados ao golfinho são sempre positivos.

No período anterior a Cristo, os navegadores dos países da Ásia Menor, da Grécia e da Itália viam o golfinho como um animal que significava bom agouro. Da mesma forma, em Annan (Vietnã), considerava-se que encontrar um golfinho no mar, mesmo morto, fosse sinal de sorte (veja "Golfinho: guia, protetor e salvador").

As nadadeiras do golfinho, escuras e em forma de foice, eram comparadas à lua crescente, interpretada popularmente como sinal de chuva. Assim, se as nadadeiras do golfinho aparecessem nas ondas do mar, os navegantes as interpretavam como anúncio de tempestade, o que os ajudava a evitar naufrágios.

EMBLEMA DE CRISTO

Entre os milhões de animais do mundo, o golfinho foi escolhido, nos primórdios da iconografia cristã, como símbolo de Cristo, o Redentor. Tal escolha provavelmente se deveu à crença, difundida desde a Antiguidade, de que esse animal era capaz de salvar pessoas do afogamento.

Na arte cristã, a imagem do golfinho como símbolo da eucaristia e do próprio Cristo salvador e amigo surgiu no final do século II. Nesse papel de guia das almas, viam-no não apenas como aquele que resgatava pessoas de naufrágios, mas também como o que conduzia os navios surpreendidos por tempestades repentinas ou pela escuridão.

Várias lendas fazem referência a esse fato, entre elas a de são Luciano de Antioquia, martirizado no ano de 312. Seu corpo foi jogado ao mar, mas resgatado e levado até a praia por um golfinho. De acordo com Simeão Metafrasta, biógrafo de santos da igreja ortodoxa, o animal transportou o santo nas costas, com a aparência de quem estava repousando numa cama.

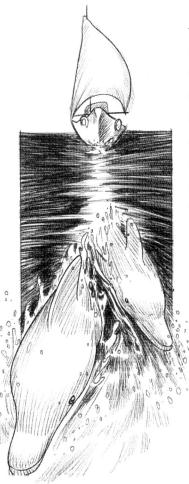

Os místicos viram no golfinho a imagem de Cristo, que vem resgatar a alma sobretudo nos momentos difíceis da vida e diante da morte (veja "Golfinho: psicopompo").

Numa tumba do período romano em Aix-en-Provence, na França, foi encontrado o desenho de dois golfinhos, um deles devorando um peixe e o outro, um polvo, provavelmente uma referência à vitória de Cristo sobre Satã. O polvo, que paralisa e mata a presa com seus tentáculos, representaria o demônio. O mesmo simbolismo aparece gravado no anel do bispo francês Adémar d'Angoulême, do século XI, no qual um golfinho enrolado num tridente simbolizaria Cristo na cruz.

A partir do Renascimento, esse animal apareceu com menor frequência na arte cristã. No decorrer dos séculos XIX e XX, sua imagem foi utilizada em brasões eclesiásticos.

O golfinho com um navio e uma âncora simbolizava a Igreja guiada por Cristo, assim como a baleia significava a ressurreição.

O golfinho representa um recurso psíquico na medida em que seu comportamento nos remete à ideia de trazer à consciência conteúdos positivos que estavam submersos, isto é, inconscientes. Recebe a projeção do bem, saindo sempre vitorioso na luta contra o mal.

DEUSES ASSOCIADOS AO GOLFINHO

Ágil, bastante inteligente e considerado amigo do homem, o golfinho foi motivo de interpretações míticas por muitos povos de diferentes partes do mundo ligados ao mar. Em geral, era associado à vida, à morte, à divina sabedoria, à fertilidade e ao amor.

Várias lendas semelhantes sobre heróis, semideuses e deuses representam versões locais do mito de um deus que morre e renasce. Em algumas delas, o golfinho conduz a divindade em segurança ao submundo ou a traz de volta na primavera. Em outras, carrega o corpo de um deus para o local onde este será cultuado no futuro (veja "Golfinho: mito de origem", "Golfinho: guia, protetor e salvador", "Golfinho: psicopompo" e "Golfinho: emblema de Cristo").

A cultura creto-micênica e também gregos e romanos relacionavam o golfinho com deuses e, por vezes, representante deles. Na ilha de Creta, no período pré-helênico, os golfinhos eram honrados como deuses.

Afrodite

Em uma de suas formas primitivas, a deusa grega do amor é representada em pé sobre um golfinho. Os gregos da época acreditavam que o golfinho fosse um peixe com útero e seios, tornando-se assim um dos principais símbolos de Afrodite. Em outras representações, vê-se essa deusa cavalgando golfinhos (veja "Golfinho: relação com o feminino").

Anfitrite

Anfitrite, originalmente uma nereida – espírito feminino das águas (rios, lagos e oceanos) –, ao casar-se com Possêidon, torna-se a deusa grega do mar, sendo representada junto a golfinhos em seu séquito.

Apolo

Existem representações de Apolo, deus solar grego, em forma de delfim.

Segundo o hino homérico dedicado a essa divindade, Apolo transformou-se em golfinho e guiou marinheiros cretenses até as costas de Crisa, que abre o caminho para Delfos, o mais importante oráculo da Grécia antiga. O objetivo de tal aventura era matar a serpente Píton, monstruoso filho de Gaia e guardião do Oráculo de Delfos, e assim se tornar seu senhor.

Os oráculos eram conhecidos como umbigo do mundo e centro da religião grega. De acordo com o mito, o Oráculo de Delfos tinha uma grande cavidade onde estava depositada uma urna contendo as cinzas da serpente Píton.

Sua pele cobria o trípode de bronze – espécie de banco com três pés em forma de golfinho, onde se sentava uma mulher denominada pitonisa ou pítia, sacerdotisa de Apolo que tocava o centro de Delfos a fim de entrar em êxtase para então fazer previsões para quem a consultava.

Atárgatis

Deusa síria da fertilidade e da água, Atárgatis tinha como animais sagrados o golfinho, pombas e peixes.

Coventina

Deusa das águas cultuada no Norte da Bretanha e considerada a fonte que alimenta os poços, Coventina dominava as águas de rios e riachos, sendo associada à ideia de porto seguro. O altar a ela dedicado era decorado com dois golfinhos.

Deméter

Deusa grega da fertilidade, quando senhora do mar, tem o golfinho como emblema. Pausânias, geógrafo grego do século II, conta que numa caverna de Figália, situada no antigo território da Arcádia, havia uma velha figura de Deméter negra feita de madeira, sentada em uma rocha, tendo a seus pés serpentes e monstros. Ela segurava em uma das mãos um golfinho e na outra uma pomba, indicação dos dois outros domínios do mundo – aquático e aéreo –, além da terra, nos quais as transformações da deusa ocorriam.

Dioniso

O golfinho era consagrado a Dioniso, deus grego que, entre outras qualidades, protegia os marinheiros (veja "Golfinho: mito de origem").

Ea-Oannes

Na mitologia da Suméria e da Babilônia, o golfinho substituía o peixe nas representações de Ea, chamado posteriormente pelos gregos de Oannes. Esse deus era o senhor da sabedoria, das águas doces e da fertilidade.

Eros

Frequentemente se retratava Eros, deus grego do amor, como um menino ou um jovem montado num golfinho ou cavalgando um cisne com golfinhos nadando à frente.

Ishtar

O golfinho é um símbolo de Ishtar, deusa do amor associada à fertilidade na mitologia assíria e babilônica.

Ísis

No Egito, o golfinho simboliza Ísis, deusa egípcia do amor.

Mitra

Associa-se o golfinho a Mitra, deus solar de origem persa, como símbolo de luz.

Nealênia

Os golfinhos são vinculados a grande número de divindades célticas – como a deusa Nealênia, venerada no mar do Norte. Protetora de navegantes, regia os negócios e tinha relação com a fertilidade. Nesse caso, os golfinhos, símbolos marinhos, podem também representar o renascimento após a morte.

O golfinho aparece retratado como montaria de um deus numa das faces do Caldeirão de Gundestrup, objeto sagrado dos cultos celtas religiosos feito provavelmente no século II a.C.

Possêidon/Netuno

Quando percorria as ondas com sua carruagem puxada por seres monstruosos, metade cavalos e metade serpentes, o deus grego dos mares, Possêidon, também tinha golfinhos em seu cortejo. Segundo uma versão mais conhecida, o golfinho foi colocado no céu entre as estrelas, formando a constelação do Golfinho ou Delfim como agradecimento de Poddêidon pela façanha de persuadir Anfitrite a casar-se com ele, tornando-se rainha do mar. Assim surgiu no Hemisfério Norte uma pequena constelação, formada por quatro estrelas brilhantes que se parecem com um diamante em miniatura, que é o corpo do golfinho; uma quinta estrela representa sua cauda.

Em outra versão, a constelação do Golfinho surgiu porque os deuses puseram esse animal no céu depois que ele salvou o músico Árion, que fora jogado no mar (veja "Golfinho: relação com o ser humano").

Tanit

Os emblemas de Tanit, virgem celestial fenícia, mãe dos deuses e disseminadora da força vital, são o pássaro e o peixe. O golfinho aparece como seu animal sagrado.

Uauiará

Na região Norte do Brasil, o boto é chamado pelos tupis de Uauiará, protetor dos rios e dos peixes. Para os nativos, Uauiará foi um grande amante das índias, e muitas delas atribuem seu filho primogênito ao poder sedutor desse deus. No Pará, eram comuns relatos de pessoas que diziam ouvir cantigas das festas nas quais Uauiará se divertia nas proximidades de lagos e rios (veja "Golfinho: sensualidade e poder de sedução").

PARTES DO GOLFINHO

Algumas partes desse animal associam-se essencialmente ao poder de cura, proteção e sedução.

Dentes

O dente de boto, no Brasil, é considerado um talismã e um remédio eficaz para dor de dente.

Nadadeiras

As nadadeiras do golfinho são sinal de chuva para os navegantes (veja "Golfinho: presságios associados ao golfinho").

Olhos

Na mitologia chinesa, os olhos do golfinho contêm "pérolas" de luz lunar. Depois de secos, os olhos do tucuxi, o boto mais famoso da Amazônia brasileira, eram usados para despertar o amor de mulheres indiferentes. Por esse motivo, tinham grande valor. Na mesma região, acredita-se que os olhos do boto curem impotência.

Pênis

Na região Norte do Brasil, considera-se o pênis do boto, depois de seco e ralado, um poderoso afrodisíaco.

RELAÇÃO COM OUTROS ANIMAIS

O fato de o golfinho ser um mamífero habitante do mundo aquático torna-o mais isolado. Assim, existem poucas informações a respeito de seu relacionamento com outros animais, constatando-se que seu vínculo se dá quase exclusivamente com o ser humano.

A fábula de La Fontaine "O macaco e o delfim" descreve os golfinhos como amigos dos homens que fazem o possível para salvá-los quando atirados ao mar nas tormentas. Trata-se da história de um macaco vítima de um naufrágio que, conhecendo essa característica do golfinho, faz-se passar por humano e assim consegue montar nas costas dele. Perto da praia, o golfinho lhe faz algumas perguntas às quais ele não consegue responder corretamente. Assim, percebendo-se enganado, atira-o ao mar e volta a mergulhar, na tentativa de salvar seres humanos.

Essa fábula refere-se a uma competição entre os dois animais, na qual o golfinho revela-se mais esperto e inteligente do que o macaco, dominando a situação e não se deixando enganar. Além disso, retrata a forte ligação do golfinho com o ser humano.

O MORCEGO

▼

Ordem: *Chiroptera*

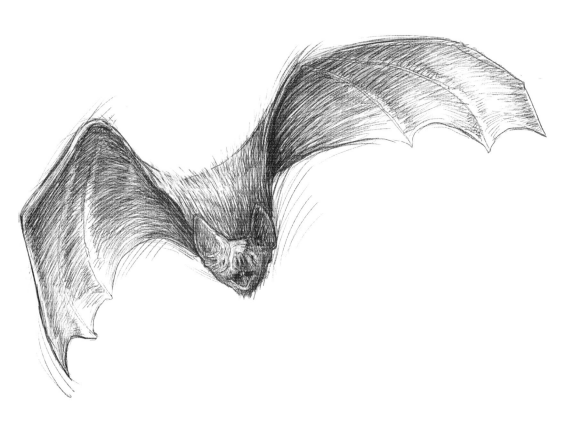

Principais características biológicas

O morcego é o único mamífero capaz de voar. O mais antigo morcego de que se tem notícia remonta ao período da Era Terciária denominado Eoceno e se assemelhava muito às espécies atuais. Existem cerca de mil espécies de morcego em todo o mundo – só no Brasil são aproximadamente 200 variedades. Pertencem à ordem dos quirópteros, palavra que significa "asas nas mãos" (*kheiros*, mão, e *pteron*, asa). Dividem-se em duas grandes subordens: *Megachiroptera* e *Microchiroptera*. A primeira abrange a família *Pteropodidae*, composta de 150 espécies distribuídas em zonas tropicais e subtropicais da África, da Ásia e da Austrália. Esses morcegos alimentam-se de frutas ou do néctar e do pólen das flores, guiando-se pela visão e pelo olfato. Já a subordem *Microchiroptera* abarca 750 espécies divididas em 16 famílias. Em geral insetívoros e mais adaptados ao voo, utilizam-se predominantemente da ecolocalização. Originários das zonas tropicais, estão presentes em todas as regiões do mundo, exceto nas regiões geladas da Antártida e do Ártico. Procuram lugares onde possam encontrar alimento o ano todo, como as regiões tropicais e temperadas dos dois hemisférios. Seu metabolismo elevado é também um fator determinante na busca de hábitats em que possam manter constante a temperatura e, assim, não despender muita energia.

A excelente capacidade de voar deve-se às mãos em forma de asa. Os dedos longos ligam-se por uma membrana chamada patágio, que percorre a margem superficial dos membros anteriores e laterais do pescoço até o polegar, alcançando a cauda. Essa membrana engloba somente quatro dos cinco dedos das mãos, pois o polegar permanece fora da asa e termina em uma garra resistente. É lisa, flexível, extremamente robusta e cheia de terminações nervosas. As pernas traseiras, apesar de menos desenvolvidas, têm unhas fortes que lhes permitem pendurar-se de cabeça para baixo e alçar voo com mais facilidade do que se tivessem de sair do chão.

Muitas espécies habitam colônias numerosas, mas há morcegos que vivem em pequenos grupos ou até mesmo solitários. Abrigam-se em cavernas, grutas, buracos de árvores e prédios; alguns dormem pendurados nas árvores.

Costumam usar a língua e os dedos para se alisar constantemente. As fezes dos morcegos – guano – que se acumulam nas cavernas são um ótimo fertilizante. As grutas habitadas por morcegos em geral também o são por uma grande quantidade de insetos que vivem de seus excrementos e de seu esqueleto em decomposição.

A enorme variedade de espécies confere a esse animal características bem variadas no que diz respeito a tamanho, cor, formato das orelhas e alguns comportamentos específicos de cada grupo. A forma peculiar do nariz atribui aos morcegos várias denominações diferentes – morcego-de-nariz-tubular, morcego-de-nariz-de-folha, morcego-de-focinho-de-flor, entre outras. Seu comprimento varia de 2,5 a 40 centímetros. De pelagem longa e sedosa, têm glândulas que emanam forte odor.

Uma de suas peculiaridades, o sistema de orientação conhecido como ecolocalização é tão eficiente que se tornou objeto de estudo para aperfeiçoar os modernos aparelhos de sonar. Embora a audição do morcego seja bastante desenvolvida, o olfato e a visão complementam a discriminação de obstáculos e possíveis alimentos. Emitindo gritos de alta frequência, imperceptíveis para o ouvido humano, localizam-se por meio da reflexão desses sons nos objetos à sua volta. Tais ecos os informam sobre tamanho, distância e consistência de tudo que os rodeia. Assim, ele é capaz de caçar insetos voadores mesmo no escuro. Além dos sons de alta frequência, emitidos pelo estalar da língua, usam outros para se comunicar.

A extrema especialização dos morcegos no que se refere à obtenção de alimentos determinou entre eles um critério de classificação. Os chamados morcegos frutívoros alimentam-se de frutas, ajudando na disseminação das sementes, expelidas com as fezes após uma rápida digestão sem nenhuma ação bacteriana. Em geral, apanham a fruta e vão comê-la numa árvore não frutífera próxima, para evitar o ataque de outros animais. Essa espécie é muito menos especializada no voo noturno do que os insetívoros.

Os morcegos insetívoros alimentam-se de pequenos insetos, inclusive aqueles que são pragas agrícolas. Costumam caçar entre o crepúsculo e o amanhecer e capturam insetos de duas maneiras: com os dentes ou com uma espécie de bolsa chamada de uropatágio ou "membrana caudal", localizada entre os membros posteriores, onde o inseto fica retido. Comem centenas deles numa só noite. Desse modo, essa espécie numerosa exerce um controle importante para a natureza. É interessante apontar que as mariposas desenvolveram defesas contra esses predadores: sua percepção auditiva é capaz de identificar o sistema de radar dos morcegos, o que lhes permite escapar de seus ataques.

Os nectarívoros, também chamados de polinívoros ou melívoros, alimentam-se do néctar das flores cumprindo um papel polinizador semelhante ao das aves ao sujar o pelo com o pólen que fertilizará outras plantas. Sua língua alongada e retrátil permite-lhes alcançar o fundo das flores.

Apenas três espécies de morcego são hematófagas: o morcego-vampiro--comum, o morcego-vampiro-de-asas-brancas e o morcego-vampiro-de--patas-peludas. Alimentam-se do sangue de outros animais, de preferência cavalos, vacas, porcos, cães e, às vezes, do homem. Com seus incisivos superiores longos e afiados, fazem um corte horizontal na pele da vítima e lambem o sangue que escorre dela. Em função de sua saliva rica em substâncias anticoagulantes, o ferimento não cessa. É frequente a vítima não despertar nem sentir dor. Entre as doenças transmitidas pela mordida do morcego hematófago, a mais significativa é a raiva, por ser fatal. No primeiro semestre de 2014 foram registradas 680 mortes de bovinos e equinos no centro-sul gaúcho em decorrência dessa enfermidade. Em 1990, sete pessoas morreram de raiva em Apiacás (MT) depois de ataques do morcego-vampiro-comum. Entre maio e junho de 2005, 15 pessoas faleceram na cidade paraense de Augusto Corrêa, vítimas de um surto da doença.

O morcego hematófago é a espécie que mais transmite a raiva aos seres humanos. Um estudo sobre essa doença transmitida por animais silvestres no Brasil, realizado entre 1992 e 2012 pela Secretaria de Vigilância em Saúde (SVS) e pelo Ministério da Saúde e apresentado na Reunião de Diretores dos Programas de Controle da Raiva nas Américas (Redipra) em agosto de 2013, revelou que 88% da transmissão da raiva deveu-se a morcegos; 9%, a saguis; 2%, a raposas e 2%, a guaxinins. Entre 1980 e 2012, foram registrados no Brasil 162 casos de raiva em humanos por ataques de morcegos. Apesar disso, ao contrário do que se pensa, os morcegos raramente atacam o homem.

Há ainda os morcegos ictiófagos ou piscívoros, que se alimentam de peixes, e os carnívoros, que preferem pequenos mamíferos, pássaros e anfíbios.

O acasalamento dos morcegos dura apenas poucas semanas e ocorre em qualquer época do ano, a partir dos 2 anos de idade. Nas espécies que hibernam, a fêmea que acasalou no outono guarda o esperma do macho no trato reprodutivo durante todo o inverno, até a primavera, quando ocorre a ovulação. Muitas colônias são formadas por verdadeiros haréns – na proporção de um macho para 15 fêmeas.

Depois de uma gestação que dura de dois a sete meses, dependendo da espécie, nasce uma cria por ano; excepcionalmente, algumas fêmeas geram gêmeos. A mãe-morcego forma um receptáculo acolhedor para seus filhotes com as asas e o corpo. Ao nascer, o morcego tem um quinto do peso de um animal adulto e mama de seis a oito semanas. Em algumas espécies, ele permanece várias semanas agarrado ao mamilo da mãe com seus dentes de leite. Vive de 15 a 25 anos, conforme a espécie.

Em regiões mais frias, alguns morcegos migram para lugares mais quentes, chegando a percorrer 700 quilômetros, enquanto outros hibernam. Durante a hibernação, o consumo de oxigênio pode se reduzir a um décimo do consumo normal; a temperatura do corpo cai consideravelmente, os batimentos cardíacos diminuem de 180 pulsações por minuto para três e o número de respirações altera-se de oito por segundo para oito por minuto. Enquanto hibernam, consomem a gordura que acumularam durante o verão. Alguns passam boa parte da vida hibernando ou em condição semelhante a essa.

Os morcegos são úteis para o homem porque, além de eliminarem muitos insetos nocivos, fertilizam flores de várias espécies. Seus principais predadores são cobras, corujas, gaviões, quatis e, sobretudo, o homem, que chega a usá-lo como alimento. Alguns morcegos de grande porte alimentam-se de morcegos menores. Segundo dados históricos, esses animais serviam de alimento humano na Antiguidade; na Mesopotâmia, eram mantidos em conserva para consumo posterior. Por vários anos, foram considerados um atrativo prato do cardápio de muitos restaurantes tailandeses.

Em todo o mundo exterminam-se morcegos. Desde a década de 1960 isso ocorre no Brasil, com o objetivo de salvaguardar da raiva o gado e outros animais. Porém, de todas as espécies, apenas três sugam sangue; destas, apenas uma é transmissora da raiva. Explosões com dinamite e envenenamento por estricnina foram alguns dos métodos utilizados para eliminá-los.

Simbolismo

MITO DE ORIGEM

Diversos mitos de origem referem-se à aparência física do morcego ou às qualidades negativas atribuídas a ele.

Um conto da Idade Média relata que, muito tempo atrás, os quadrúpedes e os pássaros estavam em guerra. De todas as criaturas, só o morcego recusou-se a participar da batalha, alegando ter dupla natureza. Na época, o morcego tinha patas semelhantes às dos quadrúpedes e penas nas asas, como os pássaros. Na realidade, o morcego não queria se comprometer com nenhuma das partes, aguardando pelo vencedor para associar-se a ele. Os pássaros ganharam a batalha e a paz foi proclamada. Nunca mais, porém, os pássaros esqueceram a neutralidade do morcego e, como punição, condenaram-no à privação das penas e da luz do dia. Por esse motivo, os morcegos só voam à noite.

Os indígenas do hemisfério Norte contam uma lenda a respeito do surgimento dos morcegos. Diziam que os Ayases formavam uma grande família que morava no campo e costumava colher amoras, abundantes na região, mas nem todos os que saíam para a colheita retornavam. Por isso, acreditavam na existência de uma criatura que os aprisionava ou devorava.

Certa vez, um dos Ayases deparou com um abrigo de pedras em cuja entrada havia vários crânios humanos pendurados. Quem tentasse passar por lá seria surpreendido por causa do chacoalhar dos crânios. Com extremo cuidado, o Ayase entrou na casa de pedra sem fazer barulho e lá encontrou duas velhas cegas, que logo perceberam sua presença. Uma delas pegou uma vara e começou a explorar a cabana para descobrir o intruso. O Ayase esquivou-se algumas vezes e, quando a vara tocou nele, imediatamente atirou seu casaco de pele de peixe na direção da porta de entrada, para que as velhas pensassem que ele estava fugindo. As velhas começaram a bater na pele com o osso pontiagudo de seus cotovelos a fim de matar o Ayase. Em sua fúria cega, apunhalaram uma à outra, pensando ser o forasteiro, e ambas morreram.

O Ayase encontrou muitos ossos de homens e mulheres – na realidade, as pessoas desaparecidas de seu povo. As duas velhas eram canibais que se metamorfoseavam em morcegos monstruosos, a ponto de matar e comer pessoas. Então, o Ayase retalhou o corpo das velhas em pedaços pequenos, que voaram quando ele os jogou no ar, transformados em morceguinhos como os que existem hoje.

Uma lenda do folclore americano conta que os ancestrais acreditavam ser os morcegos uma espécie de pássaro que, insatisfeita com sua aparência, invadia lugares sagrados para rezar e pedir que fossem semelhantes aos seres humanos. Em resposta a seus pedidos, foram parcialmente atendidos: ganharam rosto humano, mas seu corpo permaneceu como o de ave. Envergonhados de aparecer diante dos pássaros à luz do dia, passaram a sair só à noite. Até hoje voam em lugares sagrados, templos e igrejas pedindo para retomar a forma dos pássaros.

Uma tradicional história mexicana relata que, quando foram criados o fogo, a luz e as sombras, o morcego se chamava *biguidibela* – "mariposa pelada". Sem penas nem pelos, eram os mais horrendos dos animais e sentiam sempre muito frio. Um dia, depois de chorar bastante, um morcego decidiu subir ao céu e pedir a Deus que lhe desse penas. Deus sugeriu que ele pedisse uma pena a cada uma das aves da terra. Assim, o animal pediu as penas dos pássaros mais belos: a verde do papagaio, a azul da arara, a branca da pomba e a vermelha do colibri. As aves ajudaram-no e ele logo se tornou o mais belo dos animais. Todos admiravam sua beleza e ele se exibia orgulhoso, subindo nos galhos mais altos das árvores. Porém, depois de algum tempo, as aves passaram a olhá-lo com tanta inveja que foram a Deus reclamar do exibicionismo do morcego e pedir suas penas de volta. Retornaram à terra informando ao morcego que Deus o aguardava. No céu, Deus perguntou-lhe o que fazia para ofender seus companheiros, percebendo assim sua atitude orgulhosa. O morcego foi então castigado com uma chuva que, caindo sem parar, derrubou todas as suas penas. A partir desse dia, passou a voar somente à noite, sempre procurando suas penas e sempre sem parar, para evitar que vissem seu corpo pelado e sua feiura assustadora.

Para os mundurucus, tribo tupi do baixo Tapajós, no princípio do mundo tudo era escuridão, na qual foram criados homens e animais, entre estes o morcego. Dessa escuridão saíram dois homens: Caruçacahiby (Caru) e seu filho, Rairu. Caru criou o céu e considerava seu filho um inimigo, pois este sabia mais do que ele. Assim, tentou de várias maneiras matar o próprio filho. Numa das tentativas, Rairu foi levado para dentro do buraco de um tatu. Ao passar pelo buraco, o pai o viu sair e ameaçou bater-lhe com um pau. Rairu pediu que o pai não o fizesse e disse ter encontrado debaixo da terra muita gente que poderia trabalhar para eles. Do buraco saíram muitas pessoas, que Caru resolveu pintar de cores diferentes, transformando-as assim em tribos diversas. Com a demora para pintar tantas pessoas, algumas ficaram com sono. Caru disse a elas: "Vocês são muito preguiçosos, agora vocês serão passarinhos, morcegos, porcos e borboletas". Caru chamou os outros animais de valentes.

Uma lenda apache-chiricaua explica a origem das pernas curtas do morcego. Ao matar uma águia que aniquilava seres humanos, um menino procura um jeito de descer da montanha e encontra o morcego. Sobe então em seu cesto, mas o peso é tanto que o menino e o animal caem no chão. O garoto sobrevive, mas o morcego quebra as pernas.

Faz parte do imaginário brasileiro a crença de que o morcego originou-se da transformação de ratos velhos.

ASPECTO MALÉFICO

É comum atribuir ao morcego um lado espiritual sombrio, devido aos seus hábitos noturnos e à sua excelente capacidade de se orientar bem na escuridão, o que permite estabelecer uma associação com demônios e bruxas. Além disso, em virtude de sua habilidade aparentemente sobrenatural de voar a grande velocidade, evitando obstáculos, e de caçar no escuro, o animal carrega o significado tanto de pássaro de símbolo da alma quanto do demônio que habita a escuridão. No folclore de diferentes povos, o morcego aparece como bruxa ou parente dela, fantasma, demônio e, ocasionalmente, como deus tribal.

Para os cristãos, ele era o pássaro do demônio, a encarnação do Príncipe das Trevas. Assim, acreditava-se que, quando um pagão morria, ele se tornasse um morcego em busca de renascimento ou de sangue, que lhe devolveria a vida.

Algumas passagens da Bíblia referem-se ao morcego sempre como animal maculado: "Estas são as aves que vocês considerarão impuras, das quais não poderão comer porque são proibidas: [...] a cegonha, qualquer tipo de garça, a poupa e o morcego" (Lv 11:13,19). A mesma referência aparece no Deuteronômio (14:12,18). Isaías (2:19, 20) descreve os últimos dias antes do Juízo Final: "Os homens fugirão para as cavernas das rochas e para os buracos da terra, por causa do terror que vem do Senhor e do esplendor da Sua Majestade, quando ele se levantar para sacudir a terra. Naquele dia os homens atirarão aos ratos e aos morcegos os ídolos de prata e os ídolos de ouro, que fizeram para adorar".

Em diferentes regiões da Europa e das Américas, a falsa crença popular de que os morcegos se emaranham nos cabelos femininos associa-se à antiga ideia de que o cabelo atrai demônios. Uma vez enredados, os morcegos apenas poderiam ser retirados por tesouras forjadas por um homem. Supõe-se que essa crendice tenha levado o apóstolo Paulo a ordenar que as mulheres cobrissem a cabeça com véus na igreja.

Na Europa, os morcegos são frequentemente identificados com demônios em obras de arte. Em um afresco italiano de 1350 no cemitério de Pisa, a Morte paira acima dos cadáveres com garras, asas de morcego e uma grande foice nas mãos.

No Sul dos Estados Unidos, um método popular para evitar que um fantasma seguisse alguém era atirar pelos de um gato preto sobre o ombro esquerdo, acompanhados dos seguintes dizeres: "Skit, scat, turn to a bat" ("Fora, passe, transforme-se em morcego").

Em Gana, acredita-se que exista um morcego gigante chamado *Sasabonsam*, considerado representante do demônio. Tem longas pernas traseiras que se desenrolam e pés voltados para trás. Costuma esconder-se nas árvores e atacar viajantes desavisados. Está associado aos anões da floresta e aos mestres da bruxaria.

Em *Macbeth* (ato IV, cena I), William Shakespeare refere-se ao morcego como ingrediente de uma poderosa poção venenosa preparada pelas bruxas: "Lombo de cobra novinha / Atirai no pote asinha, / Pé de sapo e lagartixa, / De cão a língua que espicha, / Pelos brandos de morcego, / Asa de bufo-sossego, / De lagarto a perna fina, / Acúleo de colubrina / Jogai na sopa do mal / Nesta mistura infernal". O sangue de morcego pertencia à lista de ingredientes utilizados em rituais de magia vodu.

Por seus hábitos noturnos, o morcego é muitas vezes relacionado com a hipocrisia, a melancolia e a inveja. Representações iconográficas do período barroco mostram Invídia, a inveja personificada que, assim como o mamífero voador, teme a luz.

Para algumas tribos da África, o morcego representa o oposto da luz e aquele que vê tudo ao contrário. Sua posição, dependurado pelos pés, o tornaria até um inimigo da ordem natural. Já os chineses acreditavam que o morcego voava de cabeça baixa por causa do peso de seu cérebro.

Nos escritos sobre magia, o morcego denota crepúsculo, mistério e androginismo. Essa última atribuição encontra-se provavelmente ligada à ideia de uma natureza ambígua – rato-pássaro –, a qual também lhe confere certa ambiguidade. Ser paradoxal, tem asas, mas procria como mamífero; apesar de voar, não tem penas como os pássaros. Talvez por isso, o animal seja associado no Japão à inquietação ou a um estado caótico.

A representação de um ser que incomoda ou traz desconforto aparece na expressão popular brasileira "Vá morcegar no inferno", que diz respeito a alguém desagradável ou inoportuno. Popularmente, diz-se que uma pessoa azarada tem sangue de morcego.

Relacionados ao mal, os morcegos estão também presentes em imagens do sabá das bruxas. Acreditava-se que aquelas que haviam assistido três vezes ao sabá tivessem uma marca do diabo no branco do olho, a qual podia ter a forma de sapo, cão, lebre ou morcego.

Junto com cobras e aranhas, os morcegos foram injustamente amaldiçoados como símbolos da escuridão.

Na antiga Babilônia, acreditava-se que espíritos malignos na forma desse animal entrassem no corpo das pessoas e só pudessem ser eliminados com a ajuda de exorcistas experientes. Na Nigéria, os feiticeiros extraíam cuidadosamente morcegos e sapos da boca de pacientes possuídos. Na América do Sul, espíritos do mal eram convocados por magia para se transferir do corpo de pessoas ao dos morcegos e voar para longe com seus encargos macabros.

Encontra-se essa mesma ideia em um conto popular que fala de um francês curado de melancolia por um médico, um cirurgião e um padre que traziam um morcego na sacola. Enquanto o padre rezava, o cirurgião fazia uma pequena incisão no flanco do corpo do doente e, ao mesmo tempo, o médico soltava o morcego, que voava pela sala. Essa crença era tão arraigada que o paciente, convencido de que o espírito do diabo havia saído de seu corpo, recuperou-se de imediato.

É frequente encontrar um morcego desenhado com sangue em rituais macabros, nos quais serve de agente de liberação da energia psíquica. O sangue de morcegos era um ingrediente importante dos unguentos das bruxas, pois se supunha que lhes conferisse a capacidade de voar bem à noite (veja "Morcego: partes do morcego").

Também se considera que esse animal traz maus presságios ou é agourento. Na Europa, na Ásia e nas Américas, a entrada repentina de um morcego numa casa é prenúncio da morte de um de seus ocupantes.

Quando o deus samoano da guerra Sepo Malosi (Sepo, o Forte) – encarnado ora em grande morcego, ora em raposa voadora – voa antes da batalha, é sinal de vitória; porém, se ele dá meia-volta e bloqueia o caminho, indica futura derrota.

Uma versão da história de Adão e Eva no paraíso diz que, quando a primeira mulher se aproximou do proibido morcego sagrado, ele voou, trazendo a morte para a terra. Na Irlanda, o morcego simboliza a morte, e um de seus nomes é Bás Dorca (morte cega).

O povo suaíli, presente em diversas regiões da África, diz que, depois que uma pessoa morre, seu espírito – *roho* – ronda a casa como um morcego, permanecendo perto do corpo até o dia do Juízo Final.

Inúmeras expressões do folclore brasileiro caracterizam o morcego como um animal que carrega projeções negativas. Comumente se afirma que uma pessoa que quer disfarçar as ofensas "faz como o morcego: morde e assopra". Outro provérbio popular diz: "Homens, há que temer a luz da verdade como os morcegos a do dia ou do fogo" – aqui, associam-se os mentirosos e corruptos ao animal.

No poema "O morcego", o poeta paraibano Augusto dos Anjos (1884-1914) relaciona esse bicho à perturbadora e incansável presença da consciência humana:

> Meia-noite. Ao meu quarto me recolho.
> Meu Deus! E este morcego! E, agora, vede:
> Na bruta ardência orgânica da sede,
> Morde-me a goela ígneo e escaldante molho.
>
> "Vou mandar levantar outra parede..."
> – Digo. Ergo-me a tremer. Fecho o ferrolho
> E olho o teto. E vejo-o ainda, igual a um olho,
> Circularmente sobre minha rede!
>
> Pego de um pau. Esforços faço. Chego
> A tocá-lo. Minh'alma se concentra.
> Que ventre produziu tão feio parto?
>
> A Consciência Humana é este morcego!
> Por mais que a gente faça, à noite, ele entra
> Imperceptivelmente em nosso quarto!

Por todas as características descritas até aqui, o morcego é um dos símbolos do desconhecido e do inconsciente. Seu voo noturno relaciona-o com fantasias descontroladas, impulsividade e possibilidade de invasão de conteúdos inconscientes. É visto como ameaçador, mesmo sabendo-se que em geral não representa risco real à vida humana. Provoca um medo ilógico ligado à proximidade de um ataque inesperado ou à possibilidade de contaminação.

Pode, assim, representar um complexo em seu aspecto destrutivo e debilitante, que suga a energia psíquica, provoca depressão e impede o indivíduo de se desenvolver de modo pleno. Sua natureza híbrida acolhe a projeção do aprisionamento de uma trajetória espiritual, pois é aquele que tem asas, mas não alcança o voo alto dos grandes pássaros – e também não parece pertencer por completo ao mundo dos mamíferos, já que tem asas como as aves.

Certamente sua semelhança com o rato reforça a associação negativa com destruição, sujeira e contaminação, provocando medo e nojo, aspectos também atribuídos a esse último animal (veja "Rato: aspecto maléfico").

Como vimos, dormir de cabeça para baixo é mais um elemento peculiar e assustador do morcego, pois lhe confere um poder único, contrapondo-o ao movimento natural de todos os animais, inclusive do homem. Representa, portanto, aquele que perturba e inverte a ordem, trazendo confusão mental. A expressão "minha vida está de ponta-cabeça" é um exemplo conhecido desse estado.

ASPECTO BENÉFICO

Os aspectos benéficos do morcego referem-se basicamente às qualidades de proteção e sorte. Na Antiguidade, como ainda hoje em algumas regiões rurais, havia o costume de prender de asas abertas um morcego morto nas portas de entrada como proteção contra demônios e magia negra (veja "Morcego: poder mágico e de proteção").

Na antiga China, o morcego simbolizava fortuna, sorte, felicidade e, sobretudo, malícia. A tradição justificava a ligação simbólica desse animal com a felicidade pela analogia fonética de seu nome em chinês, "fu", com a palavra felicidade.

De acordo com a tradição chinesa, existem três energias universais: *fu* (felicidade), *lu* (saúde) e *chau* (longevidade). Os cinco morcegos que representam a felicidade associam-se a cinco bens terrenos ou cinco bênçãos: idade avançada, riqueza, saúde, amor virtuoso e morte natural. Um par de morcegos indica bons auspícios, sendo emblema de Chau Xing, deus da longevidade. Por sua característica noturna, é considerado um animal *yin*, e sua relação com longevidade relaciona-se com o fato de viver em cavernas – consideradas, nessa cultura, passagens para o mundo dos imortais.

Acredita-se também que se alimentem de estalactites revigorantes dentro das cavernas. Consideravam-se os morcegos representados em vermelho especialmente afortunados, pois sua cor afugentaria as forças demoníacas.

O morcego era sempre invocado nos rituais dos lipans, ramo apache dos Estados Unidos, para proteger os cavalos selvagens de quedas ou ajudá-los a vencer jogos ou competições. Para esse povo, os morcegos são frequentemente associados a cavalos, por se acreditar que têm certos poderes mágicos sobre os últimos.

Algumas tribos do Sudeste dos Estados Unidos referem-se a um animal salvador chamado Bat, morcego que aparece às vezes na forma de um velho senhor ou uma velha senhora. Sua função é ajudar um herói preso a uma rocha ou árvore a descer até o chão.

Na África, associa-se o morcego a ambivalência, perspicácia e inteligência. Certos mitos africanos apontam-no como um animal esperto, pois consegue desviar-se de obstáculos durante o voo.

Na África do Sul acreditava-se que morcegos que habitavam cemitérios fossem espíritos que ajudariam jovens corajosos a achar tesouros escondidos, desde que estes lhes dessem algum sangue para beber.

Na América do Norte, o morcego recebe diferentes significados, de acordo com a cultura de diversas tribos indígenas. Para algumas, ele é o guardião da noite e serve de animal totêmico em rituais de purificação; para outras, é aquele que traz a chuva. Muitas lendas dão-lhe o papel de herói e nobre protetor da humanidade em sofrimento. De acordo com os *kwakiutls*, habitantes da Colúmbia Britânica, os caçadores não devem matar morcegos para não ter má sorte nas caçadas.

Se, de um lado, o morcego é relacionado com o demônio e as forças do mal, de outro o costume de colocá-lo nas portas como símbolo de proteção contra demônios implica a ideia de que muitas vezes se precisa combater o mal fazendo uso de um mal maior e mais poderoso, numa função apotropaica. Além disso, por ser um animal de hábitos noturnos que enxerga onde não há luz e se utiliza de um sofisticado mecanismo de orientação, torna-se representativo de um recurso intuitivo de sobrevivência, capaz de vigiar e proteger.

RELAÇÃO COM O SER HUMANO

Em diversas lendas e mitos, tanto a metamorfose do ser humano em morcego como a incorporação de algumas de suas características aparecem com um colorido negativo e destrutivo.

Na mitologia grega, conta-se que Dioniso costumava castigar aqueles que não o cultuavam, como na história das Miníades. As três filhas do rei Mínias permaneceram fiando e bordando em casa durante uma das festas em homenagem a Dioniso, enquanto todas as outras mulheres dançavam em honra dele nas montanhas. Como punição, diversos acontecimentos sobrenaturais abateram-se sobre a casa: do teto corria leite e mel, feras invisíveis rugiam e clarões surgiam por toda a moradia, o que levou as três irmãs à loucura. Em uma das versões desse mito, as Miníades foram metamorfoseadas em morcegos, permanecendo aprisionadas em uma vida de escuridão e distanciando-se do caminho da evolução espiritual representada pela luz.

Os morcegos também ganham menção no livro XXIV da Odisseia, poema épico da Grécia antiga atribuído a Homero, no qual são comparados à alma dos mortos que se prendem às rochas como um cacho de uva e, guinchando, revoam em bandos pelo mundo inferior.

Encontra-se uma relação positiva do ser humano com o morcego nas crenças de várias tribos australianas em que a vida de homens e mulheres liga-se à alma de um animal. Os aborígenes *wotjobaluks* creem que o morcego carregue a alma de um homem, e a coruja, a de uma mulher. Assim, quando se mata um morcego, encurta-se a vida um homem, acontecendo o mesmo com a mulher se uma coruja é morta.

Já para os povos que habitam as margens do riacho Gunbower, no estado de Victoria, no Sudeste da Austrália, o morcego é o animal ligado às mulheres. Desse modo, morcegos e corujas são protegidos não apenas em benefício pessoal, mas também porque preservariam todas as relações masculinas e femininas de parentesco. Na medida em que a vida de cada indivíduo está supostamente associada a certos animais, costuma-se chamar os animais de irmãos e se dirigir às pessoas pelo nome de seu animal correspondente. Portanto, em algumas tribos, os homens são chamados de morcegos pelas mulheres. De modo semelhante, para uma tribo aborígene da costa leste da Austrália, o morcego não era apenas um animal totêmico, mas símbolo da sexualidade masculina.

O povo fines, dos Estados Unidos, crê que durante o sono a alma tome a forma de um morcego em seu voo noturno, o que explicaria o desaparecimento dos morcegos durante o dia. Ainda segundo essa crença, quando ele voa perto de alguém, está transportando o espírito de uma pessoa querida. Além disso, quando alguém morre, em geral sua alma se transforma em pássaro e voa para o céu. Porém, se a morte ocorrer de forma violenta, a alma se transforma em morcego e perambula pela terra durante um período determinado por Deus. Centenas de casas, castelos e cavernas na Europa e nos Estados Unidos são consideradas mal-assombradas porque uma numerosa população de morcegos mora nelas.

Para os *warao*, da Venezuela, um ogro-morcego matava índios e colocava os cadáveres em grandes cestas para alimentar suas crias. A fim de chamá-las, dizia: "Fígados, fígados, pulmões, pulmões". Um índio de nome Perna de Machado, que havia se escondido do ogro-morcego e observado sua estratégia, consegue matá-lo, jogando-o no fogo. Depois, dizendo "Mamãe, traga a cesta", engana a mulher do ogro-morcego, que também é morta e cortada em pedaços. Vai, então, em busca dos filhos do monstro, que se escondiam numa árvore, e, imitando a fala do pai deles, também os engana. Quando os filhos aparecem, são mortos e esquartejados.

Conta um mito dos aborígenes bimbingas, do Norte da Austrália, que o deus-serpente Bobbi-Bobbi enviou morcegos gigantes para servir de alimento aos humanos. Porém, como os homens não conseguiam alcançá-los, pois voavam muito alto, Bobbi-Bobbi arrancou uma das próprias costelas e criou o bumerangue, com o qual os homens conseguiram matar os morcegos.

Os indígenas apinajés do sertão de São Vicente (Tocantins) falam dos cupendiepes, habitantes da Montanha do Morcego. Esse povo, que tinha forma humana e asas de morcego, matava todos os que se aproximavam dessa montanha. Certo dia, dois caçadores e um menino resolveram acampar na região. À noite, depois de ouvirem cantos entoados dentro da montanha, os caçadores foram mortos pelo povo-morcego. Porém, o menino sobreviveu e contou à tribo o que ocorrera. Assim, guerreiros de quatro aldeias apinajés uniram-se para destruir os cupendiepes e armaram uma grande fogueira na entrada da caverna. No entanto, os homens-morcego saíram por uma abertura no topo da montanha, escapando das flechas dos apinajés, e voaram para o Sul, onde, conta-se, vivem até hoje. Ao entrarem na caverna, os apinajés encontraram um menino que ainda não tinha asas e o criaram por algum tempo. Ele recusava todo tipo de comida, exceto milho, e não se deitava para dormir. Por isso, os apinajés criaram uma espécie de varal onde o menino podia dormir pendurado pelos pés. Entretanto, pouco tempo depois ele morreu. O canto dos cupendiepes, entoado até hoje nas tribos, foi-lhes ensinado pelo menino-morcego.

Uma lenda caiapó do Brasil fala também de um menino-morcego que, capturado pelos índios, ensina-lhes as danças e festas dos homens-morcego. Quando resolve voltar para casa, é acompanhado pelos índios até uma grande caverna de pedra. O menino pede que aguardem por ele na entrada da caverna e entra sozinho para encontrar seu povo. Conta então à mãe onde esteve e o que fez nesse tempo todo. Diz que partirá novamente com os índios, quando outro menino pede para acompanhá-lo. Voltando à tribo, os dois meninos continuavam com medo da luz do dia e só saíam à noite. Os índios tentaram convencê-los a sair durante o dia, dizendo que a luz do sol era inofensiva e fraca. Os meninos acreditaram e expuseram-se ao sol abrasador. O menino-

-morcego que vivia há mais tempo com os índios morreu, enquanto o outro se salvou, correndo de volta para a choça indígena. Mais tarde, o menino sobrevivente quis voltar para sua terra e foi acompanhado pelos índios até a caverna de pedra.

Também entre os índios do grupo caiapó-xicrim (Pará) conta-se que um garoto do povo morcego, conhecedor de suas festas, ensina-lhes danças e músicas por várias noites seguidas, até retornar ao seu grupo. Por isso os caiapós dizem que seus rituais e danças foram ensinados aos seus ancestrais pelo povo dos homens-morcego.

O vocabulário popular brasileiro atribuía jocosamente a alcunha "morcego" aos indivíduos que apreciavam a noite, aos guardas-noturnos e às pessoas que só saíam de casa à noite.

Na relação com o ser humano, o morcego é mais frequentemente associado a significados negativos, provavelmente por seus hábitos noturnos e seu hábitat lúgubre. Associam-se ao morcego ou pessoas-morcego o mundo inferior ou representações de estagnação na evolução espiritual.

RELAÇÃO COM O FEMININO

O morcego tem sido associado a diferentes aspectos do feminino, tanto em representações imagéticas como em rituais e simpatias. Em lendas antigas da Renascença, o morcego, quando retratado com mamas, simboliza a mulher fecunda. No Templo de Ártemis, localizado em Éfeso, o morcego aparecia ao lado dessa deusa grega, considerada protetora do nascimento e do crescimento.

Ligado à sexualidade, em lendas europeias, o morcego representa demônios e espíritos que copulam com as mulheres à noite. O cientista e historiador romano Plínio (23 d.C.-79 d.C.) menciona que se atribuía a esse animal um poder erótico e libidinoso (veja "Morcego: vampiro").

No Egito, as ciganas costumavam aplicar sangue de morcego ao redor das partes íntimas das recém-nascidas para que nenhum pelo crescesse nessa região, pois acreditavam que dessa forma elas se tornassem mais atraentes para o futuro marido (veja "Morcego: partes do morcego").

Na mitologia do povo tucano, do noroeste da Amazônia, os morcegos aparecem como símbolo da vagina e da menstruação devido à associação direta com os morcegos-vampiros, que sugam sangue. Sua posição de cabeça para baixo é comparada à posição do feto dentro do útero.

DUPLA NATUREZA

Encontra-se em várias histórias a ideia fantasiosa de que o morcego tem dupla natureza – mamífero e ave –, nas quais ele tira proveito dessa condição para obter certas vantagens.

Um mito aborígene sobre a origem das diferentes espécies de animais conta que, no início dos tempos, eles tinham uma linguagem universal, mas iniciaram uma guerra em função da ira instigada pelo sapo, que enganava a todos imitando a voz deles. Aos poucos, cada grupo de animais foi desenvolvendo um dialeto próprio. Instalou-se um combate entre os pássaros e os animais terrestres. O morcego, primeiramente, ajudou o grupo dos pássaros, mas depois auxiliou os quadrúpedes. Logo que os viu ganhando, voltou para ajudar o grupo dos pássaros. Desse modo, impedia que um dos grupos se tornasse vitorioso e mantinha a batalha sob seu controle. Somente a escuridão trazia paz entre os animais, pois poucos deles sabiam brigar à noite. Eles esperavam pelo sol para continuar a batalha, mas este, desgostoso com a matança contínua, escondeu-se e deixou o céu em completa escuridão.

Nesse momento, o morcego jogou seu bumerangue para o norte, o qual, dando a volta na Terra, retornou à sua mão pelo sul, separando o dia da noite. Então jogou de novo o bumerangue para o oeste e este retornou pelo leste, trazendo consigo a aurora e criando um caminho para o sol. Dessa forma, foi o morcego que restaurou a lei e a ordem natural do mundo, embora os animais nunca mais tenham recuperado sua linguagem comum (veja "Morcego: mito de origem").

Em uma fábula de La Fontaine intitulada "O morcego e as duas doninhas", um morcego, ofuscado pela luz do dia, cai no ninho de uma doninha. Esta, que não gosta de ratos, corre para devorá-lo, tomando-o como um deles. Mas o morcego convence-a de que é um pássaro, pois tem asas. Alguns dias depois, o morcego cai em um ninho de outra doninha que detesta pássaros e imediatamente ameaça devorá-lo. O morcego diz não ter nada em comum com esses seres inúteis, pois não tem penas, sendo portanto parente dos ratos. Dessa forma, consegue escapar com vida mais uma vez.

Conta uma história chinesa que no dia do aniversário da fênix, rainha dos pássaros, todos os tipos de ave foram felicitá-la levando-lhe frutas de presente. Apenas o morcego não compareceu espontaneamente, sendo depois escoltado até a presença da fênix. Esta questionou seu orgulho e seu atrevimento. O morcego justificou-se dizendo que não era uma ave, mas um mamífero; como não tinha penas, não estaria sob o domínio da fênix. O unicórnio, líder dos quadrúpedes, também recebeu presentes dos animais que compareceram ao seu aniversário. No entanto, o morcego também faltou e foi reprovado por sua descortesia. Ele se defendeu dizendo que tinha asas e podia voar livremente como os pássaros, não estando sob o jugo do unicórnio. Quando o unicórnio e a fênix se encontraram, conversaram sobre um animal que não é nem pássaro nem quadrúpede – o único, portanto, que não podia ser dominado por eles.

Uma lenda do folclore brasileiro relata que os animais reuniram-se para escolher seu rei, mas o morcego foi expulso do grupo das aves por não ter bico e também escorraçado de todos os outros grupos por saber voar.

Como vimos, o fato de o morcego ser o único mamífero capaz de voar causa certa estranheza, acarretando também isolamento e dificuldades de pertinência. Como personagem folclórico, embora transite entre dois mundos, não pertence a nenhum deles. Rejeitado por todos, é banido para o domínio da escuridão. Portador de uma projeção negativa, representa aquele que não se compromete e vive segregado dos outros animais. É um animal no qual habitualmente não se projetam relações de caráter afetivo e social. Por outro lado, sua dupla natureza lhe serve de instrumento de manipulação e poder.

No plano psíquico, adquire flexibilidade o indivíduo capaz de lidar de modo adequado com os dados objetivos da realidade e, paralelamente, ter acesso à intuição e fazer bom uso dela e da capacidade de fantasiar. Assim, tem grande chance de adaptar-se às múltiplas experiências propostas pela vida. Por outro lado, a ausência de integração desses dois aspectos no desenvolvimento pode resultar em prejuízos à formação e à definição da identidade, gerando desadaptação, isolamento e extemporaneidade.

PRESSÁGIOS

Há algumas referências ao morcego como aquele que anuncia e prevê futuros acontecimentos. Em diferentes culturas, esse animal é considerado o arauto dos espíritos da floresta ou presságio de morte quando voa ao redor de uma casa. Em algumas regiões da Inglaterra, havia o costume de interpretar o voo do morcego como prenúncio de bom tempo. Já para os índios zunis (Sudoeste dos Estados Unidos), a presença do morcego anunciava chuva.

Os tupinambás brasileiros acreditavam que o fim do mundo seria anunciado pelo desaparecimento do sol quando este fosse devorado por um morcego gigante.

PODER DE CURA E DE PROTEÇÃO

O morcego era usado como amuleto contra os poderes do demônio e como objeto que trazia boa sorte. Entre os soldados hessianos da Alemanha do século XVIII, assim como no Sudeste dos Estados Unidos, acreditava-se que o coração do morcego atado com um fio vermelho ao braço de um jogador lhe garantisse sucesso no carteado (veja "Morcego: partes do morcego").

Pelo fato de viver em cavernas, considerava-se o morcego símbolo da imortalidade. Assim, os chineses falavam de um elixir da juventude cujo principal ingrediente era um morcego branco de mil anos de idade, seco e reduzido a pó, misturado com cevada e cozido. Quem o bebesse se manteria com 30 anos de idade por vários séculos.

Na China, no Vietnã e no Sudeste da Ásia, ainda há apreciadores de carne ensopada de morcego frutívoro, a qual aumentaria a potência sexual masculina e traria vida longa. No Tirol (Áustria), acreditava-se que aquele que tivesse um olho de morcego se tornaria invisível. Na Boêmia (República Tcheca), para que isso acontecesse, o olho do animal tinha de ser o direito (veja "Morcego: partes do morcego").

Muitas tradições usavam o morcego para atender a certos desejos ou obter benefícios. Havia um costume árabe de pregá-lo no alto de um pedestal para espantar gafanhotos. O morcego era usado, também, em simpatias contra pragas de formigas, lagartas e mordida de cobra.

Gotas de sangue de morcego sob o travesseiro de uma mulher tinham a função de lhe dar uma prole numerosa. Tanto o sangue do animal como seu corpo serviam para preparar drogas afrodisíacas. Na Europa central, acreditava-se que uma jovem atrairia o homem que amava se colocasse algumas gotas de sangue de morcego na cerveja dele. Os eslavos do Sul carregavam consigo o corpo de um morcego como amuleto para despertar desejo na pessoa amada (veja "Morcego: partes do morcego" e "Morcego: relação com o feminino").

Santa Hildegarda de Bingen (1098-1179), abadessa alemã que desenvolveu intenso trabalho religioso e científico, sugeria em seus tratados de medicina que, se alguém sofresse de icterícia, deveria espetar um morcego sem matá-lo, unir seu dorso ao do animal e amarrá-lo dobrado sobre o próprio estômago até que este morresse.

No Brasil, uma simpatia manda esfregar um morcego aberto ao meio nos pelos do rosto que se quer eliminar.

Provavelmente as projeções no morcego do poder de cura se devam à sua grande capacidade de locomover-se em meio à escuridão. Tal associação encontra pararela à necessidade do ser humano de desenvolver recursos instintivos, não racionais, para lidar com fenômenos diante dos quais a razão e a luz são insuficientes.

PARTES DO MORCEGO

Algumas partes do morcego eram usadas com finalidades específicas.

Asa

Acreditava-se que suas asas, colocadas no formigueiro, impedissem que as formigas fugissem.

Coração

Enquanto na Idade Média pensava-se que a língua e o coração do morcego fossem venenosos, os nativos do Mississippi, nos Estados Unidos, creem que o coração arrancado de um morcego vivo e amarrado escondido no braço direito de um jogador lhe traria sorte no jogo de cartas (veja "Morcego: poder de cura e de proteção").

Intestinos

Os nativos *kwakiutl*, da Colúmbia Britânica, colocavam intestinos de morcego no berço dos bebês para que eles dormissem o dia todo, como fazem esses mamíferos voadores (veja "Morcego: poder de cura e de proteção").

Olhos

Na Antiguidade, atribuía-se ao olho do morcego a capacidade de vigilância, pois ele protegeria da sonolência aquele que o portasse. Da mesma forma, os árabes do Irã acreditavam que o olho do morcego curasse insônia, enquanto na República Tcheca ele tornaria seu portador invisível (veja "Morcego: poder de cura e de proteção").

Osso

Na República da Macedônia, levam-se ossos de morcego como se fossem amuletos da sorte.

Sangue

Para algumas culturas, o sangue do morcego impediria que os pelos depilados renascessem. Era também usado para poções de amor e magias de sedução. Considerava-se o sangue um ingrediente comum no unguento que as bruxas usavam antes de voar para seus encontros sabáticos. Em rituais ciganos, misturavam-se carne e pelos de morcego com sal para curar cavalos enfeitiçados; a mistura deveria ser esfregada no casco do animal (veja "Morcego: poder de cura e de proteção" e "Morcego: aspecto maléfico").

Quando se esgota o conhecimento científico no processo de determinadas curas, muitas vezes o ser humano recorre à magia – e, nesses casos, devido aos mistérios noturnos que o envolvem, o morcego é propício para certos rituais. Seus aspectos aversivo, ameaçador e repulsivo podem despertar mecanismos de enfrentamento e cura pelo efeito paradoxal, isto é, o contato com ele provocaria tamanho terror que mobilizaria uma força de oposição suficiente para o necessário confronto e a cura.

RELAÇÃO COM OUTROS ANIMAIS

Na maioria das histórias, são outros animais que articulam o aspecto duplo que caracterizam o morcego: sua aparência de pássaro e sua condição de mamífero (veja "Morcego: dupla natureza").

Morcego e coruja

Em um conto indígena dos índios *warao* (Venezuela) existe uma relação diferente entre o morcego e a coruja. Nele, esses dois animais aliam-se para fazer o mal. Conta a lenda que Boko-Boko, uma coruja noturna, casou-se com a irmã de um morcego e sempre levava consigo seus cunhados morcegos para roubar comida à noite. Ao chegar às casas, a coruja gritava alto "Boko, boko, boko", a fim de assustar as pessoas que estavam preparando o jantar. Quando todos fugiam assustados com o barulho, os morcegos entravam e pegavam a comida. Certa ocasião, a coruja teve de se ausentar e pediu aos morcegos que não saíssem à noite para não arranjar problemas. Mesmo assim os irmãos morcegos resolveram praticar os assaltos. Porém, como a coruja não estava mais lá para gritar, as pessoas não se assustaram como antes. Um deles acabou sendo alvejado, mas sobreviveu. Em uma nova tentativa, outro morcego foi atingido e morreu. A partir de então, o sobrevivente passou a vingar seu parente morto sugando o sangue dos humanos e das aves. Para os *warao*, a presença da coruja Boko-Boko invariavelmente significa estrago e doença. Nesse conto, o morcego e a coruja são animais noturnos que recebem projeções negativas associadas ao ato de roubar e atacar os homens.

ANIMAL SAGRADO E DEUSES

Em algumas culturas, o morcego aparece como animal sagrado ou divindade ligada a forças maléficas ou guerreiras. Os índios que habitavam o Peru antes da civilização inca adoravam diferentes animais, entre eles o morcego – os nativos se espantavam com o fato de ele conseguir ver à noite.

Na cultura maia, que se desenvolveu onde é hoje a América Central, o morcego era um deus que encarnava as forças ctônicas. Substituindo divindades como a onça-pintada e o crocodilo, era chamado de "aquele que arranca cabeças". Considerado também senhor do fogo, esse animal destruidor da vida e devorador da luz era representado com um maxilar aberto ou um cutelo sacrificial. Onde hoje está o México havia uma cidade de nome Tzinacantlan (Lugar de Morcegos), pois para astecas, toltecas e maias esse animal tinha poderes medicinais.

No *Popol Vuh*, livro sagrado dos *quichés* da Guatemala, a casa dos morcegos – chamada de *Zotzi-Há* – era um dos lugares subterrâneos que a alma devia atravessar para se redimir, e onde esses animais guinchavam e voavam sem parar.

Para os tucanos, indígenas da Amazônia, os morcegos (oiós) são aves transformadas. Segundo a lenda, os oiós são companheiros constantes dos uatis – seres imaginários de forma humana e pequena estatura que atacam meninas adolescentes e homens, sugando sua energia vital e sexual.

Camazotz

Na América Central, os maias, em especial os *quichés*, da Guatemala, adoravam um deus-morcego, considerado a mais poderosa deidade existente. Seu nome derivava de duas palavras da língua desse povo: *kame*, que significa morte, e *sotz*, morcego. Segundo o *Popol Vuh*, durante sua jornada pelo submundo de Xibalba, os gêmeos heróis Hunahpu e Xbalanque encontraram Camazotz. Obrigados a passar a noite na Casa dos Morcegos, espremeram-se dentro das próprias zarabatanas para se proteger dos animais voadores. Então Hunahpu pôs a cabeça para fora a fim de verificar se o sol já nascera e Camazotz imediatamente o decapitou. A cabeça do herói foi exposta num grande salão.

Esse deus exigia sacrifícios de sangue em troca de favores e tinha irmãos como ele. Sempre associado a morte, sacrifícios, sangue e cavernas, é considerado o precursor dos vampiros. Aparece com a face mesclada de ser humano e morcego ou com cara de morcego e corpo de homem e imensas asas. Em Copán (Honduras), há esculturas dessa divindade. É comum sua aparição com as asas abertas em peças de cerâmica produzidas no planalto da Guatemala e também na península de Yucatán (México). A cabeça do morcego-nariz-de-folha é o glifo do quarto mês do calendário maia, *Zotz*, que significa "morcego".

Chamalkan

Mencionado no livro sagrado dos maias, é um deus-chefe aterrorizante que controla o fogo e tem forma de vampiro, com garras pontiagudas, dentes fortes e agudos e orelhas compridas. A tribo dominada por esse deus tomava para si, com violência, tudo que achasse necessário, sem se deter diante da resistência ou da morte dos inimigos.

Sepo Malosi

Também denominado Sepi Malosi ou Taisumale, é o deus da guerra de Samoa. Seu nome significa Sepo, o Forte. Encarnado em um grande morcego ou uma raposa voadora, seu surgimento antes das batalhas, adiante das tropas, indicava possibilidade de vitória, mas, se ele desse meia-volta e estacasse à frente delas, indicava uma provável derrota.

HERÓI ASSOCIADO AO MORCEGO: BATMAN

O personagem Batman fez sua primeira aparição na revista em quadrinhos *Detective Comics* número 27, lançada em maio de 1939. O editor da publicação, Vincent Sullivan, impressionado com o sucesso obtido pelo Super-Homem, solicitara ao desenhista Bob Kane ideias para um novo personagem. Este se inspirou em diversas fontes, como a máquina voadora de Leonardo da Vinci, o personagem Zorro, que tinha dupla identidade, e um filme de suspense chamado *The bat whispers* [Os sussurros do morcego], baseado no conto "The bat", escrito por Mary Roberts Rinehart em 1926.

Começou desenhando-o como um homem com asas de pássaro e uniforme vermelho, mas, descontente com o resultado, alterou as asas e batizou-o de Batman (Homem-Morcego). Embora mantendo a ideia inicial, diversos autores participaram da criação de enredos para as aventuras desse herói. Mudanças nos rumos da história, diferentes inimigos e novas relações entre os personagens fazem de Batman um ícone para diferentes gerações. Ao contrário do Super-Homem, Batman é humano, sem superpoderes e menos jovial. Disfarça-se de morcego para confrontar e enfrentar o mal.

A história se passa numa cidade chamada Gotham City, que nada mais é do que Nova York, e começa quando o menino Bruce Wayne, com cerca de 8 anos, testemunha o assassinato de seus pais por um pistoleiro desconhecido. Então, jura vingança a todos que se voltem contra a lei e a justiça. Dedica-se ao estudo de várias disciplinas de defesa e torna-se um mestre em artes marciais, acrobacia, ciência, tecnologia, química, disfarces, criminologia e investigação. Ainda sem saber como enfrentar e amedrontar os criminosos, define seu disfarce numa noite em que um enorme morcego quebra os vidros de sua casa, fugindo de uma forte tempestade. A partir de então, usa capa preta e uma máscara com orelhas semelhantes às de um morcego. Seu esconderijo é uma caverna e toda a sua atividade como defensor do bem é executada à noite.

Um de seus princípios é solucionar os casos sem matar o inimigo nem utilizar armas de fogo. Apenas o captura com suas habilidades e o entrega à justiça. Durante o dia, é um milionário que administra várias empresas e a Fundação Wayne, dedicada a melhorar a qualidade de vida das pessoas pelo uso da ciência e das artes. Mantém diante de todos a imagem de um homem da sociedade que frequenta reuniões e festas.

Em abril de 1940, o jovem escritor Jerry Robinson sugeriu que Batman tivesse um companheiro. Surgiu assim Dick Grayson, cuja história se assemelha à de Bruce Wayne: perdera os pais, trapezistas de circo, numa ação de sabotagem do trapézio. Ele é levado para a mansão dos Waynes e adotado como pupilo por Bruce, recebendo o nome de Robin. Com sua habilidade de trapezista e acrobata, torna-se o companheiro inseparável de Batman na luta por justiça.

Nessa mesma década, surgem os vilões mais conhecidos de Batman: Coringa, Pinguim, Charada e Duas-Caras. O herói teve também como arquirrival a Mulher-Gato – na realidade, Selina Kyle, uma ladra inescrupulosa por quem Batman tinha uma queda, pois sempre a deixava escapar. Selina passara também por experiências traumáticas de abandono e maus-tratos. Obrigada a viver nas ruas, aprende a roubar para sobreviver. Morcego e gato compartilham relações simbólicas: ambos podem ser considerados mediadores de pares opostos – como bem e mal, terrestre e celeste (veja "Gato: relação com o feminino").

Batman foi ganhando popularidade e, nos anos 1960, virou seriado de televisão, com os imortais Adam West e Burt Ward no papel da "dupla dinâmica".

Em 1989, surgiu o primeiro longa-metragem do Homem-Morcego. Hoje são sete filmes, sempre dirigidos por grandes nomes do cinema e protagonizados por galãs de Hollywood. Entre 2005 e 2008, as películas – dirigidas por Christopher Nolan e estreladas por Christian Bale – alcançaram grande sucesso de bilheteria.

O primeiro filme dessa safra, *Batman begins*, conta a origem do personagem, começando pelo medo de Bruce Wayne de morcegos, pela morte de seus pais e por sua jornada para se tornar o Batman. Procurando enfrentar seu medo, Bruce elege exatamente esse animal para configurar o disfarce necessário ao seu papel de herói.

A história de Bruce Wayne pode ser interpretada como um exemplo da saga do herói vivida por todo aquele que inicia seu processo de individuação. A perda violenta dos pais constituiu uma separação traumática das figuras parentais. Sua dedicação ao estudo de diferentes áreas do saber, a fim de se instrumentalizar para o inevitável confronto com o inimigo, levou ao fortalecimento de seu ego.

Supõe-se que Bruce tenha ficado escondido em uma caverna por 12 anos, durante os quais teria feito seu treinamento. A permanência na caverna corresponderia ao período inicial de sua trajetória. Quando volta ao convívio social, vê-se transformado e preparado para a segunda etapa de sua jornada. Seguem-se os confrontos com seus inimigos e sua luta contra o mal.

Na identificação com o morcego, incorpora aspectos amedrontadores, passa a ser um habitante da escuridão e tem múltiplos conhecimentos que intimidam o inimigo. Adota a esperteza, a perspicácia, a inteligência e a vigilância – características desse animal – para alcançar os objetivos de preservar a justiça e a ordem. A agilidade do morcego aparece representada pelo carro veloz e tecnológico.

Batman precisa integrar o mal a si próprio a fim de tornar-se hábil para combatê-lo na sociedade. Ao optar por prender o bandido em vez de eliminá-lo, assume a postura de que o mal pode ser controlado. Se, no início de suas aventuras, procura vingar-se da morte prematura dos pais, no decorrer dos anos aspectos pessoais são confrontados por meio de seus inimigos – sobretudo o Coringa, evidentemente seu contraponto. A construção de seu comportamento e da relação entre o bem e o mal assume proporções diferentes e exige análise e reflexão contínuas. Batman aponta, portanto, para a necessidade de superação do trauma e da integração de qualidades culturalmente sombrias para o desenvolvimento do potencial e da criatividade humanos.

VAMPIRO

O vampiro é um personagem folclórico pertencente ao imaginário de diferentes povos. De origem antiga e diversificada, podia se transformar em gatos, corujas, ratos, lobos e morcegos, espalhando a destruição por onde passasse. Ele é particularmente associado ao morcego hematófago – único mamífero que se alimenta de sangue de outros animais para sobreviver. Tal característica, aliada aos hábitos noturnos e ao fato de residir em cavernas, estabelece associações diretas entre o morcego e os personagens descritos como vampiros.

Platão, filósofo grego (século V a.C.), Suetônio, historiador romano (séculos I e II d.C.), e Apuleio, escritor e filósofo romano (século II d.C.), já faziam referência a esses seres bem antes da grande epidemia do século XVIII, apontada por alguns estudiosos como um dos marcos de origem das lendas referentes a vampiros. Aproximadamente 25% das pessoas contaminadas pela raiva mordiam outras pessoas. Além disso, sofriam de insônia e hipersensibilidade à luz, a reflexos no espelho, à água ou a odores fortes. Apresentavam também espasmos musculares faciais que os levavam a regurgitar e espumar.

Nessa época, costumava-se exumar cadáveres para saber se se tratava de vampiros. Um sinal que confirmava essa suspeita era a existência de sangue na boca, embora se soubesse que o sangue dos mortos por raiva leva mais tempo para coagular e por isso pode escorrer após o sepultamento.

Nos séculos XVI e XVII, era comum enterrar pessoas que aparentemente estavam mortas. Quando se abriam as covas, encontravam-se corpos ainda não decompostos, que haviam mudado de posição ou traziam uma expressão de medo e sangue nas mãos. Em tais ocasiões, suspeitava-se de que aquelas pessoas tivessem sido vítimas de vampiros.

Devido a uma verdadeira epidemia de vampirismo a partir da metade do século XVIII na Hungria, na Grécia, na Romênia e no Ducado de Lorena, saíram algumas publicações sobre o assunto. As descrições de vampiros encontradas na Europa e na Ásia levaram a outra possível hipótese relacionando a crença em vampiros com uma doença sanguínea da época medieval. Tal enfermidade gerava uma queda na quantidade de sangue, o que provocava comportamentos desequilibrados, entre eles a necessidade de ingerir sangue para compensar as próprias deficiências.

Dizia-se que vampiros seriam os espíritos de suicidas e feiticeiros, dos que morriam de forma violenta ou dos condenados pela Igreja. Abandonavam as sepulturas à noite e chupavam o sangue de seus parentes vivos ou de pessoas queridas. Portanto, deveriam ser exorcizados ou conjurados para então se tornarem inofensivos. Para que não se transformassem em vampiros, suicidas ou criminosos eram enterrados sob água corrente ou em encruzilhadas. Às vezes, atravessava-se o coração dos condenados com uma estaca de sorva ou sorveira-brava, madeira tida como sagrada. Para matar o vampiro, devia-se dar nele apenas um golpe com a estaca e, de preferência, decapitá-lo ou queimá-lo logo em seguida.

As atuais Rússia, Polônia, Bulgária, Croácia, Eslovênia, Grécia, Romênia, Albânia e Hungria eram regiões em que a crença em vampiros estava amplamente difundida. Contava-se que o vampiro passava a noite procurando uma vítima, mas devia retornar ao caixão ao cantar do galo, quando o sol surgia ou quando os sinos tocavam pela manhã. Acreditava-se que surgisse um vampiro caso um gato ou um animal venenoso pulasse ou voasse sobre um cadáver antes que este fosse sepultado. Se um cadáver prestes a ser enterrado ficasse de boca aberta, provavelmente se tratava de um vampiro; sua boca deveria ser preenchida com terra antes de se fechar o caixão.

Na Hungria, também se identificava um vampiro levando ao cemitério um garanhão branco que nunca tivesse cruzado – ele certamente se recusaria a andar sobre o túmulo da criatura maligna.

A ideia de que os mortos necessitariam de sangue para retornar à vida é bastante antiga e relaciona-se com a crença primitiva de o sangue menstrual ser a essência da vida e meio de reencarnação. Considerava-se o vampiro um faminto obsessivo que sugava sangue para obter uma pseudovida, a qual lhe permitiria sugar mais sangue. Eram criaturas sem alma, sem sombra nem reflexo.

O vampiro teria o poder de recrutar suas vítimas para o rol da sua espécie, de modo que quem fosse mordido também se tornaria vampiro. Ele teria a capacidade de hipnotizar as vítimas, impedindo-as de recordar o que acontecera na noite anterior – assim, poderia voltar à mesma vítima diversas vezes, a qual, sem saber por quê, se tornaria anêmica e assombrada por pesadelos.

Comumente, pessoas que apresentassem características pouco habituais em determinada comunidade tornavam-se sérias "candidatas" a vampiras.

Suicidas, criminosos, crianças não batizadas, indivíduos que morriam sem receber a extrema-unção ou, segundo lendas gregas, aqueles que nasciam no dia de Natal poderiam tornar-se vampiros.

Deve-se ressaltar que o vampiro seria um cadáver ambulante, ressuscitado com poderes e funções de um espírito. Não se tratava, portanto, de um fantasma. Como teria corpo material, atribuíram-lhe uma série de habilidades, como transformar-se em névoa que passava pelo buraco da fechadura ou por baixo da porta para perseguir suas vítimas. Também se conferia ao vampiro o poder de desencadear tempestades, furacões e ciclones.

A aparência do vampiro seria pálida, seca, fria ao toque e lúgubre ao extremo. Em geral, usava roupas comuns, mas em algumas representações ele aparece semelhante ao lobisomem, com unhas encurvadas, sobrancelhas que se encontram sobre o nariz e muitos pelos no corpo.

Inventaram-se inúmeras defesas contra os vampiros, como o uso de objetos de prata, determinadas flores colocadas nas janelas das casas, luz, sinos, ferro e alho. Eles teriam também medo de crucifixo de todas as formas, ideia resultante da crença de que o mal está associado a Satã, inimigo de Cristo. Alguns métodos antigos também serviam para manter o cadáver dentro do túmulo, como fincar estacas de madeira ou espetos de ferro ao redor da tumba do possível vampiro.

Uma das maneiras de matar essa criatura era perfurá-la com uma bala de prata, que deveria ser confeccionada com o metal de um crucifixo ou, pelo menos, ser abençoada por um padre. Nos Bálcãs, onde as lendas de vampiros eram comuns, certos mágicos especializaram-se em capturá-los numa garrafa.

Em várias regiões da Romênia, os que iam ao velório de um suposto vampiro levavam nove hastes longas, as quais eram espetadas bem no fundo da cova no terceiro dia após o sepultamento. Assim, se o vampiro pretendesse sair, as pontas afiadas o feririam. Outro método consistia em espalhar panos sobre o túmulo e atear fogo neles. Às vezes, a maldição de um padre mantinha o vampiro na tumba.

Ainda na Romênia, decapitavam o suposto vampiro, aspergiam suas roupas e mortalhas com água benta e as recolocavam no caixão e o enterravam. Levavam o corpo para a floresta, cortavam-lhe o coração em muitos pedaços e o queimavam numa grande fogueira. Tudo deveria ser consumido – carne e ossos –, pois qualquer partícula seria capaz de fazer o vampiro materializar-se novamente. Às vezes, coletavam-se as cinzas do coração e as misturavam com água, para dar essa poção mágica de cura aos doentes.

Na antiga cidade romena de Zarnésti, depois que se exumava uma vampira, fincavam-lhe grandes garfos de ferro no coração, nos olhos e no peito. Então, enterravam o cadáver a uma profundidade considerável, com o rosto voltado para baixo.

Se o vampiro conseguisse escapar da detenção antes de um período de sete anos, voltaria a ser homem e poderia mudar de país ou cidade, casar-se ter filhos. Assim, proliferaria o exército dessas criaturas.

A retomada da cremação na Europa medieval e moderna foi muito influenciada pela ideia de se livrar dos vampiros. Os corpos dos que achavam ser vampiros eram retirados dos túmulos e queimados em praça pública.

Na Colômbia, os índios chamis acreditavam na existência de um herói chamado Aribada, que matara o morcego Inka (o vampiro) para se apossar de seu poder de adormecer suas vítimas. Conta-se que, quando morde um homem sem despertá-lo, o vampiro bate constantemente as asas. Acreditava-se que Aribada, dotado desse poder, aproximava-se das mulheres adormecidas agitando um lenço branco e outro vermelho para abusar delas sem que percebessem.

Certos personagens mitológicos aparecem ladeados de vampiros ou até metamorfoseados neles. O demônio feminino Lilitu – mais tarde, a hebreia Lilith –, pertencente ao folclore da Babilônia e da Suméria e considerado o aspecto noturno do vento, era acompanhado de vampiros. Na mitologia hindu, os vetalas eram vampiros que rondavam os lugares de incineração e reanimavam os mortos. Já o deus mexicano Tezcatlipoca protegia os vampiros e os lobisomens, arrastando um corpo decomposto e emitindo gritos de ave de rapina. No Japão, os vampiros apareciam na forma de gatos gigantes de cauda dupla, sendo considerados extremamente perigosos.

Em Pernambuco, na região de Palmares, uma lenda contava que um morcego chamado Vampa chupava o sangue daqueles que se deitavam sem rezar e os transformava em lobisomem.

Algumas expressões populares brasileiras usam a palavra "morcego" para se referir ao comportamento humano parasita. "Morcego" era aquele que viajava no estribo do bonde. "Morcegar" designa aquele que viaja segurando-

-se na parte de trás de ônibus ou trens; indivíduo que explora seus semelhantes; pessoa que lê o jornal que outra pessoa abre no transporte ou em filas.

Drácula tornou-se o mais famoso vampiro das histórias de terror. Criado pelo escritor irlandês Bram Stoker em 1897, tornou-se célebre após sua primeira versão cinematográfica, filmada em 1922 pelo diretor alemão Friedrich Murnau com o nome de *Nosferatu*. Em 1931, Béla Lugosi estreou *Drácula*, dirigido por Tod Browning. Cinquenta e seis anos depois da versão muda, Werner Herzog filmou *Nosferatu, o vampiro da noite*. Dois exemplos mais recentes são *Drácula de Bram Stoker*, de Francis Ford Coppola (1992), e *Entrevista com o vampiro*, de Neil Jordan (1994).

Bram Stoker nasceu em 1847 em Dublim, Irlanda. Graduou-se em Filosofia e em Ciências. Começou a escrever *Drácula* em 1890, aos 43 anos, mas seu livro só foi publicado em 1897, obtendo pouco sucesso de crítica. Stoker inspirou-se num personagem histórico denominado Vlad III ou Drácula, príncipe da Valáquia, pequeno reino que ocupava parte do território da atual Romênia.

Existem duas teorias sobre o nome Drácula, ambas começando pelo pai de Drácula, Vlad II, conhecido também como Vlad Dracul. Em romeno, "drac" significa "diabo" e "ul" indica um artigo definido; assim, a tradução de Dracul seria "o diabo". A letra "a" colocada ao final de um substantivo significa "filho". Dessa forma, Drácula significa "o filho do diabo". A segunda teoria diz respeito à consagração de Vlad Dracul Cavaleiro da Ordem do Dragão pelo imperador romano Sigismundo de Luxemburgo, em 1431. O dragão era o símbolo do diabo, o que implicaria um significado alternativo para "drac": dragão. Nessa versão, Drácula seria o filho do Dragão.

Vlad III nasceu em 1431 em Sighisoara, cidade da Transilvânia. Formou-se cruzado e lutou contra os turcos. Conta-se que ele usava de crueldade para matar suas vítimas, sobretudo a empalação, que consiste em espetá-las vivas em estacas que lhes atravessam verticalmente o corpo, sem atingir nenhum órgão vital, causando morte lenta e dolorosa. Tais atrocidades lhe conferiram o nome de Vlad Tepes (Vlad, o Empalador).

Segundo a lenda, gostava de comer rodeado de vítimas empaladas para ouvir seus gemidos. Conta-se que, certa vez, convidou alguns pobres para comer em seu castelo e depois da refeição perguntou-lhes em que mais poderia ajudá-los. Os pobres lhe pediram que os livrasse do sofrimento. Vlad Tepes, então, abandonou o recinto e ordenou que o fechassem e, depois, ateassem fogo ao local. Mais tarde, afirmou haver atendido ao pedido dos miseráveis, livrando-os do sofrimento deste mundo.

Seu principal reinado na Valáquia durou de 1456 a 1462, quando se viu obrigado a fugir dos turcos para a Transilvânia. Em seguida foi preso, mas o período preciso de seu confinamento não está bem definido nos documentos existentes.

Conta-se que sua primeira esposa cometeu suicídio atirando-se de uma torre do castelo para não se render aos turcos. Vlad Tepes casou-se novamente com uma donzela da família real húngara, com quem teve dois filhos. Morreu em 1476. Algumas fontes indicam que Drácula foi morto em batalha pelos turcos, enquanto outras afirmam que os burgueses valaquianos o assassinaram. Também se fala em morte acidental provocada por um de seus homens durante a batalha. Os turcos o decapitaram e sua cabeça, enviada a Constantinopla, ficou exposta para comprovar sua morte.

O livro de Stoker é uma coleção de trechos de diários e cartas que relatam a história de um jovem agente imobiliário enviado à Transilvânia para negociar a compra de terras com um aristocrata. No castelo do nobre, depara com vampiras sedutoras e com o próprio Drácula, que o aprisiona. Drácula então viaja para Londres, onde transforma a noiva do agente e uma amiga dela em novas vítimas. Perseguido por um especialista em "doenças obscuras", morre com a garganta cortada e uma punhalada no coração. Dormia num caixão em seu castelo durante o dia e se transformava em vampiro nas noites de lua cheia, atacando as pessoas e sugando seu sangue com uma mordida no pescoço. Em seu castelo, onde não havia espelhos, ele dominava animais com um simples gesto e podia transformar-se neles ou em uma nuvem de poeira.

O sucesso de Drácula na literatura e no cinema aponta a importância simbólica do beijo do vampiro e de suas dentadas eróticas, que atraem sobretudo os adolescentes. Parece haver um encanto pelo tema da sexualidade arrebatadora e descontrolada, que se aproxima da morte. Assim, as polaridades vida e morte, Eros e Tânatos são ilustradas por essa dinâmica.

Na relação com o feminino, associa-se o morcego simbolicamente ao erotismo e à libido, por vezes trazendo uma mensagem ambígua de atração e

repulsa. O erotismo masculino que fascina e seduz carrega, ao mesmo tempo, um aspecto ameaçador que, pela sensualidade exuberante, pode sugar da mulher toda a vitalidade. Pode-se inverter essa mesma dinâmica: no Brasil, por exemplo, a expressão "mulher vamp" designa aquela que tem o poder de seduzir e dominar o homem.

A música "Doce vampiro", gravada em 1979 por Rita Lee, é um exemplo claro da enorme atração sexual e amorosa ligada a esse personagem. Sua letra descreve esses aspectos falando de uma mulher que anseia ser eroticamente beijada por um doce vampiro, que lhe sugaria o sangue até matá-la de amor.

Na literatura contemporânea, a lenda do vampiro é retratada na premiada saga *Crepúsculo* – composta de quatro volumes: *Crepúsculo*, *Lua nova*, *Eclipse* e *Amanhecer* –, de autoria de Stephenie Meyer. Os livros narram o romance entre uma jovem mortal (Bella) e um rapaz misterioso (Edward), na realidade um vampiro que não se alimenta de sangue. Por amor, Edward protege Bella de perigos diversos e procura controlar a própria atração, chegando a negar seu amor para conseguir afastar-se dela. Outro personagem apaixonado por Bella é Jacob, um lobisomem. O histórico confronto entre vampiros e lobisomens cria um clima de tensão que adiciona ação à saga. No último volume, Bella quase morre ao dar à luz a filha do casal, mas acaba sendo transformada em vampira pelo amado.

Esses livros entraram na lista dos mais vendidos do *The New York Times*, assim como suas adaptações cinematográficas geraram grande bilheteria em todo o mundo. O interesse do público adolescente por essas histórias indicaria a necessidade de controle dos instintos – sobretudo os sexuais, tão aflorados nessa fase da vida.

O vampiro pode ser interpretado como um símbolo sombrio do inconsciente coletivo associado a diferentes fatores. Como instância psíquica, seria um complexo que suga energia do consciente, prejudicando as atividades normais do indivíduo e provocando nele sintomas de cansaço ou inapetência pela vida.

Na relação com os outros, a atitude "vampiresca" pode significar uma posição narcisista, em que o outro existe apenas para satisfazê-lo e qualquer contrariedade leva a fortes crises de raiva. O "vampiro" não tem consciência das próprias limitações e carências, "sugando" do outro aquilo que não consegue ser ou fazer. Não se estabelece uma relação de troca, mas de abuso e parasitismo. Rompantes de violência são comuns nesse tipo de relacionamento: o vampiro atua como agressor da vítima. Porém, esta se torna um futuro agressor, perpetuando o ciclo.

Essa dinâmica também pode estar associada à sexualidade, ao erotismo oral e ao sadomasoquismo. O vampiro morde as pessoas, ato que do ponto de vista psicanalítico liga-se ao beijo sadomasoquista. O sangue está profundamente vinculado à sexualidade na mente masculina, que o relaciona com a menstruação da mulher. São frequentes os temas com sangue nas fantasias eróticas de pacientes psiquiátricos. Hoje, o vampirismo, também chamado de vampirismo real, é definido como uma parafilia em que o indivíduo tem obsessão por sugar o sangue do parceiro. Considerado uma forma de sadismo, em inglês ganha o nome de vampirismo clínico ou síndrome de Renfield.

A RAPOSA

▼

Ordem: *Carnivora*

Família: *Canidae*

Principais características biológicas

A raposa pertence à família dos canídeos (*Canidae*), cujos gêneros mais conhecidos de são *Vulpes* e *Alopex*. Existe muita controvérsia entre os estudiosos a respeito da classificação das raposas; pesquisas mais recentes descrevem mais de dez espécies.

Embora possam ser maiores ou menores, claras ou escuras, com características ditadas de acordo com as demandas de seu ambiente específico, elas são reconhecidas de imediato como raposas pelo focinho pontiagudo, pelos olhos brilhantes, pelas orelhas eretas e pela cauda peluda.

Embora pertençam à família dos canídeos, elas possuem muitas características claramente felinas. A hipótese apresentada pelo biólogo R. L. Grambo (1995) é a de que há quatro milhões de anos gatos e cachorros partilharam um ancestral comum. Depois disso, entretanto, as famílias felina e canina divergiram, sendo a raposa um ramo da árvore da família canina. A forte semelhança entre raposas e gatos resulta da evolução convergente, ou seja, estilos de vida similares que levaram dois grupos não relacionados a se desenvolver em linhas paralelas. Algumas das características felinas desse animal são a pupila elíptica, o andar silencioso e o salto sobre a presa.

As raposas têm grande capacidade de adaptação. Mestres da improvisação, sobrevivem, em virtude dessa flexibilidade, em regiões onde animais extremamente especializados não conseguem fazê-lo. Assim, apesar da perseguição dos homens que vêm sofrendo, não só não se extinguiram como ampliaram seu hábitat. Hoje, estão presentes em todos os continentes, com exceção da Antártica.

Seu tipo físico é o dos canídeos: focinho alongado, orelhas eretas, cauda comprida e espessa. Anda nas pontas dos dedos e suas patas e unhas são próprias para correr e caçar. Menor do que muitos membros da família dos canídeos, a raposa mede cerca de 75 centímetros de comprimento; sua cauda tem 40 centímetros. Quando adulta, chega a pesar 5,9 quilos.

A cor de seu pelo é muito variável e se relaciona com a temperatura e a umidade do ambiente em que vive. As mais escuras são típicas de regiões úmidas de vegetação fechada, como florestas e bosques. Os espécimes mais claros vivem em regiões mais áridas e abertas, como estepes e zonas desérticas e semidesérticas. Não são raros, porém, os tipos melânicos e os quase albinos. Por meio do cruzamento de diferentes espécies, a raposa-prateada tem sido criada pelo homem em fazendas a fim de fornecer matéria-prima para casacos, estolas e cachecóis, tanto nos países bálticos quanto na América do Norte.

A raposa tem órgãos sensoriais muito desenvolvidos, com olfato, audição e visão bastante aguçados, que desempenham importante papel na caça e na sobrevivência. Um dos seus hábitos característicos durante o inverno é dormir com a cauda enrolada no focinho para se aquecer.

Ela anda sem fazer ruído, nada e salta bem. No entanto, sente dificuldade de subir em árvores de tronco vertical, mas consegue fazê-lo quando está com muita fome, utilizando-se dos joelhos ou da cauda. Resistente, corre a uma velocidade de até 40 quilômetros por hora e chega a pular obstáculos de até 2 metros de altura. Tem hábitos noturnos e visão adaptada à luz da noite, do crepúsculo à aurora. No entanto, caça durante o dia quando tem urgência de encontrar alimento – seja para nutrir os filhotes no início da primavera ou para saciar a fome depois de ficar dias sem comer.

Sua alimentação, extremamente variada, depende do que o ambiente lhe oferece. Come pequenos mamíferos e, no verão, complementa sua ração com frutas, mel e outros vegetais. Suas presas variam de larvas de escaravelho a filhotes de cervo. Entretanto, tem acentuada predileção por roedores. É capaz de desenvolver novos comportamentos que a ajudem a sobreviver. A raposa-do-ártico, por exemplo, quando não encontra comida, segue o urso-polar para se aproveitar dos restos deixados por ele. Busca presas maiores quando necessita alimentar a ninhada ou quando a caça escasseia durante o inverno. Uma raposa ingere diariamente de meio quilo a um quilo de alimento. Como os demais canídeos, enterra a comida excedente para aproveitá-la em outra oportunidade. Quando precisa trocar o local do esconderijo, usa de recursos variados para despistar os outros animais.

Segundo os pesquisadores, seu modo cuidadoso de caçar deve-se ao fato de ser um animal solitário, que precisa usar técnicas furtivas para sobreviver. Uma dessas técnicas se parece muito com a desenvolvida pelos felinos: fica imóvel observando e escutando tudo e de repente salta sobre a presa, com as quatro patas quase unidas. Enquanto o animal se debate para escapar, uma mordida certeira parte sua espinha, na altura da nuca. Capturada, a presa não é devorada no mesmo lugar nem de uma só vez: a raposa a transporta para a toca ou a enterra em pontos precisos. Depois, marca esses lugares esfregando a cauda neles e liberando uma secreção que mais tarde consegue reconhecer. Além disso, ela também tem glândulas na planta dos pés, com as quais marca os caminhos que percorre, garantindo assim uma orientação segura durante as expedições de caça em seu território.

Embora sejam solitárias ao caçar e ao esconder provisões, pesquisas recentes revelam um lado social na vida das raposas, como a formação de um casal que permanece junto para criar os filhotes. O macho segue a fêmea escolhida e passa algum tempo com ela. Esse período de cortejo permite que os dois animais, quase sempre solitários, se acostumem um com o outro. Então, no inverno, a fêmea entra no cio por um curto período. Depois de ocorrer o acasalamento, o macho pode não ficar tão atento à parceira, mas volta dali a 50 ou 60 dias para ajudá-la no nascimento da prole. As ninhadas costumam ser de cinco filhotes.

A raposa em geral não constrói a própria toca; prefere usar aquelas abandonadas por outros animais. A fêmea faz as mudanças necessárias para convertê-la em ninho para os filhotes e se instala nas proximidades para esperar pelo nascimento. Depois de parir, pode tornar-se dependente de seu companheiro no que diz respeito à alimentação. Ele caça para ambos, trazendo comida para a toca, onde ela permanece cuidando dos recém-nascidos. Esse arranjo costuma acarretar a morte prematura do pai, já que ele se expõe constantemente ao perigo ao deixar a toca para caçar. Quando os filhotes crescem, ambos os pais dividem a tarefa de prover comida suficiente para a família. Se um dos dois morre, o sobrevivente tenta criar a prole sozinho.

Logo as pequenas raposas começam a lutar entre si para firmar uma posição social e exercitar a aprendizagem da caçada. Em regiões de clima temperado, os filhotes nascem na primavera e estão prontos para deixar a família no outono. Na primavera seguinte já conseguem se reproduzir.

Como vimos, o modo de vida das raposas varia conforme a espécie e até mesmo em determinada espécie. Algumas vivem solitárias, outras, como uma família única; também se formam grupos de um macho e várias fêmeas. Nesse último caso, as fêmeas estabelecem uma relação maternal ou fraternal.

Em alguns casos, só uma fêmea fica prenhe a cada estação de procriação e, quando os filhotes nascem, todas ajudam a criá-los. Os grupos podem ter uma divisão social complexa, mas em geral os animais agressivos e dominantes sobrepujam os mais submissos – por exemplo, escolhendo as melhores áreas de caça. Cada grupo de raposas tem um território, delimitado e defendido contra intrusos por um complexo sistema de demarcação. O tamanho do território varia de acordo com as espécies e a quantidade de alimento disponível.

A raposa utiliza vários órgãos sensoriais para se comunicar. Os odores produzidos pelas glândulas odoríferas estabelecem uma linguagem silenciosa entre mãe e filhote, podendo salvá-lo de um predador.

O comportamento social também é regulado por um vasto repertório de sinais visuais executados com movimentos do corpo, da cabeça e da cauda. Quando as raposas estão próximas, emitem uma variedade de sons, e cada um parece ter significado próprio.

O tempo de vida das raposas depende da espécie e das condições de vida. Quando cativas, podem viver até 13 anos, mas em ambientes silvestres poucas sobrevivem mais que três. São muitos os seus predadores, entre eles corujas, falcões, linces, lobos, ursos e até outras raposas. Há indícios de que várias famílias de raposas-do-ártico abandonaram a toca por causa da perseguição de águias. Na África, seus predadores são chacais, hienas e leopardos; na América do Norte, lobos.

Porém, os homens são a maior ameaça à raposa, matando-a em caçadas, em armadilhas para pegar sua pele e também destruindo seu hábitat.

No Brasil, há duas espécies de raposa que não pertencem ao gênero *Vulpes*: o guaraxaim e a raposa-do-campo. A primeira, também chamada de cachorro-do-mato e a maior delas, mede de 70 a 80 centímetros e tem cauda de 35 a 40 centímetros. Seu pelo é longo, encrespado e muitas vezes embolado, vindo daí o nome indígena *guará-xaim*, que significa "cão de pelo crespo". De focinho comprido e orelhas pontudas, tem pelagem cinza-amarelada no dorso e o peito e a barriga branco-amarelados. Apesar do focinho pardo--avermelhado e queixo enegrecido, a ponta do beiço inferior e todo o superior são brancos. As orelhas são externamente arruivadas, mas brancas no pavilhão, e a cauda é comprida e ligeiramente empenachada. No verão, a pelagem ganha matizes amarelados, tendendo para o cinzento no inverno.

O guaraxaim vive nos campos, na borda das matas e nas capoeiras. Abriga-se em tocas que escava em forma de túnel ou aproveita as covas dos tatus e de outros animais de vida subterrânea. Passa os dias no esconderijo e à noite sai em busca de caça. Tudo lhe serve de alimento: cotias, pacas, preás, ratos-do-mato, lagartos, rãs e aves grandes e pequenas, além de frutas e cana-de-açúcar. Em outubro, a fêmea dá à luz de três a cinco filhotes, e o macho a ajuda na alimentação e na educação dos filhotes por meses. Os filhotes nascem quase completamente negros e, aos três meses de vida, já saem para caçar com os pais. Encontra-se o guaraxaim no Centro-Leste da América do Sul, do Sudeste do Brasil até o Paraguai, o Uruguai e o Nordeste da Argentina. A destruição de seu hábitat afastou essas raposas de parte de seu território original.

Já a raposa-do-campo (*Lycalopex vetulus*) difere da anterior em três pontos principais: é menor, com 60 centímetros de comprimento e 30 de cauda; curto, seu focinho confere à sua fisionomia um traço original; a base da cauda tem uma mancha preta. A cor de sua pelagem varia muito, a ponto de alguns estudiosos julgarem que se trata de espécies diversas. Alimenta-se de pequenos roedores e aves e também aprecia insetos, sobretudo gafanhotos. O período de acasalamento vai de agosto a outubro e a gestação dura de 55 a 60 dias. O nascimento ocorre entre outubro e dezembro, época da primavera austral, e a prole tem de dois a quatro filhotes. Prefere viver em campos abertos. Essa espécie habita toda a região central do Brasil, sobretudo os estados de Goiás, Mato Grosso, Minas Gerais e São Paulo.

Simbolismo

ASPECTO MATERNO

Um dos mitos mais antigos do Peru, anterior ao Império Inca, apresenta-nos o aspecto materno associado à raposa. A história "Os pequenos gêmeos e o malvado Wakon" conta que Pachacámaq era o deus do céu e sua mulher, Pachamama, era a deusa da terra. Eles tinham um casal de filhos gêmeos chamados Wilcas. Depois que Pachacámaq morreu afogado, a viúva decidiu fazer uma viagem com os filhos. Os três encontraram uma caverna para descansar que pertencia a Wakon, o malvado deus da noite, que matou Pachamama porque ela não se deixou seduzir. Como as crianças não presenciaram o assassinato da mãe, Wakon mentiu, dizendo-lhes que ela viajara.

Certo dia, porém, um pássaro contou a verdade aos Wilkas e aconselhou-os a fugir. Na fuga, as crianças toparam com Anhas, mãe das raposas, que, ao saber da história, ficou compadecida e adotou-os, levando-os para a sua toca. Mas Wakon partiu em busca deles e encontrou a esperta Anhas, que, com uma armadilha, fez que ele caísse do alto do morro e morresse.

Depois de um tempo, embora amassem muito Anhas, os gêmeos quiseram partir, pois estavam cansados de comer comida de raposa. Depois de algumas aventuras, os meninos tiveram um sonho estranho e, surpresos, viram uma corda descendo do céu. Nesse momento, Anhas e o pássaro chegaram e os aconselharam a subir pela corda para as alturas, onde os pais os esperavam. Chegando lá, Pachacámaq transformou o menino em sol e a menina em lua. Lembrou-se ainda de Anhas e a transformou em uma excelente construtora de tocas para proteger seus filhos do perigo, tal como ela havia feito com os Wilkas.

Uma história canadense relata a perseguição de uma raposa que estava matando muitas galinhas da região. Assim que encontraram sua toca, os cães dos agricultores mataram três filhotes; o quarto foi levado para casa e aprisionado em uma corrente. Nas noites seguintes, a raposa cuidou de seu filhote aprisionado alimentando-o com carne fresca e tentando libertá-lo dos grilhões. Ela era esperta a ponto de criar estratégias que a protegiam de ser pega – até percebeu que os pedaços de galinha que os fazendeiros jogavam no terreno estavam envenenados. Apesar de todas as suas tentativas, não conseguiu soltar o filhote das correntes e teve de escolher entre uma vida de prisioneira e a morte do filho. Apesar da dor que sentia, decidiu salvar o filhote usando o único recurso que lhe restara: deu a ele pedaços de galinha envenenados, libertando-o por meio da morte.

No Brasil, uma história colhida na cidade paulista de Piracicaba relata que, quando Nossa Senhora estava prestes a dar à luz Jesus, pediu que todos os animais lhe trouxessem água. Os bichos inventaram desculpas e foram embora, exceto a raposa. Então, Nossa Senhora abençoou-a, dizendo: "Sempre que fores ter os teus filhotes, não sentirás nenhuma dor". E é por isso que a raposa dá à luz sem padecer. Certos costumes brasileiros, como a utilização de partes da raposa durante a gestação e o parto, parecem confirmar a associação entre esse animal e a maternidade (veja "Raposa: poder de cura").

Nessas histórias, a raposa representa aspectos positivos da maternidade, como cuidado e proteção. Além disso, valores como liberdade e independência se sobrepõem ao sentimentalismo e apego maternos. A mãe positiva privilegia a maturidade e o desenvolvimento em detrimento da satisfação de sua necessidade de estar perto do filho. Portanto, a raposa simboliza a coragem e a fidelidade do amor materno.

ASTÚCIA E ESPERTEZA

Entre as principais características da raposa estão a astúcia, a esperteza e a sagacidade, que podem ser usadas em defesa própria ou na de outrem, de modo tanto criativo quanto destrutivo. A diversidade desses aspectos pode ser vista em diversas culturas.

Na China e no Japão, considera-se a raposa o mais ardiloso, perspicaz e sutil dos animais. Ela simboliza a astúcia e a esperteza em várias culturas europeias, da época helênica aos dias atuais. Já nos mitos e lendas indianos, assim como entre os árabes e os ameríndios, é tida como trapaceira.

O aspecto ludibriador da raposa, contudo, é mais frequente no imaginário do Ocidente do que no do Oriente. Um provérbio europeu diz que não seriam suficientes todos os tecidos de Gante (importante centro têxtil da Bélgica) transformados em pergaminho para escrever todas as patifarias e trapaças da raposa. Gregos e latinos eram unânimes em ressaltar sua perfídia. Segundo Gubernatis (1872), o filósofo romano Plutarco teria dito que "onde a pele do leão não satisfaz, coloque a da raposa".

Na obra *História dos animais*, volumes VII-X, Aristóteles (2008, p. 137) diz que "vivem também em harmonia [...] a raposa e a serpente (porque ambas vivem em galerias subterrâneas)". O historiador florentino Nicolau Maquiavel, no livro XVIII de *O príncipe* (2010, p. 105), diz:

> [...] posto que é necessário um príncipe saber usar do animal com destreza, entre todos ele deve escolher a raposa e o leão, pois o leão não pode defender-se de armadilhas, e a raposa é indefesa diante dos lobos; é preciso, pois, ser raposa para conhecer as armadilhas e leão para afugentar os lobos – aqueles que simplesmente adotam o leão não entendem do assunto. Portanto, o bom governante deve se espelhar tanto na raposa quanto no leão, pois a primeira consegue fugir das armadilhas e o segundo é capaz de assustar os lobos.

Famosa por suas artimanhas, a raposa é também considerada fraudulenta e inventiva. Um exemplo dessas características aparece na fábula em que uma raposa faminta, sem nada ter para comer, rola no barro vermelho para parecer manchada de sangue. Em seguida, deita-se no chão fingindo não respirar. Os pássaros iludem-se, pensando que está morta, e pousam sobre ela, que então os agarra e devora (veja "Raposa: aspecto maléfico e demoníaco").

Uma lenda judaica segue a mesma linha: Nabucodonosor perguntou a Jesus Ben Sirá qual era o motivo de cada animal da Terra ter um correspondente no mar, com exceção da raposa e da doninha. Em resposta, Jesus Ben Sirá contou que a raposa, observando o Anjo da Morte, percebeu que ele jogava no mar um animal de cada espécie terrestre. Não querendo ser atirada na água, posicionou-se de tal forma que o Anjo visse seu reflexo na água. Este, ao ver a imagem da raposa refletida, acreditou já ter atirado um animal daquela espécie no mar, deixando-a ficar na terra. Satisfeita por ter ludibriado o Anjo da Morte, contou para a doninha seu estratagema e esta, por sua vez, repetiu o truque e também se salvou.

Tempos depois, ao reunir os animais marinhos, Leviatã percebeu a falta de ambos. Descobrindo a estratégia usada para enganá-lo, enviou os peixes grandes atrás da esperta raposa.

Ao encontrá-la, eles disseram-lhe que haviam sido enviados por Leviatã, que a tinha escolhido, por causa da sua esperteza e inteligência, para reinar sobre todos os animais marinhos e ser feliz para sempre. Presunçosa, a raposa aceitou acompanhá-los mar adentro. Só então percebeu o risco que corria e convenceu os peixes grandes a lhe contar o plano de Leviatã. Assim, soube que ele queria comer seu coração para se tornar sábio. A raposa disse-lhes que seu coração tinha ficado em casa e se dispôs a ir buscá-lo, desde que os peixes a levassem de volta à praia. Os peixes a reconduziram à praia e, quando ela se viu a salvo na areia, perguntou-lhes, em tom de gozação, se eles já tinham visto alguém andar por aí sem coração. Os peixes voltaram para o reino de Leviatã e foram condenados à morte.

Nos contos russos são muito frequentes as histórias em que a raposa, usando de sua astúcia para incriminar um inocente e se safar da culpa, manipula o veredito de um julgamento divino ou mágico a seu favor, aproveitando-se de um descuido de seu oponente. Numa dessas histórias, a raposa come o mel pertencente ao lobo e o acusa de tê-lo comido. Indignado, o lobo propõe que fossem julgados por Deus: que se deitassem sob o sol e aquele que transpirasse mel seria o culpado. O lobo cai no sono e, quando o mel vaza da raposa, ela o põe sobre ele, que ao acordar recebe a sentença divina, que o declara culpado.

Em outra história parecida, a raposa finge ser chamada durante a noite para ser parteira da coelha, usando essa desculpa para sair e comer a manteiga armazenada por ela e pelo lobo, e depois acusando-o de tê-la comido. A fim de descobrir o culpado, eles resolvem experimentar o julgamento pelo fogo, no qual aquele que suasse a manteiga pela pele durante o sono seria considerado culpado. A raposa desperta antes do lobo e astutamente derrama nele a manteiga que saiu de sua pele. Encontram-se outras variações do mesmo tema em histórias de diferentes países (veja "Raposa: relação com outros animais – lobo" e "Raposa: voracidade").

O conto do folclore russo "Feras num buraco" também destaca a esperteza da raposa. A caminho de São Petersburgo, na Rússia, um porco, uma raposa, um lobo, uma lebre e um esquilo caem numa vala longa e profunda ao lado da estrada. Mais tarde, já famintos, percebem que não têm nada para comer. A raposa traça um plano, seguido por todos: primeiro seriam devorados pelos outros os de voz fina – a lebre e o esquilo – e depois, os de voz grossa – o lobo. Quando este é morto, a esperta raposa guarda suas entranhas. Dias depois, usa-as para mostrar ao porco que ela estava comendo as próprias entranhas. O porco imita a astuta raposa, que pôde assim devorá-lo.

Por outro lado, a raposa também usa de esperteza e astúcia para recompensar quem a protegeu, demonstrando gratidão. Um exemplo dessa característica aparece num conto russo em que o pobre Kuszinka, dono de apenas um galo e cinco galinhas, surpreende uma raposa que tentava comê-los. No entanto, cedendo às súplicas da raposa, Kuszinka a liberta. Em reconhecimento, ela promete transformá-lo em Cosimo, que significa "novo rico". A raposa vai até o parque do czar e encontra um lobo, que lhe pergunta como se tornara tão gorda, e ela lhe conta que estava participando dos banquetes no palácio real. O lobo expressa o desejo de ir lá também, e a raposa o previne de que deveria convidar 40 vezes 40 lobos (ou seja, 1.600).

O lobo segue o conselho da raposa e os leva ao palácio do czar, onde ela conta ao soberano que fora Cosimo quem lhe mandara os lobos de presente. O czar fica maravilhado com a riqueza de Cosimo. Então, a raposa utiliza mais duas vezes o mesmo estratagema, mas com ursos e martas. Depois disso, pede ao czar que lhe empreste um recipiente de prata, dizendo que os potes de ouro de Cosimo estavam abarrotados de dinheiro. O czar cede um recipiente e a raposa depois o devolve, deixando, de propósito, algumas moedas no fundo. Ainda mais impressionado com a fortuna de Cosimo, o czar oferece a ele sua filha em casamento, mas antes queria conhecê-lo. A raposa então faz Cosimo banhar-se e o veste com mantos enviados pelo czar, que o recebe com todas as honrarias.

Passado um tempo, o czar demonstra o desejo de visitar a moradia de Cosimo. A raposa vai na frente e encontra no caminho rebanhos de ovelhas, manadas de porcos, vacas, cavalos e camelos. Ela pergunta aos pastores a quem pertencem todos aqueles animais, a que os pastores sempre lhe respondem: à Serpente Ulan. A raposa manda os pastores dizerem àqueles que lhes perguntarem que todos os animais pertencem a Cosimo, sob a ameaça de queimar todos eles. Ao chegar ao Palácio da Pedra Branca, onde mora o rei Serpente Ulan, a raposa o assusta com a mesma ameaça, fazendo-o refugiar-se no tronco de um carvalho, onde, enfim, é queimado até a morte. Desse modo,

Cosimo toma posse dos bens da Serpente Ulan, torna-se czar e casa-se com sua noiva (veja "Raposa: relação com o ser humano – gratidão").

É raro encontrar nas fábulas gregas e latinas um animal que não tenha sido enganado pela astúcia da raposa. Na fábula de Esopo "O corvo e a raposa", a ave estava pousada numa árvore, segurando no bico um pedaço muito apetitoso de queijo. Atraída pelo cheiro, a esperta raposa aproxima-se e passa a elogiar a bela plumagem e a bonita voz do corvo, chegando mesmo a dizer que sua beleza o torna a fênix daquele bosque. Vaidoso e não cabendo em si de contentamento, o corvo resolveu ali mesmo exibir seu gorjeio maravilhoso e escancarou o bico; o queijo caiu e a raposa o pegou. Atônito e envergonhado, o corvo disse que nunca mais cairia em tal armadilha. Assim, em várias histórias, um dos estratagemas utilizados pela raposa é fazer elogios exagerados, valendo-se da vaidade ou da presunção das vítimas para enganá-las.

Também nas fábulas de La Fontaine verificam-se as artimanhas e a esperteza da raposa. Em "O raposo e os peruzinhos", uma ninhada de perus foi morar numa árvore de onde podiam controlar os passos de um raposo, esperando, desse modo, defender-se de seu implacável caçador. Passado algum tempo, o raposo resolve agir e, escolhendo uma noite iluminada pelo luar para que pudesse ser constantemente observado, mantém-se em movimento, fingindo subir e cair da árvore durante toda a noite. Isso faz que os peruzinhos passem a noite de olhos fixos num mesmo ponto – até que, hipnotizados, exaustos e tontos, caem da árvore, servindo de manjar para o raposo.

O conto popular escocês "A raposa e as pulgas", por vezes relatado como fato real, demonstra que a astúcia desse animal está associada à sua capacidade de planejamento e resolução de problemas. Nessa história, uma raposa estava muito incomodada com as pulgas e tentava encontrar uma maneira de se livrar delas. Para tanto, encontra um chumaço de lã e vai até o rio. Segurando-o na boca, entra lentamente na água, deixando a cabeça de fora. As pulgas, para fugir da água, correm na direção do seu focinho e em seguida para o chumaço de lã. Enfim, a raposa mergulha o focinho e solta na correnteza o tufo de lã cheio de pulgas.

Na história venezuelana intitulada "Dona raposa e os peixes", ela usa estratégias para resolver uma complicada situação. Diz a fábula que o raposo pescou três grandes traíras e as entregou para a raposa preparar, enquanto convidava o tigre para almoçar. No entanto, ela comeu as três antes de servir o almoço. Quando os dois chegaram, a raposa, sem ter o que servir, sugeriu que o tigre se sentasse à mesa e, chamando o marido de lado, pediu que fosse ao quintal afiar bem as facas, pois as traíras eram velhas e estavam duras demais. O raposo correu para o quintal e logo se ouviu o barulho das facas contra a pedra de amolar. A raposa então se aproximou do tigre, perguntou se ele ouvia aquele barulho e explicou-lhe que o marido estava amolando uma faca; parecia ter enlouquecido, pois cismara de comer as orelhas do tigre. Disse ainda que, na verdade, fora esse o motivo do convite e o aconselhou a fugir antes que o raposo voltasse do quintal. Assustado, o tigre saiu correndo, e a esperta raposa gritou ao marido que o tigre fugira com todas as traíras. O raposo, com uma faca em cada mão, correu atrás do tigre, gritando e pedindo que lhe desse ao menos uma! O felino, achando que o raposo se referia às suas orelhas, apertou o passo, em pânico, e só parou quando estava bem fechado e seguro em sua toca.

Na linguagem popular brasileira, o adjetivo "raposa" significa manhoso e esperto; já o termo "raposão", safado e astuto. Alguns provérbios também estão associados à esperteza – "raposa que dorme não pega galinha" – e à astúcia – "raposa que muito tarda caça aguarda" (Mota, 1969, p. 206).

Ainda dois outros aspectos podem ser descritos nas histórias sobre a astúcia da raposa: quando tenta enganar os da sua espécie e quando tenta enganar a si mesma, como se vê em duas fábulas de La Fontaine. No primeiro caso, uma raposa, que perdeu o rabo em uma armadilha, envergonhada de sua mutilação, esforça-se para persuadir as companheiras da inutilidade desse apêndice. Entretanto, estas percebem que o conselho se deve mais à necessidade dela de se livrar do constrangimento do que realmente à inutilidade do rabo e não se deixam lograr. Por outro lado, na fábula "A raposa e as uvas", uma raposa esfomeada, ao passar por uma parreira de onde pendiam belos cachos de uva madura, fica tentada a comê-los. Depois de várias peripécias para apanhar as uvas, sem sucesso, diz a si mesma, cheia de desdém, que elas estão verdes. Porém, assim que segue seu caminho, escuta um barulho; imagina ser um bago de uva e volta correndo. Porém, nada mais é que uma grande folha de parreira.

O desdém presente nessas duas histórias pode ser compreendido como um mecanismo de defesa contra os sentimentos de vergonha e frustração, tão comuns na psique humana.

Como vimos, a raposa simboliza qualidades básicas de astúcia e esperteza inerentes e necessárias ao ser humano, sem as quais se pode facilmente ser enganado e prejudicado em relações comerciais e sociais. Esses predicados facilitam a descoberta de saídas para situações difíceis e conflituosas, permitindo àquele que os tem antecipar conflitos e planejar estratagemas para lidar com novas situações. Também conferem maior capacidade de sobrevivência e resiliência.

O comportamento astuto, esperto e sagaz da raposa também pode representar sucesso no desempenho de funções executivas, compreendidas aqui como a capacidade de resolver problemas. Esta exige várias habilidades, como tomar iniciativa, planejar o que fazer, não perder de vista a meta, antever saídas e os próximos passos a dar e flexibilidade para mudar de comportamento de acordo com o que acontece.

Esperteza e astúcia são qualidades protetoras sobretudo em situações ameaçadoras, quando se tem menos força e poder que o oponente. Essas qualidades podem ser usadas tanto para a sobrevivência quanto para proveito próprio. Como dissemos, usamos o termo "raposão" – e também a expressão "raposa velha" – quando nos referimos a quem lança mão dessas habilidades para enganar e prejudicar os outros. Portanto, seu uso, para o bem ou para o mal, depende do caráter e da ética do indivíduo.

ASPECTO MALÉFICO E DEMONÍACO

A raposa simboliza o demônio em várias culturas. Na Roma antiga, era considerada um demônio do fogo por sua cor avermelhada. Na Idade Média, associavam-na ao diabo por ser astuta, capaz de expressar atitudes vis e aptidões inferiores, e criar ardis para o adversário. No Norte da Áustria, "raposa" também era sinônimo de "diabo", como revela a expressão "que a raposa te carregue". Os tártaros da Sibéria e os japoneses julgavam ver o diabo nas pegadas da raposa.

Por muito tempo, e ainda hoje em certas regiões do Extremo Oriente, a raposa recebe o papel de súcubo ("o que se deita embaixo do outro") e, sobretudo, de íncubo ("o que se deita sobre o outro"). Em ambos os casos, tratar-se-ia de um demônio masculino sedutor que pode tomar forma feminina ou masculina e, assim, copular com sua vítima. Acreditava-se também que o animal fosse capaz de se transformar em efebo para atrair as mulheres e, mais frequentemente, transmutar-se em mulher para seduzir os homens.

Na iconografia cristã, ela simboliza o demônio, a mentira, a injustiça, a imoderação, a cobiça e a volúpia. No quadro do pintor alemão Albrecht Dürer (século XVI) que mostra a Virgem cercada de animais, vê-se uma raposa presa, sem dúvida relembrando sua associação com o diabólico.

A relação da raposa com aspectos demoníacos, tanto na arte quanto na literatura, parece estar associada a algumas de suas características, como comer cadáveres e fingir-se de morta para escapar do perigo ou capturar presas.

Também na Bíblia a raposa personifica a perfídia e a maldade na passagem em que Jesus está pregando durante o sábado, contrariando as leis hebraicas, e os fariseus lhe dizem: "Saia e vá embora daqui, pois Herodes quer matá-lo". Ao que Jesus responde: "Vão dizer àquela raposa: 'Expulsarei demônios e curarei o povo hoje e amanhã, e no terceiro dia estarei pronto'" (Lc 13:31, 32). O aspecto destrutivo da raposa também é descrito no Cântico dos Cânticos (2:15): "Apanhem para nós as raposas, as raposinhas que estragam as vinhas, pois as nossas vinhas estão floridas".

Algumas Bíblias católicas interpretam as raposas como falsos profetas que se aproveitavam dos cristãos-novos ou como instigadoras da infidelidade. Na versão Almeida Corrigida e Revisada Fiel, está escrito: "Os teus profetas, ó Israel, são como raposas do deserto" (Ez 13:4). Essa característica de enganadora e astuta está presente também nos bestiários medievais:

> quando ela [a raposa] está com fome e não encontra nada para comer, rola-se na terra vermelha até parecer que está manchada de sangue, deita-se e prende a respiração. As aves a veem ensanguentada e com a língua para fora e acreditam que esteja morta. Pousam sobre ela, que deste modo pode agarrá-las e comê-las. Também o demônio se comporta assim: finge-se de morto no confronto com os vivos, até que os tenha em seu poder, e depois os devora. (Biederman, 1996, p. 321)

Uma antiga fábula chinesa conta que um tigre vivia num bosque alimentando-se de animais silvestres. Um dia, caçou uma raposa, que lhe pediu que não a comesse porque Deus a escolhera como líder dos animais silvestres e, se ele desobedecesse à ordem divina, sobreviria uma catástrofe. Para provar esse fato, a raposa se propôs a caminhar na frente do tigre entre muitos animais; assim ele veria com os próprios olhos que os bichos fugiriam quando ela aparecesse. O tigre aceitou a proposta e deixou a raposa seguir à sua frente. Quando os animais os avistavam, fugiam de imediato. Foi assim que o tigre passou a acreditar na história da raposa.

Num conto popular do estado brasileiro do Espírito Santo, uma galinha presunçosa estava debaixo de uma jabuticabeira quando uma fruta caiu em sua cabeça. Para fazer-se de importante, contou a todos os bichos que um pedaço do céu tinha-lhe caído na cabeça e que relataria o fato ao rei. A raposa disse-lhe que, embora ninguém acreditasse naquela história, ela acreditava, tanto que a acompanharia ao palácio do rei, pois sabia onde ele morava. Toda convencida e certa de que enganara até a raposa, a galinha aceitou. Porém, a raposa levou a ave até sua toca e ali mesmo a matou, fazendo um grande banquete.

Também se associa a raposa à destruição. Na mitologia grega, a raposa teumessiana devastava a Cadmeia, antiga cidade grega, exigindo o sacrifício mensal de uma criança para que se mantivesse distante da cidade (veja "Raposa: raposa fantástica").

No folclore japonês, são comuns os animais que se vingam ora uns dos outros, ora da humanidade. As histórias sobre o poder mágico desses animais malignos e suas façanhas são entendidas como triunfo da maldade e da astúcia.

Por exemplo, um conto popular japonês relata a história de um camponês chamado Jinroku, que certo dia encontrou uma raposa dormindo nos arbustos de sua fazenda. Por pura travessura, assustou-a e a perseguiu até que ela ficasse exausta, mas não a matou. Alguns dias depois, a raposa, usando de seus poderes, fez Jinroku ter um sonho em que uma figura divina lhe diz que existe muito ouro num vaso enterrado em suas terras. Jinroku não era ingênuo a ponto de acreditar na veracidade do sonho, mas, quando a mesma visão se repetiu, sentiu-se tentado a desenterrar o tesouro escondido. Mantendo o assunto em segredo, começou a cavar com a ajuda dos filhos, mas não obteve sucesso e logo abandonou a busca. Insatisfeita com o fato de Jinroku ter desistido do tesouro, o que a impedia de se vingar, a raposa voltou a lançar mão de seus poderes e fez que ele tivesse outro sonho. Dessa vez, a figura divina repreendeu Jinroku por sua falta de fé e persistência, dizendo: "Eu sou o patrono do deus do ouro e da fortuna e sei onde estão todos os tesouros na terra. Tu tens falhado na descoberta desse tesouro, já que não tens posto toda a confiança no meu oráculo, e também porque desejas manter segredo. Então, faz uma grande festa, convida todos os vizinhos, torna pública a revelação e começa a cavar a sério. Dessa maneira, teu sucesso será certo. Não tenhas dúvida". Dessa vez Jinroku ficou totalmente convencido da veracidade da aparição e seguiu todas as instruções. Aos poucos, encontrou algumas moedas e, encorajado com o resultado, cavou cada vez mais fundo. No entanto, Jinroku não achou nenhum tesouro e tornou-se objeto de ridículo dos vizinhos. Assim a raposa se vingou de seu torturador.

No folclore brasileiro, também se encontram histórias em que a raposa é vingativa, tal como no conto "Amiga raposa e amigo corvo", no qual esta convida o corvo, o gambá e o carcará para uma viagem. Ao anoitecer, eles pedem abrigo à onça, que chega à sua toca trazendo consigo um carneiro morto, gerando medo nos hóspedes. A raposa diz ao corvo que as coisas não estavam boas por lá. O carcará entra na conversa dizendo que ninguém pode com ele, pois ele sabe voar, enquanto a raposa e o gambá não conseguiriam escapar da onça. Chegada a hora da ceia, a onça lhes oferece de jantar um mingau que espalhara sobre uma pedra. O corvo e o carcará não conseguem se alimentar por terem bico, mas juram que não passarão fome. Assim, enquanto todos dormiam, devoraram os filhotes da onça. Quando esta acordou e procurou pela prole, só encontrou ossos e investiu contra a raposa, que escapou. Esta, jurando vingar-se pelo que lhe haviam feito, encontrou o corvo e o carcará na casa do galo, que lhes serviu milho de ceia. Daquela vez, a raposa e o gambá não conseguiram comer por não terem bico. Enquanto todos dormiam, a raposa saiu sorrateira e voltou acompanhada de sua matilha. Devoraram todos os animais – com exceção do gambá, por seu mau cheiro.

Segundo Gubernatis (1872), as raposas e os lobos têm habilidades diabólicas parecidas e adotam os mesmos estratagemas para apanhar suas vítimas, respectivamente galinhas e cordeiros. O conto folclórico brasileiro "O leão, o lobo e a raposa" demonstra tal semelhança. Um velho leão muito enfermo exige que todos seus súditos saiam à procura de um médico ou de um remédio para sua doença. Todos os animais partem em busca de ajuda, menos a raposa, que fica em casa. Em uma de suas visitas ao rei, o lobo faz intriga a respeito da atitude da raposa. Então o leão exige que esta seja trazida imediatamente à sua presença. O animal justifica sua ausência alegando estar cumprindo uma promessa feita pela recuperação do leão. Diz que, em sua peregrinação, não deixara de consultar as mais confiáveis autoridades sobre sua doença. Segundo os sábios, o rei necessitava apenas de calor, o que ele conseguiria mandando esfolar vivo um lobo e agasalhando-se com sua pele ainda quente. Assim foi feito: o leão mandou que o lobo fosse esfolado vivo e sua carne, retalhada.

O lobo e a raposa são adversários em vários contos populares, não só no Brasil como em todo o mundo. O lendário lobo Issengrim é famoso em toda a Europa por sua maldade. Na história a seguir, a raposa demonstra a mesma característica na relação com esse animal. Durante um inverno rigoroso, o lago congelou e alguns camponeses escavaram um buraco, deixando bem próximo dele um balde para tirar a água. A raposa aproximou-se do lobo Issemgrim e contou sobre a variedade de tainhas, enguias e outros peixes que existiam naquelas imediações e poderiam dar numa excelente pescaria. Ganancioso, o lobo aceitou que a raposa amarrasse o balde em sua cauda e o colocasse no buraco. A raposa explicou-lhe, então, que ele deveria permanecer sentado, sem se mexer, por uma ou duas horas, tempo suficiente para que o balde se enchesse de peixes. Assim ele fez, mas logo ficou com muito frio e seu rabo começou a congelar. Sentindo um repuxão na cauda, o lobo julgou que o balde se enchera de peixes e pediu ajuda à raposa que tirasse o rabo dele do buraco, mas ela fingiu estar dormindo. Quando o sol estava nascendo, um fidalgo que por lá caçava viu o lobo enregelado e, quando pensou em atravessá-lo com a espada, escorregou e cortou o rabo do animal. Com muita dor, Issemgrim fugiu aos pulos, refugiando-se na floresta. Ainda gemendo, percebeu que a raposa se divertira à sua custa e jurou se vingar.

Atribui-se à raposa a capacidade de criar ardis e estratagemas para vencer os inimigos sem ser violenta. O porte físico frágil, que não permite o confronto direto de forças, pode levar ao desenvolvimento compensatório da astúcia para agir de modo maldoso e vingativo. Dessa maneira, surgem habilidades como perspicácia, percepção da fragilidade do adversário, planejamento e frieza para engendrar estratégias. Essa dinâmica diz respeito a uma personalidade que às vezes se manifesta de modo enganoso, traiçoeiro e sedutor, sem medir esforços para alcançar seus objetivos malévolos, e às vezes agindo com maldade pela maldade. É uma agressividade não impulsiva, mas ardilosa, planejada friamente para ferir e/ou lesar o outro.

É comum observarmos essas características nas situações associadas ao poder, como na política, em que a maldade e o abuso de autoridade alimentam o comportamento corrupto.

ASPECTO BENÉFICO

A raposa também apresenta aspectos benéficos, auxiliando o herói e quem lhe peça ajuda, seja em contos de fadas, seja em histórias populares de vários pontos do mundo.

Para os japoneses, ela está – junto com a vaca, o macaco, o lobo, o cachorro, o cavalo e os peixes – entre os animais benéficos e gratos. Por exemplo, há as raposas mensageiras de Inari, uma das principais divindades xintoístas, deusa da fertilidade, da abundância e do arroz (veja "Raposa: deuses associados à raposa").

A gratidão da raposa para com os que a ajudam é descrita em histórias de várias regiões do mundo. Em algumas, ela lança mão de sua astúcia para retribuir o que recebeu. Ela também parece esperar gratidão daqueles a quem ajuda e, quando isso não ocorre, é capaz de tornar-se vingativa (veja "Raposa: astúcia e esperteza", "Raposa: aspecto maléfico e demoníaco" e "Raposa: relação com o ser humano").

O conto japonês "As raposas gratas" retrata esse enredo. Dois meninos pegaram um filhote de raposa e tentaram vendê-lo. Um homem que testemunhara a cena comprou o filhote e, em seguida, descobriu que este estava com a pata machucada. Ele curou o ferimento com algumas ervas e, percebendo que algumas raposas o observavam de longe, deixou que o filhote se juntasse a elas. Tempos depois, o filho daquele homem gentil recebeu o diagnóstico de uma estranha doença. O médico prescreveu fígado de raposa como o único remédio que poderia curá-lo. Por não fazer parte de seus princípios matar um ser vivo, o homem pediu a um vizinho que caçava raposas que lhe arranjasse o fígado de uma de suas presas e o entregasse à noite. Bem tarde, um homem totalmente desconhecido entregou-lhe o fígado de uma raposa dizendo ser mensageiro do vizinho. Na noite seguinte, porém, uma linda jovem apareceu ao pé de sua cama e explicou que era a mãe do filhote que ele salvara e, em gratidão por sua gentileza, ela matara sua cria para doar o fígado ao seu filho; seu marido era o misterioso mensageiro que lhe trouxera o órgão.

Outro exemplo da lealdade da raposa pode ser vista em "O lenhador e a raposa". O lenhador passava o dia inteiro trabalhando até o anoitecer. Morava com um filho ainda bebê e uma raposa, que cuidava da criança. Seus vizinhos sempre o alertavam de que a raposa era selvagem e, portanto, não deveria ser digna de tanta confiança, pois no dia em que ficasse faminta comeria a criança. O lenhador dizia que aquilo era bobagem, mas os vizinhos continuavam insistindo. Certo dia, ao chegar à sua casa, exausto do trabalho e desses comentários, encontrou a raposa com a boca toda ensanguentada. O lenhador suou frio e, sem pensar duas vezes, acertou o machado em sua cabeça. Desesperado, entrou correndo no quarto do bebê, onde o encontrou dormindo tranquilamente e, ao lado do berço, viu uma cobra morta.

Na cultura brasileira, particularmente em São Paulo, uma história popular relata que a raposa foi abençoada pela Virgem Maria por ter sido o único animal que a ajudara no momento do parto, trazendo-lhe água. Em retribuição, Nossa Senhora abençoou-a com a dádiva de não sentir dores no parto, o que parece estar associado aos poderes mágicos e de cura que lhe são atribuídos (veja "Raposa: poder de cura", "Raposa: partes da raposa" e "Raposa: aspecto materno").

Essas histórias ilustram a capacidade de reconhecer o bem que o outro faz, retribuindo quando surge a oportunidade.

PODER MÁGICO

Em algumas regiões europeias e na Ásia, atribuem-se poderes mágicos à raposa, tanto benéficos quanto maléficos (veja "Raposa: relação com o feminino"). A crença em seu poder mágico originou-se da Índia, e daí chegou à China, à Coreia do Norte e ao Japão, países onde existe até hoje (veja "Raposa: raposa fantástica – raposa celeste").

Na mitologia japonesa e chinesa, a raposa desempenha importante papel como animal versado em magia e capaz de se metamorfosear em diversos seres vivos. Um exemplo é a história japonesa que se segue.

Há muito tempo, um homem saiu com seu servo para procurar um cavalo perdido. Depois de uma busca infrutífera, caminhavam por um prado quando avistaram um cedro gigantesco. Admirados, porque nunca haviam visto uma árvore naquela campina, duvidaram da visão e concluíram que era algum espírito maléfico. Então, atiraram setas nela, que imediatamente desapareceu. Na manhã seguinte, quando retornaram ao prado, encontraram uma velha raposa morta com uns poucos brotos de cedro na boca.

Ainda na cultura japonesa, a Raposa-Duende é uma criatura que conduz à existência noturna e sombria. De espírito astuto, prudente e desconfiada, é mestre na arte da ilusão, sempre enganando as pessoas. Usa sua capacidade de iludir para adquirir a aparência de ser humano, em geral uma bela mulher ou um monge budista. Quando na forma humana, pode ser reconhecida por uma chama oscilante que lhe aparece sobre a cabeça ou em seu reflexo na água, que revela sua aparência real. O espírito da Raposa-Duende nunca pode ser aniquilado, mesmo que ela seja morta. Ao atingir 1.000 anos de idade, torna-se branca ou dourada e brotam-lhe nove caudas. Então não mais perturba os homens, pois ascende aos céus, onde seus poderes mágicos atingem o ápice. Enquanto permanece na terra, a Raposa-Duende nem sempre é prejudicial – quando bem tratada, traz boa sorte (veja "Raposa: raposa fantástica – raposa celeste").

Ainda no Japão, a raposa tem o poder de se metamorfosear em figura feminina sedutora, com a capacidade de fazer o bem ou o mal. A mais famosa delas é Tamano-no-Mae (veja "Raposa: relação com o feminino" e "Raposa: relação com o ser humano").

A raposa também pode se transformar em homem, como neste conto chinês. Wang viu duas raposas apoiadas nas patas traseiras contra uma árvore; uma delas tinha na pata dianteira uma folha de papel. Wang tentou espantá-las, mas, como não se moveram, feriu uma delas no olho e levou consigo o papel para a estalagem em que estava hospedado. Enquanto contava sua aventura aos outros hóspedes, entrou na estalagem um cavalheiro com um olho ferido. Escutou com interesse o relato de Wang e pediu que lhe mostrasse o papel. Wang já ia mostrá-lo quando o estalajadeiro notou que o recém-chegado tinha cauda. "É uma raposa!", exclamou. Imediatamente o cavalheiro se transformou em raposa e fugiu. As raposas tentaram várias vezes recuperar o papel, que estava coberto de caracteres indecifráveis, mas fracassaram. Ao voltar para casa, Wang encontrou a família e soube que, atendendo ao seu pedido escrito em uma carta, haviam vendido todas as propriedades. Porém, ao examiná-la, Wang percebe que era uma folha em branco.

Tempos depois, o irmão mais jovem de Wang, dado por morto, reapareceu e questionou o motivo da pobreza da família. Quando Wang contou-lhe a aventura com as raposas, seu jovem irmão lhe disse que ali estava a raiz de todo o mal e, arrancando a carta das mãos dele, exclamou: "Finalmente recuperei o que procurava!" Então, transformando-se em raposa, partiu (veja "Raposa: relação com o ser humano").

Os poderes sobrenaturais da raposa aparecem também no folclore brasileiro. Certo dia, um príncipe sai em busca de um remédio que curasse a cegueira do pai. Ao passar por uma cidade, vê uns homens batendo num defunto e pede explicações sobre o motivo daquela conduta. Os homens contam que o morto ficara devendo e aquele era o costume da região. O príncipe paga as dívidas e manda enterrá-lo. Seguindo viagem, encontra uma raposinha, que lhe pergunta qual é seu destino. O príncipe conta então sua história e a raposa diz só haver um remédio para a cegueira do rei: colocar nos olhos do velho as fezes de um papagaio do reino dos papagaios. Para tanto, o príncipe deveria ir a esse reino, entrar lá à meia-noite e, deixando de lado os papagaios bonitos e faladores que estavam em ricas gaiolas, pegar o papagaio velho e triste, trancado numa gaiola de madeira, antiga e feia.

O príncipe segue o conselho da raposinha, mas ao chegar àquele reino fica tão maravilhado com as gaiolas de diamante, ouro e prata que se esquece do papagaio velho e pega a gaiola mais bonita. Ao sair, o papagaio grita e os guardas correm para prendê-lo. Ele conta sua história e os guardas negociam com ele a entrega do papagaio, desde que ele vá ao reino das espadas e lhes traga uma delas. Aceitando a condição, segue seu caminho e reencontra a mesma raposa, que o orienta em sua nova empreitada. Entretanto, em vez de seguir o conselho de pegar o mais feio e desprezado, sempre pega o mais belo da gaiola mais cara, tendo a cada vez de dar algo em troca para se livrar da situação.

Por fim, a raposa revela ser a alma do homem que estava sendo espancado. Tentava proteger o príncipe, mas, como ele não seguira seus conselhos, não conseguia realizar seu objetivo. Ainda dando-lhe um conselho, explica que ele deve realizar todas as trocas cumprindo as instruções e seguir direto para a casa de seu pai, que estava muito mal. Advertiu-o a não sair do seu caminho nem escutar ninguém até chegar à sua casa. O príncipe fez tudo que lhe fora recomendado. No caminho, porém, encontrou seus irmãos, que, maravilhados com os objetos que ele trazia, planejam matá-lo. Convencem-no a sair da estrada real seguindo por atalhos, para que ladrões não o atacassem. Quando vai beber água, os irmãos roubam-no e prendem-no numa gruta. Nas proximidades do palácio, tudo que roubaram do irmão magicamente se transforma em objetos sem valor. Quando o príncipe está morrendo, mais uma vez a raposa o salva, conduzindo-o ao palácio. No trajeto, o príncipe cumpre os tratos e, ao chegar ao castelo, coloca as fezes do papagaio nos olhos de seu pai, que volta a enxergar. Seus irmãos são punidos.

RELAÇÃO COM O FEMININO

Mais que ao lado masculino, a raposa é associada ao aspecto primitivo e instintivo da feminilidade. Alguns autores afirmam que, nos sonhos, a raposa pode simbolizar o feminino e a vida emocional, com seus mistérios, instabilidades e artimanhas. Certos mitos incas consideravam que as manchas da lua vistas da Terra eram resultado de sua cópula com uma raposa celeste.

Relaciona-se também a raposa com o encantamento. Em países como Áustria, China e Japão, considerava-se a raposa uma feiticeira: bruxas se transformavam em raposa à noite e faziam maldades, matando e enfeitiçando pessoas. Na Suíça, dizia-se que as feiticeiras saíam à noite na forma de raposa e perpetravam todo tipo de maldade, embora o corpo delas permanecesse deitado na cama. Nessa região, os casos de histeria e epilepsia eram explicados como feitiços atribuídos a raposas.

Em várias regiões europeias, a raposa era tida como encarnação de bruxas e queimada em uma fogueira, a fim de afastar qualquer mal que pudesse atingir a colheita, assegurando desse modo maior abundância.

Outra forma da relação da raposa com o feminino se manifesta por meio de sua metamorfose em mulher, o que pode estar a serviço tanto da criação quanto da destruição. Segundo uma velha história esquimó da Groenlândia, um homem solitário montou uma armadilha para capturar raposas, prendeu uma delas e a levou para casa. Diariamente, uma linda mulher aparecia em sua casa, arrumava-a e cozinhava enquanto ele estava fora caçando. Certa vez, encontrou-a, apaixonou-se por ela e ambos se casaram. Tempos depois, um estranho apareceu e lhe propôs que trocassem de mulher, como é costume entre os esquimós. Da primeira vez, o marido recusou a proposta, por causa do odor de raposa que exalava de sua mulher quando ela suava. Da segunda vez, concordou. Passado mais um tempo, o desconhecido, deitado ao lado da bela jovem, perguntou-lhe de onde vinha aquele cheiro de raposa. A mulher se levantou da cama, fugiu e desde então seu marido vive procurando por ela.

A literatura chinesa às vezes aborda a raposa como mulher diabólica, sedutora, que enlouquece homens, aquela que conhece mil artimanhas para subjugá-los e dominá-los.

Uma das mais famosas bruxas-raposas do Oriente é Tamano-no-Mae, raposa muito velha com rabo dividido em nove que vivia na forma de uma cortesã do século XII. Tinha a peculiar perversidade de se transformar numa linda mulher que trazia ruína ao Estado por levar seu governante a pecar. Segundo a lenda, ela vinha da Índia e da China e, graças ao seu poder de se deslocar pelo ar, chegara ao Japão. Enquanto planejava maldades, seu segredo foi descoberto por um nobre sábio japonês, que quebrou o feitiço usando o poder de um espelho divino. Diante do espelho, a raposa perdeu o poder de transformação, aparecendo em toda sua medonha repugnância, e fugiu para o leste. Logo o exército a capturou e ela foi morta. Seu espírito diabólico se refugiou numa pedra que ficava nas planícies de Nassu (Japão) e, depois disso, qualquer um – ser humano ou animal – que a tocasse era morto instantaneamente. Um monge virtuoso enfim exorcizou essa que era conhecida como a "Pedra Mortal de Nassu-no", e Tamano-no-Mae deixou de assombrar a humanidade (veja "Raposa: relação com o ser humano – metamorfose em ser humano").

Outra característica associada à raposa e ao feminino é a voluptuosidade. Na China antiga, acreditava-se que a cauda de uma raposa presa ao braço provocasse excitação sexual (veja "Raposa: partes da raposa").

No Ocidente, na década de 1960, a raposa virou símbolo de sofisticação e riqueza nas estolas feita com a pele desse animal, que traziam nas extremidades sua cabeça e sua cauda. Esse uso talvez se devesse ao significado de feminilidade sedutora associado a ela.

A raposa, por ter uma constituição física mais frágil em comparação com o homem – assim como a mulher –, precisa se valer de truques e artimanhas para conseguir o que deseja. Esse comportamento ardiloso e sedutor pode provocar associações funestas e ameaçadoras, levando o homem, por medo, a persegui-la e dominá-la.

Por outro lado, quando se usa esse aspecto de modo delicado e sutil, o feminino manifesta-se como apoio e cuidado, estabelecendo relações de cooperação e solidariedade.

VORACIDADE

Outra característica central da raposa é a voracidade, descrita em várias das histórias que permeiam este capítulo. Algumas delas demonstram claramente como esse atributo leva esse animal a correr riscos desmedidos para saciar seu desejo.

Duas dessas são fábulas recolhidas por La Fontaine. Na primeira, intitulada "O lobo e a raposa", uma raposa faminta procurava o que comer em uma noite de luar. Ao se debruçar sobre um poço, viu o que lhe pareceu um apetitoso queijo e, para pegá-lo, pulou num dos baldes, que desceu até o fundo, enquanto o outro subiu. Ao perceber que fora iludida pela imagem da lua refletida na água e que estava presa, lamentou o erro cometido. Passados alguns dias, um lobo apareceu na borda do poço para beber água e a raposa, sem perder a oportunidade, deu-lhe um queijo que estava com ela, do qual já havia comido um pedaço. Para pegá-lo, bastaria que descesse no balde. O lobo, então, desceu em um balde enquanto o outro subiu com a raposa. Ao chegar sã e salva, pôs-se a correr, abandonando dentro do poço o ingênuo lobo. Na segunda história, "O raposo e o lobo", um velho raposo, insatisfeito com sua restrição alimentar a frangos e galinhas, pediu ao lobo que lhe ensinasse a caçar outros animais. Este sugeriu ao raposo que vestisse a pele de um lobo morto havia poucos dias, pois assim poderia afugentar os cães que guardavam o gado. Após alguns dias de treinamento, os cordeiros fugiram ao ver a raposa com pele de lobo; restou apenas uma ovelha, que não conseguiu acompanhá-los. Porém, quando o raposo estava pronto para atacá-la, um galo cantou nas proximidades. O raposo abandonou o disfarce, largou a ovelha, esqueceu as lições aprendidas e saiu correndo atrás da ave (veja "Raposa: relação com outros animais – lobo").

A voracidade da raposa também é retratada em uma história da Romênia em que o animal entra em um galinheiro e come até se fartar. Algum tempo depois, ao voltar ao mesmo galinheiro, encontra um ouriço, que a adverte da possibilidade de os fazendeiros não a deixarem entrar com tanta facilidade. Mas a raposa, orgulhosa, responde que entende do negócio e o convida a segui-la. Como o ouriço previra, os proprietários haviam cavado uma vala profunda no local por onde a raposa tinha entrado da última vez e ambos caem nela. Como o ouriço era considerado um velho sábio, a raposa pede sua ajuda para sair daquela situação. Usando seu único truque, o de se enrolar, o ouriço transforma-se numa pequena bola, que a raposa pega na boca e, erguendo a cabeça, joga para fora da cova. Já livre, o ouriço diz: "Você, que se acha tão sábia e esperta e afirma ter uma coleção de truques astutos e inteligentes, está presa; já eu, que só conheço um único truque, estou livre!" Ao se dar conta desse fato, a raposa pede novamente ajuda ao sábio ouriço, que decide auxiliá-la, desde que no dia seguinte, quando os proprietários viessem checar a armadilha, ela se mantivesse inerte; desse modo, pensariam que ela estava morta e a jogariam em algum canto para evitar a contaminação das aves. Assim aconteceu, e tão logo a raposa se viu fora da vala correu o mais rápido que pôde.

A raposa também se torna presa da própria voracidade quando, insatisfeita com a compensação recebida por um ato benevolente, exige mais. Vários contos retratam isso. Em um deles, do folclore russo, uma moça se perde na floresta e a raposa a leva de volta para casa sã e salva. Em retribuição, recebe ovos, queijos e outras guloseimas. Porém, descontente com o que lhe fora dado, exige uma galinha. No entanto, quando a levam até a galinha, levam também um cachorro; assim, a raposa é obrigada a fugir sem nenhuma recompensa (veja "Raposa: relação com o ser humano").

Levada por esse ímpeto, a raposa às vezes se coloca em situações arriscadas. Analogamente, pode-se dizer que, quando um ser humano é dominado pela voracidade, seu autocontrole e suas funções cognitivas são prejudicados; ele perde a capacidade de discriminação e fica à mercê de seus impulsos.

A ganância e a voracidade também podem ser referência ao poder e ao dinheiro, levando as pessoas a extrapolar o bom senso e os limites psicofísicos por meio de todos os tipos de vício – trabalho em excesso, jogo, álcool, compulsão alimentar e drogas ilícitas –, o que costuma ocasionar sérios problemas de saúde.

GUIA E PSICOPOMPO

Na Sibéria, a raposa é a astuta mensageira do inferno que atrai os heróis para o mundo inferior, sendo frequentemente representada com a cor preta.

Nos sonhos, pode simbolizar a astúcia natural necessária para seguir os caminhos sutis da evolução; representa, assim, o guia interior. Nas tradições célticas, credita-se à raposa o poder de psicopompo ou guia das almas.

Em vários contos europeus, a raposa também demonstra qualidades de psicopompo, guiando o herói durante as tarefas que terá de desempenhar para alcançar a individuação. Exemplo disso é o conto bretão no qual um jovem (às vezes príncipe) parte em busca de um talismã para curar seu pai. Enquanto ele é bem-sucedido, seus dois irmãos mais velhos fracassam. O sucesso de sua peregrinação deve-se ao fato de ele ter gastado todo o seu dinheiro para fazer enterrar um morto desconhecido. Pouco tempo depois, ele encontra uma raposa branca que, por meio de conselhos, ajuda-o na busca do talismã. Uma vez que o fim é atingido, a raposa revela ser alma do morto que fora caridosamente ajudada.

No folclore brasileiro, a mesma temática aparece na história "A raposinha", em que a raposa auxilia o herói a encontrar o remédio para seu pai (veja "Raposa: poder mágico").

No conto dos irmãos Grimm "O pássaro dourado", o herói, que procura uma bela princesa, também recebe a ajuda de uma raposa. Esta, tendo cumprido sua missão, implora ao príncipe que ampute suas patas e a degole. Num primeiro momento, o herói não consegue executar o desejo da raposa, pois é grato a ela. No entanto, quando ela lhe implora pela segunda vez, o príncipe atende ao pedido. A raposa então se transforma num belo príncipe, irmão da princesa – portanto, cunhado do herói. Assim, a raposa serve de guia no processo de salvação de ambos.

No livro *O pequeno príncipe* (1960, p. 74), do francês Antoine de Saint-Exupéry, a raposa aparece quando o herói precisa se conscientizar de um importante conteúdo do inconsciente, ensinando-lhe: "Eis o meu segredo. É muito simples: só se vê o bem com o coração. O essencial é invisível aos olhos. [...] Os homens esqueceram essa verdade [...]. Mas tu não a deves esquecer. Tu te tornas eternamente responsável por aquilo que cativas". Saint-Exupéry retrata a raposa como portadora de um conhecimento profundo sobre a alma humana. Esse simbolismo aponta a necessidade de desenvolver perspicácia e inteligência aguçadas para vencer obstáculos no processo de crescimento psicológico e de individuação.

LONGEVIDADE

Nas culturas chinesa e japonesa, a raposa é símbolo de longevidade. Na China antiga, atribui-se essa crença ao fato de elas viverem em covas – portanto, simbolicamente próximas das forças geradoras terrestres, o que lhes conferiria grande poder vital e longevidade.

Esse aspecto do simbolismo da raposa está presente em várias crenças do extremo Oriente. Uma delas é a de que ela teria o elixir da vida. Outra é a da raposa celeste: acreditava-se que, ao completar 100 anos, a raposa adquirisse poderes mágicos, assumindo a forma que quisesse. Aos 1000 anos, poderia então entrar no céu e tornar-se uma raposa celeste de nove caudas, habitante da Colina Verde do Sul. Além de considerada divina, os chineses a adoram em razão de sua sabedoria do passado, visão de futuro e capacidade de decifrar a alma humana. Se, de um lado, era temida como monstro antropofágico, de outro revelava um aspecto benéfico, protegendo aqueles que a tratavam bem (veja "Raposa: raposa fantástica").

Nesse contexto, a longevidade está associada simbolicamente à proximidade com as forças da natureza que permitem a revitalização e a energização. Além disso, uma vida longa pode possibilitar uma visão mais objetiva e ampla, tanto no âmbito pessoal quanto no cultural, tornando as decisões mais sábias e equilibradas.

PODER DE CURA E DE PROTEÇÃO

Em diversas culturas, a raposa é considerada um animal de muitos poderes, entre eles o de curar e o de proteger. Isso porque é combativa e tem grande poder de adaptação, o que lhe confere alta capacidade de sobrevivência e resiliência.

Na China antiga, ela era considerada um animal particularmente sensual; talvez por isso se acreditasse que seus testículos, macerados em vinho, constituíssem um infalível elixir do amor (veja "Raposa: partes da raposa").

A utilização da carne e da gordura da raposa era comum na cura de diversas doenças. No folclore brasileiro, indica-se comer a carne desse animal para combater a congestão.

Ainda na cultura popular brasileira, algumas simpatias sugeriam que se desse um pedaço de carne de raposa ou de gambá às adolescentes e às jovens púberes, prestes a ter a primeira menstruação, a fim de que mais tarde tivessem partos felizes e não lhes faltasse leite. Também se faziam escapulários de couro de raposa para que as gestantes os usassem no pescoço durante toda a gravidez.

Para evitar problemas e dores excessivas no parto, colocavam-se pedaços de pele de raposa embaixo do colchão da futura mãe; esta também deveria segurar firme uma pata desse animal. Quando as dores se iniciassem, as parturientes deveriam friccionar o ventre com um unguento de raposa. Talvez esses costumes provenham da ideia de que esse animal é predominantemente feminino e lutador, apesar de sua estrutura física delicada. Em razão disso, por meio do mecanismo de identificação projetiva, partes da raposa eram utilizadas pela mulher em momentos de luta e de sofrimento relativos à gestação e ao parto (veja "Raposa: aspecto materno" e "Raposa: partes da raposa").

RELAÇÃO COM O SER HUMANO

A relação entre a raposa e o ser humano aparece tanto no folclore como nos contos populares de várias regiões do mundo, apresentando características muito variadas.

Gratidão

Um dos aspectos do relacionamento entre a raposa e o ser humano diz respeito à polaridade gratidão-ingratidão. A raposa é grata àqueles que a ajudaram e manifesta tal sentimento em várias histórias. Porém, espera reciprocidade e, quando ela não existe, pode tornar-se vingativa (Veja "Raposa: astúcia e esperteza", "Raposa: aspecto maléfico e demoníaco", "Raposa: aspecto benéfico" e "Raposa: poder mágico").

Duas histórias japonesas, além das já descritas no decorrer deste capítulo, ilustram essa característica. A primeira relata que, durante muitos anos, raposas infestavam os alicerces do casarão do conselheiro real Yassumichi sem que ele se importasse, pois nunca lhe causaram danos. Um dia, ele se incomodou e decidiu dar um basta na situação. Assim, anunciou para o dia seguinte uma grande caçada de raposas. Seus servos foram armados e posicionados em pontos estratégicos para matar aquelas que aparecessem. Ao amanhecer, Yassumichi sonhou com um homem de cabelos brancos e aspecto servil que, ajoelhado sob uma tangerineira no jardim, curvava-se respeitosamente para ele. O velho então disse: "Vivo nesta mansão há décadas. Porém, agora meus netos têm feito muitas estripulias e o senhor compreensivelmente ficou farto deles. Eu só queria que o senhor soubesse como lamento que esta seja nossa última noite juntos na vida... Por isso, se perdoar meus netos mais uma vez, prometo fazer tudo para protegê-lo e avisá-lo sempre que algo bom estiver prestes a acontecer". Então, o velho do sonho se curvou novamente e Yassumichi acordou. Ao levantar-se, olhou para fora e, sob a árvore de tangerinas, avistou uma raposa velha e sem pelos, que, ao vê-lo, se esgueirou por sob a casa. Perplexo, o conselheiro desistiu de caçar as raposas. Nunca mais teve contratempos com esses animais, e cada boa notícia ligada a ele era anunciada pelo regougar agudo de uma raposa.

Outra história japonesa relata que uma raposa que caíra numa armadilha foi salva por um camponês. Em retribuição, transformou-se várias vezes em uma linda mulher, que se dispôs a viver com ele. Entretanto, diante da recusa à oferta – o homem não se sentia à altura daquela bela mulher-raposa –, ela decidiu torná-lo rico. Depois de várias aventuras, o camponês ganhou muito ouro, mas continuou recusando-a como amante; acreditava que a união seria um pecado, uma violação das leis naturais. Essa última recusa quebrou o feitiço que a fizera perambular por 500 anos na Terra, o qual se desfaria quando ela encontrasse alguém que tivesse a virtude da pureza. Com isso, a mulher abandonou a forma animal e retomou sua humanidade, desaparecendo. Em sua honra, o homem construiu um santuário, onde ela foi adorada por gerações.

Em outras fábulas, a raposa usa de astúcia e sagacidade para salvar o ser humano, mas é cruelmente traída por aquele que ajudou. Em uma história russa, a raposa carrega nas costas uma moça que encontrara perdida na floresta e a entrega a seus pais. A raposa pede uma galinha como retribuição. Todavia, os pais, ingratos, entregam-lhe um saco onde havia um cão, que a ataca (veja "Raposa: voracidade").

Outra história russa relata que um camponês libertou um lobo que estava preso em um saco, salvando-o dos caçadores. O lobo, tão logo se viu fora de perigo, desejou comer o camponês, dizendo que a velha hospitalidade estava esquecida. O camponês implorou ao lobo que esperasse o julgamento de quem por lá passasse. O primeiro a passar foi uma velha égua. Tendo sido expulsa do estábulo por causa de sua idade, depois de ter servido a seu dono por longo tempo, ela achou que a sentença do lobo era justa. O camponês então pediu ao lobo que esperasse pelo segundo transeunte, um velho cachorro preto expulso de casa após longo tempo de serviço, pois não conseguia mais latir. Assim, indignado, também aprovou a decisão do lobo. O lobo concedeu ao camponês o terceiro e decisivo julgamento, feito por uma raposa. Esta recorreu a um estratagema: fingiu duvidar que um animal tão grande quanto o lobo pudesse caber dentro de um saco tão pequeno. O lobo, desejando provar que tinha dito a verdade, entrou de novo no saco e apanhou do camponês até morrer. Em seguida, o camponês ingrato – e usando o espírito da máxima de que a velha hospitalidade tinha sido esquecida – mostrou a intenção de capturar a raposa que o salvara.

Um conto folclórico francês conta que, ao passar pelo bosque, um homem ouviu alguém chamando seu nome. Era uma cobra grande que tinha subido até o topo da árvore e, sem saber descer, pediu-lhe que a salvasse. De início o homem recusou-se a atender, pois acreditava que assim que a colocasse em local seguro a cobra o morderia, mas ela prometeu que não o faria. Confiando na promessa, o homem retirou-a da árvore e a pôs no chão. Então, a cobra disse que ia mordê-lo. Indignado, o homem questionou-a sobre a promessa que fizera, exigindo outra decisão, no exato momento em que uma raposa passava por ali. Esperta, pediu que voltassem à posição do primeiro encontro. Assim, a cobra subiu na árvore e o homem se livrou de ser picado. O homem agradeceu à raposa e lhe disse que ia até sua casa buscar o ganso mais gordo que tinha para recompensá-la. A raposa esperou um pouco, mas, esperta, percebeu que ele estava voltando com uma arma. Assim, ela desapareceu, pensando que, afinal, nenhum juiz recebia presentes e que a cobra estava correta: ao fazer algo de bom, espere algo de ruim.

Como vimos, essas histórias representam o lado humano instintivo que rapidamente é capaz de achar soluções justas e criativas durante os conflitos. Às vezes, o outro reconhece a ajuda recebida; em outras, paga com traição, mostrando-se mais interessado em obter benefícios do que em ser grato a quem o ajudou. Isso simboliza a necessidade de não acreditarmos ingenuamente que sempre seremos reconhecidos e recompensados ao ajudar o próximo. Afinal, a traição ocorre quando menos se espera.

Duelo de esperteza

Outra característica da relação entre a raposa e o ser humano é o duelo de esperteza, ou seja, ambos disputam entre si para saber quem é mais sagaz.

Histórias de várias regiões da Grã-Bretanha retratam essa característica. Uma lenda irlandesa conta que, depois de um dia cansativo de trabalho, o guarda-florestal volta para casa, onde mora sozinho com seus cães. De repente, uma raposa invade sua casa e o provoca fumando seu cachimbo tão naturalmente como se fosse um ser humano. Planejando manter a raposa em seu poder até que seus cachorros retornassem para matá-la, o guarda fica na frente da porta. A raposa tenta escapar utilizando várias estratégias que fizessem o guarda mudar de posição. Como isso não ocorre, a rivalidade entre os dois se intensifica e culmina com a raposa pondo fogo na cama e na casa do guarda para escapar.

Um conto popular escocês semelhante, "A raposa e o caçador", relata que um caçador estava ansioso para pegar uma raposa que tinha visto naquelas terras durante o inverno. Certa noite, ao acordar em sua cabana, viu a raposa sentada calmamente perto do fogo. Ela tinha entrado pelo buraco sob a porta usado pelos animais domésticos. Feliz, o caçador pensou que tinha capturado o animal e sentou-se diante do buraco para impedir a fuga dela. Por sua vez, a raposa pensou que em breve ia fazê-lo levantar dali e começou a colocar toda a roupa do caçador no fogo, em vão. O confronto continuou até que ela pôs fogo na palha onde estava seu carcereiro, o qual correu gritando de dor, enquanto a raposa, aproveitando a fumaça e a confusão, fugiu.

No Japão, há uma história semelhante. O criado do governador estava indo para casa quando viu uma raposa. Começou a persegui-la e atirou-lhe uma flecha, que atingiu sua pata traseira. A raposa gritou de dor, rolou e correu mancando para o mato. O criado foi atrás dela, encontrou-a e, quando estava prestes a atirar outra flecha, o animal desapareceu. Mais adiante, viu a raposa correndo na frente dele com fogo na boca. Esporeou o cavalo e correu como louco, mas ao chegar à sua casa viu a raposa, transformada em ser humano, ateando fogo ao telhado. Mais uma vez o criado pensou em atirar a flecha, mas a raposa voltou à forma original e fugiu, deixando a casa em chamas. Diz-se que a raposa consegue se vingar de modo rápido e preciso; assim, seria melhor sempre deixá-la em paz.

Na fábula "O raposo inglês", La Fontaine conta que o raposo, ao perceber que uma matilha o perseguia, lançou mão de uma armadilha engenhosa. Enquanto corria, viu por onde passava forcas nas quais estavam dependurados vários animais, como texugos, raposas e mochos, que pareciam ter sido deixados ali em sinal de advertência. A matilha, aproximando-se cada vez mais e latindo, vinha em sua direção. Então o raposo amarrou uma corda em si mesmo, colocou-se entre as vítimas penduradas e fingiu estar enforcado. Os cães farejaram o lugar e latiram muito, indicando que o raposo estava por ali. Sendo assim, o caçador resolveu mandar os cães se afastarem e ficou à espreita, bem escondido. Logo que o raposo desceu da forca e tentou fugir, os cães o farejaram e o mataram.

Entre os contos populares brasileiros há duas histórias bem similares – "A raposa lograda" e "A raposa e o homem" – nas quais a raposa, querendo enganar o homem, colocou-se seguidas vezes em seu caminho fingindo-se de morta. À medida que a encontrava, o homem ia ficando mais impaciente e sua reação, a princípio piedosa, foi-se tornando agressiva, o que acabou causando vários ferimentos no animal.

A maioria das histórias de rivalidade entre o homem e a raposa mostra que a superioridade é conferida àquele que melhor utiliza estratégias inteligentes e astutas.

Metamorfose em ser humano

A raposa é considerada um animal mágico, capaz de se metamorfosear em vários seres vivos, sobretudo seres humanos de ambos os sexos, como já vimos (veja "Raposa: relação com o feminino", "Raposa: poder mágico" e "Raposa: raposa fantástica").

Os chineses acreditam que a raposa seja o único animal que saúda o nascer do sol: dobra as patas traseiras, alonga e une as dianteiras e prostra-se. Segundo eles, aquela que faz isso durante muitos anos é capaz de se transformar em homem e de viver no meio deles sem atrair sua atenção.

Na lenda japonesa "O lenhador e o velho sacerdote", o lenhador Vissu, convencido por um sacerdote da importância de rezar, abandonou o trabalho e a família e foi para o monte Fuji. Estava sentado no topo da montanha, rezando, quando viu uma raposa. Considerando aquilo um bom presságio, correu atrás do animal. Prestes a desistir da perseguição, Vissu viu duas lindas mulheres jogando xadrez perto de um rio. Ficou tão fascinado que não pôde fazer nada além de sentar e observar os movimentos daquele jogo sem fim. Passados 300 anos, conseguiu dizer que uma das mulheres fizera um movimento errado, o que quebrou o feitiço, fazendo as moças se transformarem em duas raposas, que desapareceram. Foi então que Vissu percebeu quanto havia envelhecido, embora tivesse a impressão de ter saído de casa na tarde anterior. Lentamente, conseguiu chegar à sua aldeia e, ao perguntar sobre sua família, descobriu que todos haviam morrido. Não se sabe quanto tempo Vissu viveu depois daquele dia, mas conta a lenda que seu espírito ainda assombra o monte Fuji quando a lua brilha.

Amor e casamento entre raposa e ser humano são temas frequentes de contos folclóricos japoneses. O mais famoso é o de Kuzunoha, a raposa da floresta de Shinoda. O jovem nobre Abe-no-Yassuna seguia para um santuário xintoísta em Shinoda quando encontrou um grupo de homens que caçavam raposas para retirar delas o fígado e utilizá-lo como remédio. A raposa branca que os caçadores tentavam capturar correu para Yassuna e escondeu-se nas dobras de suas vestes, salvando-se da morte. Pouco tempo depois, Yassuna conheceu uma bela jovem chamada Kuzunoha, sem saber que era ela a raposa branca salva dos caçadores. Eles se apaixonaram, casaram-se e tiveram um filho chamado Seimei. Viveram felizes por três anos, até que Seimei avistou a ponta da cauda de Kuzunoha enquanto ela cuidava dos crisântemos no jardim. Tendo sua verdadeira natureza revelada, Kuzunoha decidiu voltar para casa, deixando um poema de despedida pedindo a Yassuna que a visitasse na floresta de Shinoda. Pai e filho foram até lá e ela apareceu na forma original de raposa. Revelou a divindade do santuário de Shinoda e presenteou seu filho Seimei com o poder de compreender a linguagem dos animais.

Essas histórias ilustram a transformação da consciência da forma animal para a humana e a necessidade de integração do lado instintivo à consciência. Dependendo de como acontece, essa interação tanto pode favorecer o processo como levar a um estado de rebaixamento mental. O homem adormecido, enfeitiçado pela beleza e aprisionado na vida instintiva, perde a noção de tempo e de espaço, abandona a vida cotidiana e fica perdido no mundo da fantasia; deixa de ser eficiente no trabalho e de participar da vida familiar. Para impedir a regressão a esse estado mais primitivo, é preciso exercitar o pensamento discriminatório, não se deixando levar pelo instinto. O sacrifício do desejo e o desenvolvimento da força de vontade são necessários à evolução da consciência.

Caça à raposa

A caça à raposa está tradicionalmente associada à Grã-Bretanha. De início, era uma forma de controlar a proliferação desses animais para proteger o rebanho; mais tarde, tornou-se uma atividade social para a classe alta na época vitoriana, além de uma atividade rural tradicional para cavaleiros e caçadores, que seguiam a presa a pé.

A primeira iniciativa conhecida de caçar raposas com cachorros deu-se em Norfolk, Inglaterra, em 1534. Na época, os animais eram perseguidos porque matavam aves domésticas. No final do século XVII, surgiram inúmeros grupos de caça à lebre e à raposa, mas foi durante o século XVIII que a atividade realmente se desenvolveu.

Essas caçadas eram o cenário de rituais sociais, mas a caçada em si começava quando se conduziam os cães aos locais onde as raposas ficavam durante o dia. Quando a matilha conseguia farejar uma raposa, seguia em seu encalço, enquanto os caçadores iam pela rota o mais direta possível. A caçada continuava até que a raposa escapasse dos cães – entrando em uma toca, por exemplo – ou fosse vencida e morta por eles.

Após a caçada, realizavam-se vários rituais. Alguns estudiosos conjecturam que se tratava de uma forma estilizada de retomar os ritos das caçadas ancestrais, preservadas desde a Alta Idade Média. Um dos mais notáveis era o "sangramento". Durante essa antiga cerimônia, o chefe marcava com o sangue da raposa morta o rosto ou a testa de um recém-iniciado em caçadas, muitas vezes uma criança. Outra prática frequente era cortar a cauda, os pés e a cabeça do animal para conservá-los como troféus. Por fim, a carcaça era jogada aos cães.

Os cães de caça – os *hounds* – eram criados e treinados para ajudar exclusivamente nessa tarefa. No outono de cada ano, cães mais velhos treinavam cães jovens. Um jovem só entrava na matilha quando conseguisse encontrar, atacar e matar raposas dentro de uma área cercada. Os cães que não mostrassem aptidão para a caça geralmente eram eliminados.

A temporada de caça tinha início em novembro no Hemisfério Norte e em maio no Hemisfério Sul, durando cerca de seis meses. Como os filhotes de raposa nascem na primavera, raposas prenhes e lactantes eram inevitavelmente caçadas e mortas.

Apesar de tida como atividade rural tradicional tipicamente britânica, a caça à raposa ocorreu em países diversos, tendo sido praticada na Irlanda, nos Estados Unidos, no Canadá, na Austrália, na Índia e na Tanzânia – locais colonizados pelo Império Britânico.

Embora o uso de cães para caçar mamíferos selvagens na Grã-Bretanha seja considerado ilegal desde fevereiro de 2005, ainda há controvérsia sobre a caçada em si. De um lado, os defensores da vida animal argumentam que esse tipo de caçada submete as raposas – e, em menor extensão, cavalos e cachorros – a um sofrimento desnecessário. Já os que advogam o costume dizem que ele é cultural e importante para a economia.

A caça à raposa expressa a necessidade do ser humano de vencer um animal considerado esperto e ágil. Tornou-se um ritual em que há uma disputa de poder e de inteligência entre um animal pequeno e um grupo de cavaleiros e seus cães. É muito mais um desafio mental do que físico, uma vez que a raposa não representa ameaça ou risco ao ser humano. A satisfação com a morte da raposa revela a busca do prazer de sentir-se superior e capaz de dominar aquele tido como mais esperto e inteligente.

Por outro lado, essa caçada também pode ser compreendida do ponto de vista social da época em que foi criada, caso em que seria uma metáfora do desejo da aristocracia de mostrar seu poder, perpetuando a submissão do povo.

PRESSÁGIOS ASSOCIADOS À RAPOSA

A maioria dos presságios associados à raposa tem um caráter negativo. Na Europa Central, quando um temporal se aproximava, dizia-se que "a raposa estava tramando alguma". No Vale de Aosta, no Norte da Itália, acreditava-se que o regougar de uma raposa perto de uma casa pressagiasse uma morte na vizinhança.

Na Idade Média, "raposa" era *goupil* em francês, palavra vinda do latim, e os agricultores acreditavam que a menção a ela desse azar. Por outro lado, a crescente popularidade das histórias de Reynard (raposa que protagonizava diversas histórias medievais) fez que o termo *"renard"* fosse utilizado como eufemismo para se referir ao animal. Assim, aos poucos, essa passou a ser a nova designação de "raposa".

Na obra *O significado psicológico dos motivos de redenção nos contos de fada* (1986), Marie-Louise von Franz relata uma saga das montanhas suíças em que um moleiro encontra uma raposa fantasmagórica que falava. Logo depois desse encontro, ele morre. Na região, acreditava-se que a raposa representasse uma alma penada e pudesse produzir uma inflamação cutânea (raposa-vermelha = pele vermelha). Também se dizia que a raposa era a alma penada da tia do moleiro. A autora refere-se à crença mundialmente difundida de que, quando um indivíduo encontra a própria alma na forma de um animal que fala, é prenúncio de sua morte.

No Japão, acreditava-se que a raposa preta fosse presságio de boa sorte e a branca, de calamidade. Já três raposas juntas indicariam desastre natural (veja "Raposa: cor da raposa").

Na China, associava-se o animal ao fogo, provavelmente por sua cor avermelhada. Assim, os chineses acreditavam que a raposa tivesse o dom de pressagiar incêndios.

Os tumbucas, do Malaui (África), consideravam que a raposa tinha o poder de prever o futuro da aldeia. Portanto, quando a avistavam ou ouviam, ela tinha de ser capturada e inquirida pelos anciões da aldeia para que pudessem decifrar o presságio. O regougar ou o silêncio da raposa indicaria as medidas necessárias para proteger a tribo.

No Brasil, um dito popular afirma que encontrar uma raposa durante uma viagem indica mau agouro.

Todas as crenças descritas até aqui permitem concluir que, na maior parte das vezes, a raposa carrega projeções negativas que pressagiam acontecimentos desastrosos. Afinal, o que é imprevisível e difícil de ser capturado e controlado, como a raposa, desperta medo, temor e fantasias de um futuro ameaçador (veja "Raposa: aspecto maléfico e demoníaco" e "Raposa: astúcia e esperteza").

A COR DA RAPOSA

A cor da raposa está associada a diversos simbolismos que variam conforme a cultura. Observamos, em particular, significados diferentes e às vezes contraditórios atribuídos a cada cor, tanto no Ocidente quanto no Oriente.

Raposa branca

Entre os japoneses, a raposa branca é sinal de calamidade. Em contos bretões, por outro lado, ela encarna o animal que auxilia os heróis na busca de seus objetivos. Um exemplo é o conto em que um jovem príncipe recebe a ajuda de uma raposa branca na busca de um talismã que pode curar seu pai (veja "Raposa: guia e psicopompo").

Raposa marrom-avermelhada

Na tradição hindu, a raposa marrom-avermelhada fazia a mediação entre o dia luminoso e a noite escura, ou seja, o momento do crepúsculo. Tal associação ocorria tanto por causa da cor da raposa como pelo simbolismo do crepúsculo, encarado como período de incertezas e enganos.

Raposa negra

Na cultura nipônica, a raposa negra indica boa sorte, enquanto nas lendas dos povos da Sibéria ela é a astuta mensageira dos infernos, que atrai os heróis para o mundo inferior (veja "Raposa: guia e psicopompo").

Raposa prateada

Na Califórnia, os índios consideram esse animal um deus criador.

PARTES DA RAPOSA

Algumas partes da raposa apresentam simbolismo específico para determinados povos.

Cauda

Na China antiga, acreditava-se que uma cauda de raposa presa ao braço tinha efeito erótico (veja "Raposa: relação com o feminino").

Língua

A língua da raposa era considerada um talismã que fazia os medrosos ganharem coragem.

Pata

No folclore brasileiro, acreditava-se que segurar a pata de uma raposa amenizaria as dores do parto.

Pele

Também se usava a pele da raposa para proteger a gestação e facilitar o parto (veja "Raposa: poder de cura e de proteção").

No Ocidente, na segunda metade do século XX, a utilização de pele da raposa em roupas e adereços conferia um caráter atraente à mulher que os vestia (veja "Raposa: relação com o feminino").

Testículos

Na China, os testículos de raposo macerados em vinho eram considerados um poderoso afrodisíaco.

RELAÇÃO COM OUTROS ANIMAIS

As histórias sobre a relação entre a raposa e outros animais frequentemente se referem ao tema esperteza, podendo ela exercer o papel de enganada ou enganadora. Na maioria, ela vence seus adversários com a astúcia, sempre apresentando um truque diferente. Com animais de maior porte, é cautelosa e consegue safar-se com sucesso de situações conflitivas. Entretanto, na relação com animais de menor porte e mais frágeis, é vencida.

Do ponto de vista psicológico, poderíamos pensar na existência de um mecanismo compensatório que visa equilibrar as polaridades sempre que se exerce unilateralmente uma função. Sobressai um excesso de autoconfiança que lhe dá a falsa sensação de invencibilidade, momento em que fica vulnerável e perde a noção de limite, sendo enfim vencida.

Raposa e bode

Em uma fábula de La Fontaine, a raposa convence o bode a entrar com ela num poço para saciarem a sede. Depois de saciados, procuram uma maneira de sair. A raposa sugere que o melhor seria o bode se empinar, o que a permitiria subir nele até alcançar a borda do poço; lá chegando, ela o puxaria para fora. O bode concordou. A raposa subiu por ele e saiu do poço, mas, quando se viu lá fora, não mais se importou com o companheiro e caçoou dele: "Se tivesses de miolo o que tens de barbas, nunca terias caído na asneira de descer nesse poço".

Raposa e cão

A relação entre esses dois animais tem sido muito associada à caça à raposa. A maioria das histórias fala de cães criados e treinados pelo ser humano para a caça. Portanto, pouco se sabe do comportamento desses dois canídeos sem a interferência humana. A fábula de La Fontaine "O raposo inglês" serve de exemplo (veja "Raposa: relação com o ser humano – duelo de esperteza").

Com uma visão diametralmente oposta, a história *O cão e a raposa* ficou conhecida pelo desenho animado produzido pela Disney em 1981. O enredo gira em torno de dois filhotes: um cão de caça, Toby, e uma raposinha-vermelha, Dodó, amigos improváveis que lutam para preservar seus laços apesar do crescente instinto de rivalidade. Depois de perder a mãe para um caçador, o filhote Dodó é adotado por uma senhora bondosa, vizinha de um caçador, que acabara de adquirir um novo filhote de cão de caça. Os dois animais se tornam amigos à medida que crescem. Com o passar do tempo, chega o momento de Toby iniciar seu treinamento para a caça. Percebendo que aquele não era mais um lugar seguro para a raposinha, sua dona a envia para uma área de preservação. Um dia, o caçador, acompanhado de seus cães, invade essa área, perseguindo as raposas e provocando um urso. Ao persegui-lo, o caçador pisa em uma de suas armadilhas e se vê à mercê do animal. Toby tenta ajudar o dono. Quando o urso está prestes a matar o cachorro, Dodó lhe morde a orelha, afugentando-o. O caçador, já recuperado, tenta matar a raposa, mas Toby entra na frente do amigo, evitando que o caçador o mate. Assim, a amizade entre ambos se preserva.

Raposa e cavalo

Existem várias versões de uma história em que a raposa não é enganada pelo cavalo, mas o lobo é, recebendo um coice do equino quando este se aproxima para ler o que estava escrito em sua ferradura (veja "Raposa: astúcia e esperteza"). Já na versão escocesa, em vez de lobo, são duas raposas que se aproximam de um cavalo amarrado à porta de uma casa. O animal tem ferraduras douradas com algo escrito. A raposa maior diz que vai ler o que está inscrito nas ferraduras, e assim o faz, mas o cavalo levanta a pata e dá-lhe um coice, atirando-a longe.

Raposa e coelho

Existe uma velha rivalidade entre esses animais no que se refere à esperteza. Na história portuguesa "Como mano coelho escapou da raposa", esta fica feliz ao encontrar o coelho preso em um boneco de piche, pois poderia vingar-se e assá-lo numa fogueira. Porém, como não consegue acender o fogo, decide enforcá-lo. O coelho concorda em ser enforcado, desde que a raposa não o jogue nos arbustos. Como não encontra uma corda, a raposa decide afogá-lo. O coelho, mais uma vez, aceita ser afogado, desde que não seja atirado nos arbustos. Quando percebe que não há um rio nos arredores, a raposa resolve esfolá-lo vivo. O coelho consente, desde que não seja jogado nos arbustos. Então a raposa, que na verdade queria fazer uma maldade com o coelho, decide arremessá-lo nos arbustos. Ela o faz e fica esperando, para ver o que aconteceria. Depois de alguns instantes, o coelho, do alto de um monte, chama a raposa. Nesse momento, esta percebe que fora enganada – afinal, o coelho nascera no meio dos arbustos.

A rivalidade entre ambos também aparece numa história do Alabama, nos Estados Unidos, que conta que um urso dirigia uma carroça carregada de sacos de amendoim. Vendo a cena, o coelho amarrou um lenço vermelho no pescoço e deitou-se no caminho, fingindo-se de morto. O urso colocou-o na carroça pensando em comê-lo no jantar. Logo que virou as costas, o coelho pegou um saco de amendoim e fugiu. No caminho, encontrou a raposa e contou-lhe como conseguira aquela guloseima, levando-a a desejar fazer o mesmo. O urso, ao chegar em casa, não encontrou e nem o coelho nem o saco de amendoim. No dia seguinte, a mesma cena se repetiu, só que com a raposa se fingindo de morta. Dessa vez, para ter certeza de que ela estava morta, o urso a pegou pelas patas traseiras, girou-a e bateu sua cabeça contra a carroça. No entanto, a raposa conseguiu se desprender e fugiu, aprendendo que um truque não pode ser aplicado duas vezes.

Raposa e coruja

Uma história da Romênia, semelhante à descrita na relação entre raposa e ouriço (veja "Raposa: voracidade"), relata que certo dia a coruja encontrou uma raposa que se gabava de ser inteligente, astuta e esbelta. A coruja perguntou-lhe quantas espertezas ela tinha, ao que a raposa respondeu com arrogância: "Sete". A coruja comentou que não se admirava de a raposa ser tão inteligente, pois ela mesma só tinha uma. Pouco tempo depois, a coruja encontrou novamente a raposa. Esta, para fugir dos caçadores, se escondera num buraco. Ao vê-la exausta, a coruja perguntou "Quantas espertezas você tem?", e a resposta foi seis, pois perdera uma delas naquela perseguição. Enquanto isso, os caçadores e os latidos dos cães chegavam cada vez mais perto. Acuada, a raposa por fim admitiu ter perdido todos os seus truques. A coruja disse-lhe que, embora só tivesse uma esperteza, usaria sua sagacidade para salvar a raposa: ela se deitaria perto da entrada do buraco onde estavam escondidas e se fingiria de morta. Quando os caçadores chegassem, bastaria à raposa fugir para se salvar. E assim aconteceu, o que mostra que uma única estratégia bem concatenada tem mais valor do que muitas desconexas.

Raposa, galo e galinha

É bastante conhecida a rivalidade entre a raposa, o galo e a galinha, até por uma questão de sobrevivência desses últimos, que são as iguarias prediletas das raposas.

Na fábula de La Fontaine "O galo e a raposa", um velho e experiente galo, empoleirado no galho de uma árvore, vigiava as redondezas quando uma raposa se aproximou. Com voz melosa, comunicou-lhe que fora proclamada a paz entre os animais e, ardilosamente, pediu ao galo que descesse do poleiro e lhe desse um abraço para comemorar. O galo agradeceu e, dissimulando sua descrença em relação à notícia, manifestou sua alegria por ter sido a raposa a lhe informar tal acontecimento. Então, fingindo que ia descer do poleiro, pediu a ela que esperasse, pois lá de cima avistava dois cães vindos provavelmente para dar a boa-nova. Nesse mesmo instante, a raposa disse ao galo que não poderia esperar, pois estava com pressa, mas que não faltaria ocasião para aquele abraço. A raposa fugiu com raiva e o galo riu por ter conseguido lográ-la.

Em um conto folclórico russo, o gato aconselha o galo a nunca abrir a janela para não ser raptado pela raposa. Porém, esta é muito esperta e persistente; apesar de o aviso do gato ter salvado o galo em duas ocasiões, na terceira delas ele é rapidamente devorado pela raposa.

Em outra história russa, a raposa tinha uma casa de gelo, e a lebre, uma de madeira. Com a chegada da primavera, a casa da raposa derreteu. Desejando se aquecer, ela expulsou a lebre da casa dela. Chorando, a lebre chamou a atenção dos cães, mas a raposa gritou que partiria em mil pedaços qualquer um que visse pela frente. Ouvindo isso, os cães, o urso e o touro fugiram aterrorizados. Por último chegou o galo. Com uma foice, instou-a a sair ou seria cortada em pedaços. Assustada, a raposa deixou a casa da lebre, mas mesmo assim foi retalhada.

Numa história mais recente, semelhante à "A galinha presunçosa" (veja "Raposa: aspecto maléfico e demoníaco"), mas com final diferente, um pinto estava ciscando quando um fruto caiu em sua cabeça. Imaginando que o céu estivesse caindo, achou que precisava avisar o rei. No caminho, encontrou a galinha, que ao saber do ocorrido decidiu acompanhá-lo. Mais três encontros se sucederam, com um pato, um ganso e um peru, que resolveram ir juntos ao palácio. Depois de certo tempo, encontraram o raposo. Este, ao saber da história, disse-lhes que estavam no caminho errado, dispondo-se a indicar o correto. Todos o seguiram até chegar a um buraco escuro – a toca do raposo. O peru foi o primeiro a entrar; deu alguns passos na escuridão e o raposo saltou sobre ele, devorando-o. O mesmo aconteceu com ganso e o pato, mas, quando chegou a vez da galinha, o raposo errou o golpe e ela gritou para o pinto, que fugiu rapidamente.

Raposa e ganso

Uma fábula alemã relata que a raposa conseguiu capturar um ganso. Quando ela estava prestes a comê-lo, o ganso propôs que, antes de ele morrer, dançassem juntos. Para que entrassem no ritmo, a raposa tinha de dizer "upa" e ele gritaria "iá". A raposa concordou, ficou de pé nas patas traseiras e, para dançar, mordeu a asa direita do ganso. Depois de já terem dado alguns passos, a raposa gritou "upa! upa! upa!", tendo evidentemente de largar a asa da presa. O ganso, que esperara exatamente por aquele momento, levantou voo gritando "iá! iá!" e fugiu.

Raposa e gavião

Num conto do Nordeste do Brasil, o gavião e a raposa são ludibriados pelo guaxinim e pelo macaco. Faminto, o gavião sai em busca de comida. Encontra um queijo, agarra-o e sai voando. A certa altura, deixa cair a iguaria perto de uma raposa faminta, que fica tentando entender como aquilo caíra do céu. Quando pensa que conseguiria matar a fome, o gavião pousa a seu lado e diz que o queijo era dele. Surge então um impasse, pois a raposa alega que o queijo lhe pertencia, já que havia caído do céu.

A raposa sugere que levem o queijo até o juiz, um guaxinim, para que juntos decidam a questão. O juiz, ciente do ocorrido, pede-lhes que paguem uma taxa; como os dois não tinham dinheiro, o guaxinim sugere que o pagamento seja um pedaço de queijo para ele e para o macaco, seu escrivão. Assim duas fatias grossas do queijo são rapidamente devoradas pelos dois comilões. Para resolver o caso, o juiz propõe que o queijo seja dividido igualmente ao meio, devendo as partes ser pesadas. O juiz pede ao escrivão que traga a "Balança da Justiça" e, junto com o macaco, cria um estratagema para que este sempre corte dois pedaços de queijo de tamanhos diferentes. Cada pedaço que ele retira para acertá-los é ingerido alternadamente pelo guaxinim e pelo macaco, até que a iguaria acaba. Perplexos, o gavião e a raposa ouvem ainda hoje a afirmação do guaxinim de que quem tem coisa de pouco valor pode resolver a questão sem brigar.

Raposa e jabuti

Em um conto popular brasileiro, a raposa e o jabuti fazem uma competição. O jabuti entra num buraco e começa a tocar gaita e dançar. Então, uma raposa aparece e propõe que disputem para saber quem é o mais valente. O jabuti aceita o desafio e entra mais fundo no buraco, no qual deve passar os próximos dois anos. A raposa fecha bem o buraco e avisa que vai embora. Passado um ano, ela volta e chama pelo jabuti, que lhe pergunta se os cajás já estão amarelos. A raposa responde que os cajazeiros ainda estão em flor, despede-se do rival e vai embora. Cumprido o prazo de dois anos, a raposa volta ao local e avisa o jabuti de que os cajás já estão amarelos e no chão. Ele sai, diz à raposa que ela deve passar quatro anos lá dentro e vai embora. Um ano depois, o jabuti volta e a raposa lhe pergunta se os abacaxis estão amarelos. Ele lhe responde que estão crescendo e vai embora. Dois anos se passam e a raposa continua no buraco. O jabuti retorna e a chama. Como não ouve resposta, chama-a novamente; nada, só moscas saem do fundo do buraco. O jabuti abre o topo da toca e vê a raposa morta. A morte da rival demonstra ao jabuti que a raposa não era suficientemente valente para medir forças com ele. Deixando ali o corpo dela, vai-se embora.

Raposa e lagosta

Num dos contos do folclore russo, a raposa é enganada pela lagosta. As duas estavam conversando quando a raposa propôs que disputassem uma corrida. A lagosta aceitou o desafio e começaram a correr. Assim que a raposa partiu, a lagosta se pendurou em sua cauda. A raposa correu até seu objetivo e, quando chegou, começou a procurar a lagosta. Foi então que sacudiu a cauda, a lagosta se desprendeu e disse: "Estou esperando aqui há muito tempo..."

Raposa e leão

As lendas que enfocam esses animais mostram uma relação triangular com o lobo: a raposa seduz o rei da floresta obtendo o que deseja, mesmo que implique a morte de seu oponente, o lobo (veja "Raposa: aspecto maléfico").

Na história brasileira "O casamento da raposa", esta, cansada de viver só, resolve se casar. Sai à procura de um companheiro e faz um acordo nupcial com o lobo. Os outros bichos, espantados, não acreditam que dois inimigos podem se casar – caso o fizessem, com certeza a união duraria pouco. Todos os animais presenteiam a raposa. O rei leão, desejando que seu presente fosse o melhor de todos, pergunta-lhe se ela gostaria de um dia de sol ou de um dia de chuva como presente. O leão explica que, caso ela escolha um dia ensolarado, a festa será concorrida e alegre. Se quiser chuva, a festa não será animada, mas diz o ditado que casar em dia de chuva traz felicidade. Depois de refletir um pouco, a raposa pergunta se ele não pode dar os dois ao mesmo tempo, sol e chuva – afinal, ele é o rei! O leão, todo vaidoso, diz à raposa que ela jamais deve duvidar do rei dos animais e promete-lhe que no dia de seu casamento haverá sol e chuva ao mesmo tempo. E assim acontece. Toda vez que uma raposa se casa, reinam sol e chuva ao mesmo tempo.

Raposa e lobo

A relação entre esses dois animais é uma das mais comuns em histórias, fábulas e contos folclóricos. Neles, encontram-se projetadas as principais características da raposa, descritas em vários itens deste capítulo.

A maioria dessas histórias mostra uma disputa entre raposa e lobo já presente nas fábulas recolhidas por Esopo e La Fontaine, assim como na história de Reynard, a raposa (veja "Raposa: raposa fantástica – Reynard").

A natureza dessa relação é ambivalente e sujeita a mudanças bruscas; muitas vezes, os dois começam companheiros, mas a amizade dura pouco.

Frequentemente o lobo faz o papel do ingênuo, enganado pela astuta raposa em função da voracidade desta. Uma história russa relata que a raposa e o lobo roubam um bolo. Porém, dizendo que ele ainda não está bem seco, ela sugere que durmam até que ele fique no ponto. Enquanto o lobo dorme, a raposa come o mel que cobria a iguaria. Ao acordar, ela o acusa de tê-lo comido. Diante do protesto do lobo, a raposa propõe que durmam à luz do sol: aquele que transpirasse mel seria o ladrão. Ingênuo, o lobo cai no sono enquanto a raposa vai até uma colmeia próxima, rouba e come o mel e joga os favos sobre ele, que, ao acordar, não consegue se furtar de ser considerado culpado por uma falta não cometida (veja "Raposa: astúcia e esperteza" e "Raposa: voracidade").

Outro exemplo é a fábula de La Fontaine "A raposa, o lobo e o cavalo", na qual os dois primeiros combinam de caçar juntos e dividir o produto da caçada. Ao encontrarem um cavalo grande e gordo, resolvem não atacar diretamente a presa. A raposa puxa conversa com o cavalo, que diz não conhecer seus pais, mas que o nome deles está gravado em seus cascos. Alegando ser analfabeta, a astuta raposa chama o lobo, que se vangloriava de ser alfabetizado, para ler o que está escrito no casco do cavalo. O cavalo permite que o lobo se aproxime até chegar ao ponto certo para lhe desfechar um coice, que nocauteia o lobo. Ao socorrer o parceiro, a raposa lhe diz que quem se acha sábio e estudioso torna-se presunçoso, mas não sabe sair das dificuldades, advertindo-o para que desconfie dos desconhecidos.

Em algumas histórias a maldade da raposa está presente já no início da relação com outros animais. Em uma fábula sérvia, ela rouba três queijos de um carro de entrega e, em seguida, encontra o lobo, que lhe pergunta onde os tinha achado. A raposa responde que os encontrara na água. O lobo, desejando ter a mesma sorte, permite que a raposa o conduza a uma fonte em que a lua se refletia na água e, apontando para o reflexo como se fosse um queijo, sugere que o lobo lamba a água até encontrar a iguaria (veja "Raposa: aspecto maléfico e demoníaco" e "Raposa: raposa fantástica").

Raposa e macaco

Na fábula de La Fontaine "O macaco e a raposa", depois que o rei leão morre, os animais decidem eleger um novo monarca. Em sua apresentação, o macaco dá cambalhotas, faz piruetas e acaba sendo eleito. A raposa, que não votara no macaco por achá-lo desqualificado para o cargo, decide dar uma lição nele. Alguns dias depois, andando pela floresta, ela encontra uma armadilha com um pedaço de carne. Então corre até o novo rei e lhe diz ter encontrado um rico tesouro, que por direito pertence a ele. Ganancioso, o macaco segue a raposa até o local da armadilha e acaba ficando preso no laço. Assim, por sua avidez, acaba sendo destronado pelos outros animais.

Em outra fábula de La Fontaine, denominada "O lobo, a raposa e o macaco", esse último serve de juiz em uma contenda dos outros dois animais. O lobo acusa a raposa de lhe ter roubado um pedaço de carne, o que ela nega. Assim, ambos resolvem procurar o juiz macaco. No calor da contenda, acabam revelando todas as malvadezas que cada qual tinha cometido. Após muitos debates, o juiz, conhecendo muito bem tanto o lobo, um astuto ladrão, quanto a raposa, uma espertalhona, condena-os a pagar rapidamente as custas do processo.

Raposa e onça

No conto popular "A sabedoria da raposa", do Nordeste brasileiro, a onça-preta, a onça-pintada e a raposa saem em busca de comida e voltam cada qual com um peixe. Resolvem então ir à casa da onça-preta, que morava mais perto. Esta, egoísta e malvada, sempre exigia o melhor bocado. Assim, manda a pintada distribuir a comida. Como não gosta da parte que lhe cabe, mata-a na hora. Esperta, a raposa diz estar sem fome e dá sua parte da caça à onça-preta, que, espantada, devolve-lhe tudo dizendo que já havia almoçado. Então a raposa come lautamente.

Raposa e ouriço

A fábula de La Fontaine "A raposa, as moscas e o ouriço" retrata bem a relação de proteção do ouriço com a raposa e a inteligência e a astúcia desta. Conta a fábula que um enxame de moscas se banqueteava com o sangue de uma raposa ferida. Esta se queixava aos deuses da situação quando um ouriço que por ali passava quis livrá-la das moscas. No entanto, a raposa pediu que o ouriço não o fizesse, pois aquelas moscas já estavam quase saciadas e, se o ouriço as matasse, outras viriam e lhe causariam maior sofrimento.

Já em uma história eslava o ouriço deixa a raposa entregue ao seu destino. Ela encontrou o ouriço e perguntou de quantos truques ele dispunha. O ouriço afirmou ter apenas três, enquanto a raposa vangloriou-se de ter 77. Como eles conversavam sem prestar atenção ao caminho, caíram em um grande buraco cavado por camponeses. A raposa pediu ao ouriço para salvá--la. Mas este, sagazmente, afirmou ser inferior a ela e sugeriu que, se ela o salvasse primeiro, atirando-o para fora do buraco, ele tentaria ajudá-la. A raposa assim o fez e, quando o ouriço já estava fora do buraco, perguntou-lhe se ele poderia ajudá-la, ao que ele respondeu: "Se você, que conhece 77 truques, não consegue resolver o problema, como eu, com apenas três, conseguiria?" Assim, a raposa foi capturada e morta na manhã seguinte pelos camponeses.

Raposa e porquinho-da-índia

No conto popular peruano "O raposo e o porco-da-índia", o primeiro animal é constantemente enganado pelo segundo. Diz a história que um homem chamado Emicho, ao chegar do mercado, encontrou sua plantação de alfafa toda mordiscada. Tentando impedir que o intruso destruísse tudo, construiu uma armadilha. Dias depois, encontrou nela um porquinho-da--índia. Então, amarrou-o numa árvore e avisou que o comeria ao amanhecer.

O porquinho-da-índia pensava em como se livrar da situação quando passou por ali um raposo, que lhe perguntou o que acontecera. A cobaia inventou uma história dizendo que Emicho tinha três filhas e queria casá-lo com a mais velha, Florinda; se ele aceitasse, aprenderia a comer galinhas. Por fim, perguntou ao raposo se não gostaria de ajudá-lo e mudar sua sorte casando-se com Florinda e passando, assim, a comer galinha todos os dias. O raposo, mais que depressa, desamarrou-o e se pôs no lugar do porquinho-da-índia.

Ao amanhecer, Emicho saiu de casa pronto para pegar a cobaia, mas se surpreendeu ao ver o raposo em seu lugar. Irritado, bateu no raposo até este lhe contar que fora traído pelo animalzinho. Emicho apiedou-se do raposo e resolveu soltá-lo. O raposo partiu atrás do porquinho-da-índia para se vingar. Encontrou-o em pé nas patas traseiras, escorando uma grande pedra. Disse então ao raposo que o mundo estava desmoronando e precisava procurar uma estaca, pois já estava cansado de segurar aquela pedra. O raposo caiu na conversa e tomou seu lugar.

Horas depois, percebendo que fora enganado, o raposo saiu novamente em busca do porquinho-da-índia. Logo o encontrou descansando, dormindo sob o sol do meio-dia. O raposo estava pronto para lhe dar o troco, mas se assustou com os gritos do porquinho: "É verdade, o fim do mundo está chegando! Precisamos cavar um buraco para nos protegermos da chuva de fogo que cairá do céu!" O raposo ficou desesperado. Então, cavaram um buraco e, quando ele já tinha certa profundidade, o raposo, temendo ser mais uma vez passado para trás, pulou lá dentro e pediu ao porquinho-da-índia que tampasse o buraco com bastante terra, para se safar da chuva de fogo. "Vou fazer isso para que você se salve", disse a cobaia, que obrigou o raposo a prometer que nunca se esqueceria da amizade deles e do seu sacrifício para salvá-lo. Desse modo, o porquinho-da-índia livrou-se do raposo para sempre.

Raposa e texugo

As histórias japonesas sobre o texugo são similares àquelas sobre a raposa: ambos podem se transformar em seres humanos, embora o texugo não seja considerado tão esperto quanto a raposa. Uma história infantil japonesa conta que uma floresta foi tão assolada por caçadores que só sobraram um texugo e uma raposa com seu filhote macho. Eles eram constantemente perseguidos e, quando todas as provisões terminaram, bolaram um plano para consegui-las. O texugo fingiu-se de morto e a raposa, transformando-se em ser humano, carregou-o para o mercado. Lá, a raposa conseguiu vendê-lo e com o dinheiro comprou comida; o texugo fugiu e voltou à floresta. Então todos comeram. Quando a comida escasseou novamente, resolveram repetir o truque, mas inverteram os papéis. Porém, o texugo, ganancioso, advertiu o comprador para que olhasse com cuidado e se certificasse de que a raposa estava morta. Assim, logo depois de comprar a raposa, o homem a matou. O texugo então comeu toda a comida, não deixando nada para o filhote da raposa. Este entendeu a traição do texugo e planejou uma sutil vingança, propondo uma competição para saber qual deles era mais hábil na arte dos encantamentos. O texugo riu da ideia do filhote, mas concordou com o plano, pretendendo livrar-se dele.

Ambos seguiram juntos até chegarem perto da cidade, quando o filhote ficou para trás e desapareceu. O texugo se sentou para descansar e viu uma longa procissão cruzando a ponte, tendo ao centro o palanquim de um nobre. O texugo tinha certeza de que aquilo não passava de uma ilusão criada pelo filhote e pulou de repente no meio da procissão, gritando: "Eu sei que é você, seu filhote tolo! Descobri seu truque! Renda-se a mim!" No entanto, a procissão era real, e os participantes da comitiva do nobre espancaram o texugo até a morte, enquanto o filhote observava de uma distância segura. E desse modo ele vingou o assassinato da mãe.

Raposa e tucano

A história brasileira "A raposa e o tucano", de Sergipe, relata que a raposa convidou o tucano para jantar em sua casa e serviu-lhe mingau espalhado numa pedra. O tucano não conseguiu comer nada e ainda ficou com o bico machucado. Para vingar-se da raposa, resolveu retribuir o convite convidando-a para jantar em sua casa. Ele também fez mingau, mas, dessa vez, colocou-o num jarro de gargalo longo. Enquanto o tucano se regalava com a comida, para a raposa só sobraram os pingos que caíam fora do jarro. Terminado o jantar, o tucano disse à raposa que ela deveria aprender a não querer se fazer de mais esperta que os outros.

Essa história brasileira é encontrada em várias versões; a mais conhecida delas é a fábula "A raposa e a cegonha", coletada tanto por Esopo quanto por La Fontaine. Aparece também na literatura portuguesa, russa e na de vários outros países. (A relação da raposa com o asno, o gato e o rato está descrita nos capítulos deste volume referentes a esses animais.)

DEUSES ASSOCIADOS À RAPOSA

A raposa é associada a vários deuses em diferentes culturas. Tanto na mitologia greco-romana quanto na japonesa, aparece relacionada com os deuses da fertilidade.

Aguara

Deus-raposa da mitologia indígena sul-americana, que deu a alfarrobeira ao povo tumpa.

Alope

Deusa lunar encarnada em raposa, cultuada pelos eólicos, uma das quatro tribos que formaram a Grécia e viviam na região da Tessália. Alope era tão conhecida e importante que se deu seu nome a uma cidade tessaliana. Emblema de Messênia, ajudou o herói Aristômene a escapar do fosso em que os espartanos o atiraram (Pausânias, *Descrição da Grécia*, livro IV, versos 18.6-7).

Dioniso/Orfeu

Na Lídia, na Grécia antiga, a forma totêmica de Dioniso, deus associado à sexualidade, ou de seu substituto humano, Orfeu, era uma raposa. Na forma animal, o deus chamava-se Bassareu; seus sacerdotes, os bassárides, vestiam-se com pele de raposa durante o ofício sagrado.

Hupahpú-Vuch

Deusa do amanhecer descrita no *Popol Vuh*, livro sagrado dos maias. Nele, o deus Hupahpú, associado ao processo de criação do mundo, assume a forma de raposa e se torna Hupahpú-Vuch. Para os maias, *vuch* é o breve período de meia-luz que precede o amanhecer. Assim, Hupahpú-Vuch é uma divindade potencialmente feminina, enquanto seu irmão gêmeo, Hupahpú-Utiú, deus da noite, seria um coiote.

Inari

Uma das principais divindades xintoístas japonesas, Inari é a deusa da fertilidade, do arroz, da agricultura, da prosperidade e do sucesso e às vezes assume a forma de raposa, sua mensageira. Seus santuários são guardados por pares de estátuas de raposa, dispostas frente a frente. Uma delas tem na boca a chave do silo de arroz; a outra, uma bola que representa o espírito do alimento. No Japão, Inari é a deidade mais popular tanto na religião xintoísta quanto na budista; mais de um terço dos santuários xintoístas japoneses é dedicado a ela. Acredita-se que todos os anos ela desça das montanhas para visitar os campos de arroz. Por isso, nos primeiros dias da primavera, quando começa o plantio, Inari é celebrada num grande festival. Seu templo mais importante – construído em 700 d.C. – está localizado em Fushimi, a sudeste de Quioto. O culto a Inari não se restringe aos santuários; ela é venerada nos altares residenciais, sempre na forma de um par de raposas.

Sepo Malosi

Em Samoa, o deus da guerra pode ser representado por uma raposa voadora ou um morcego (veja "Morcego: animal sagrado e deuses").

RAPOSA FANTÁSTICA

No imaginário de diferentes povos, tanto do Oriente quanto do Ocidente, há diversas referências a raposas fantásticas. Essas figuras são tão antigas que o livro chinês *Shan Hai King*, escrito entre os séculos XI e X a.C., mencio-

na um animal curioso, semelhante a um cachorro celestial, com cabeça branca e aparência de raposa. Algumas dessas raposas fantásticas tornaram-se muito conhecidas e serão descritas a seguir.

Raposa celeste

Na Ásia, o poder mítico da raposa aumenta proporcionalmente à sua idade. Aos 100 anos, sua cauda cresce e ela se torna capaz de mudar de forma e de possuir as pessoas. As mais poderosas são as que alcançam a idade de 1.000 anos, quando ganham nove caudas, seu pelo torna-se prateado, branco ou dourado e adquire o poder de visão infinita e de se comunicar com os céus. Assim, ela se torna a raposa celeste.

Na China antiga, a raposa de nove caudas habitava a Colina Verde do Sul: era um monstro antropofágico, que tanto podia causar incêndios se golpeasse a terra com a cauda quanto proteger o povo de certos malefícios.

No Japão, a raposa celeste ganhou estilo próprio, diferenciando-se da original chinesa. A crença no espírito da raposa se juntou ao mito nativo do *tanuki* (texugo que mudava de forma), passando a integrar o folclore nacional. A raposa celeste japonesa pode ser tanto benevolente como maligna. Ainda figura em peças teatrais, no teatro de bonecos e na marchetaria. Uma das raposas celestes mais famosas no Japão é Tamano-no-Mae (veja "Raposa: relação com o feminino" e "Raposa: aspecto maléfico e demoníaco").

Na Coreia, a raposa celeste mata as pessoas e as come a fim de assumir a forma delas. A raposa que viveu mil anos é denominada "*gumiho*", que significa "raposa de nove caudas". Sua natureza é complexa, pois pode transformar-se em demônio, súcubo e até mesmo vampiro. Trata-se de uma das poucas criaturas verdadeiramente malévolas do folclore coreano. Em 2010, estreou na TV sul-coreana a série *Minha namorada é uma raposa de nove caudas*, comédia romântica em que uma jovem desempenha o papel da mítica raposa na forma humana.

No Oriente, o envelhecimento confere à raposa sabedoria e poder, que servem para o bem ou para o mal, de acordo com a tradição. Nesse sentido, a raposa celeste simboliza o arquétipo do velho sábio ou da velha sábia, que representa o aspecto psíquico da sabedoria.

Raposa de Têumesso

Na mitologia grega, era uma raposa gigantesca que devastava a cidade de Tebas (na própria Grécia). Destinada pelos deuses a nunca ser caçada, só era apaziguada com o sacrifício mensal de uma criança. Em desespero, o rei Anfitrião pediu a Céfalo, rei de Atenas, que lhe emprestasse o célebre cão Lélape, fadado a capturar todas as presas que perseguisse. Mas como o cão que sempre pegava as presas caçaria uma raposa que não podia ser caçada? Zeus foi convocado para solucionar o problema e, por fim, transformou em pedra a raposa teumessiana e Lélape.

Reynard, a raposa

Trata-se do célebre herói de um épico medieval escrito predominantemente em versos que se tornou muito popular a partir do século XII. Acredita-se que tenha surgido na região de língua germânica hoje chamada de Alsácia-Lorena. A partir daí, chegou à França, à Alemanha, aos Países Baixos e à Inglaterra. Enquanto os épicos da corte eram escritos para os nobres, a coleção de histórias "O romance da raposa" destinava-se aos menos favorecidos. A obra reflete a crítica que os camponeses dirigiam às classes dominantes e satiriza hábitos, costumes e preconceitos dos membros da Igreja e da corte. Nas histórias, cada bicho assume a característica moral de certos tipos da sociedade da época. A raposa representa o povo, que se contrapunha à sociedade aristocrática e clerical, embora devesse permanecer submissa a ela.

Nos poemas iniciais, Reynard, o herói camponês, é chamado à corte para se defender de supostos crimes. O Nobre Rei (o leão) comanda o julgamento. Issengrim (o lobo) – maior inimigo de Reynard – encabeça a acusação, com base em denúncias impetradas tanto pelo leão quanto por outros personagens animais contrários ao povo. O próprio Reynard faz sua defesa, alegando que os outros bichos queriam acabar com ele, e assim os vence, utilizando diversos estratagemas. Por isso essa coletânea de histórias tornou-se rapidamente um símbolo da vitória da dedicação e da eloquência sobre a força bruta.

Os franceses contribuíram com a maioria das histórias originais. A primeira versão escrita de *Le roman de Renart* foi publicada por volta de 1170 por Pierre de Saint-Cloud. Depois surgiram outras versões escritas por novos autores, mas o livro continua a ser editado até hoje.

Seu sucesso foi tão grande que alguns acreditam ter sido o responsável pela mudança do substantivo francês que nomeia a raposa de *goupil* para *renard*. Essas histórias ainda permanecem vivas na cultura ocidental. Diversas animações sobre a raposa vêm sendo produzidas desde a década de 1930.

Gustavo Barroso (1949, p. 670) assim compara o *Romance da raposa* original com a versão brasileira[1]:

> A diferença entre os dois modos por que se apresenta o relato resulta somente da diversidade dos dois meios zoológicos. No Brasil, a raposa, *Canis vellatus*, *jubatus* ou *brasiliensis*, segura um [pássaro] quem-quem ou canção. Do outro lado do Atlântico, a raposa, *Vulpes*, pega o próprio senhor do poleiro, o grande Chanteclair. Mas o fundo e o espírito do episódio são idênticos.

---

1. A grafia do português foi atualizada.

O RATO

▼

Ordem: *Rodentia*

Famílias: *Muridae, Cricetidae* e outras

Principais características biológicas

Os ratos são encontrados em quase todos os países do mundo. Acredita-se que tenham surgido no Sudoeste da Ásia. Sua rápida disseminação – ocorrida pelo fato de terem sido inadvertidamente transportados em navios – foi evidenciada em fósseis de milhares de anos encontrados na Europa ocidental e na costa do Mediterrâneo.

Há seis mil anos os ratos já eram uma praga nos celeiros do Oriente. Hoje, apesar das sofisticadas técnicas profissionais de extermínio, continuam se proliferando.

Capazes de destruir madeira, móveis, roupas e instalações elétricas, são considerados também pestes agrícolas, pois, além de consumirem os alimentos armazenados, contaminam-nos com urina e fezes. Transmitem cerca de 40 doenças, entre elas leptospirose, sarna e raiva.

Na Europa do século XIV, os ratos-pretos causaram a pandemia de peste bubônica – conhecida como peste negra –, doença transmitida por pulgas vindas de ratos infectados que chegou a matar 25 milhões de pessoas, cerca de um terço da população europeia da época.

Como existem controvérsias sobre a classificação de diversos roedores nas famílias catalogadas, e como estas se inter-relacionam, optamos por descrever aqui sobretudo a família *Muridae*, considerada pelos biólogos aquela que abrange de modo mais representativo várias subfamílias.

Os murídeos encontram-se em hábitats muito variados. Embora a maioria das espécies seja terrestre, algumas são arbóreas, outras vivem em buracos no solo e algumas são semiaquáticas. Fazem ninhos em tocas, buracos de árvore, túneis e galerias. Assim, adaptam-se facilmente a diferentes lugares e temperaturas.

Seu tamanho varia – conforme o animal, mede entre 80 e menos de 10 centímetros, contando o rabo. O pelo pode ser macio, duro ou espinhoso e com cores variadas: branco, preto, castanho, dourado, cinza e mesclado com barriga branca.

Esses roedores alimentam-se de plantas terrestres e aquáticas, frutos, sementes e insetos. Algumas espécies também comem pequenos vertebrados e, nas cidades, os mesmos alimentos que os seres humanos e ainda papel, sabão, cera de vela, lixo e outros materiais encontrados no ambiente doméstico.

Os ratos apresentam características peculiares quanto à dentição: não têm caninos nem pré-molares anteriores, mas contam com um par de incisivos no maxilar superior e outro no maxilar inferior, que crescem continuamente. Porém, o fato de roerem alimentos duros provoca um desgaste natural nesses dentes, impedindo-os que cresçam demais. Os ratos costumam raspar os dentes uns contra os outros, mantendo-os assim sempre afiados.

A maioria das espécies é ativa durante o ano todo, podendo ter hábitos diurnos ou noturnos. No entanto, algumas espécies de regiões mais frias – como o rato-dos-celeiros, o rato-das-avelãs e o *hamster* – hibernam no outono e no inverno. Nesse período, a temperatura do corpo diminui e os ritmos cardíaco e respiratório desaceleram. Antes de hibernar, armazenam alimentos na toca. Espécies como o *hamster*, por exemplo, guardam a comida em sacos localizados internamente nas bochechas e, ao chegarem à toca, pressionam-nas com as patas dianteiras, esvaziando-as. Outras espécies, como o rato-da--floresta e o rato-mercador, constroem ninhos com dois aposentos: um para dormir e outro para armazenar objetos coletados.

A família *Muridae* comporta membros com forte instinto gregário, outros que vivem aos pares e ainda alguns com tendência à vida solitária.

O acasalamento ocorre durante todo o ano nas regiões quentes, e o número de gestações varia bastante. O período de gestação também varia: as espécies menores têm gestação mais curta que as maiores. Nascem, em média, de cinco a sete filhotes por vez.

O rato se locomove muito rápido, o que o ajuda a escapar de seus predadores – o homem, o gato, a cobra, a aranha, algumas aves e carnívoros diversos.

Em seu hábitat, vive em média dois anos. Observa-se uma seleção natural, visto que a capacidade de procriação da maioria das espécies excede a quantidade de alimento disponível. Em decorrência disso, a população apresenta flutuação cíclica, em períodos de três a quatro anos. Já em cativeiro, os ratos atingem uma expectativa de vida média de sete a oito anos.

Entre as espécies mais conhecidas, destacamos o camundongo e o rato--preto, que têm contato mais frequente com o ser humano.

Entre os murídeos, o camundongo, pertencente ao gênero *Mus musculus*, é um dos mais comuns em áreas habitadas pelos seres humanos. Há oito mil anos, os egípcios e os gregos já o conheciam. Na época do Império Romano, alcançou a Bretanha e então, transportado nas embarcações, espalhou-se pelo mundo. A construção de casas e celeiros, que lhes servia de abrigo, e o desenvolvimento da agricultura, que lhe fornecia alimento, propiciaram sua rápida reprodução.

O camundongo, com um comprimento de 6,5 a 9,5 centímetros e um rabo de 6 a 10,5 centímetros, emite um som típico que pode ser ouvido quando ele se abriga dentro das casas. Seu hábitat natural constitui florestas, savanas, campos e áreas rochosas.

É muito rara a agressão dentro de uma família – seus membros costumam se unir para defender o território. Porém, quando se colocam camundongos não aparentados juntos num lugar fechado, eles brigam. Pode-se estabelecer uma relação amigável entre um macho e uma fêmea ou entre fêmeas não prenhes, mas dois ou mais machos costumam lutar ferozmente para conquistar o domínio do grupo. A fêmea do camundongo tem de cinco a 12 gestações por ano, que duram em média 20 dias e nas quais nascem de cinco a seis filhotes.

Um dos gêneros de rato mais comuns no hábitat humano, que aparece com frequência em contos e lendas infantis, é o *Rattus*, subdividido em cerca de 50 espécies. Seu comprimento varia de 8 a 30 centímetros. Onívoros, comem grande variedade de plantas e de matéria animal. As fêmeas dão à luz seus filhotes em intervalos de três a cinco meses, nascendo em média oito ratos. Seu período de gestação dura 21 dias.

Muitas espécies vivem em florestas, enquanto outras habitam cidades, vilas e campos cultivados. Nas cidades, abrigam-se na parte superior dos prédios ou nos porões das casas; no campo, instalam-se em celeiros.

Os grupos sociais do gênero *Rattus* contêm um macho dominante e pode-se formar uma hierarquia linear masculina. Existem também fêmeas que se subordinam ao macho dominante, mas dominam outros machos. As fêmeas são, em geral, mais agressivas. É comum a disputa violenta por alimento e observam-se várias formas de agressão. Já os filhotes nunca são agredidos, nem mesmo quando pegam alimento para si.

Esses ratos apresentam um repertório vocal básico que consiste sobretudo em assobios e gritos estridentes.

Na era contemporânea, tanto a linhagem albina do camundongo quanto o *Rattus norvegicus* (ratazana), especialmente a mutante branca, têm sido utilizados em pesquisas de laboratório, contribuindo para o desenvolvimento de áreas como psicologia, medicina e genética.

Simbolismo

MITO DE ORIGEM

Diversas histórias antigas remetem a origem do rato ao elemento terra e à fertilidade. No Egito, uma lenda diz que os camundongos nasceram da lama do rio Nilo. Na Alemanha, acreditava-se que surgiram de pequenas bolas de terra feitas por uma menina, que as atirava por sobre os ombros, e que se transformavam em milhares de ratinhos.

Ainda na Alemanha existia a crença de que os camundongos se originavam de feitiçaria. As bruxas confeccionavam um pequeno camundongo com um pedaço de tecido e diziam "Corra e volte", e então o animal ganhava vida. Em outra versão, ao preparar suas poções, as feiticeiras pronunciavam palavras mágicas e os camundongos saíam de dentro do caldeirão.

Uma lenda sobre a origem desses roedores afirma que eles foram colocados por Satanás na Arca de Noé. Outra diz que surgiram na terra depois de terem caído das nuvens durante uma tempestade.

Para os hebreus, a lenda a seguir explicava a forma da boca do rato: certo dia, na Arca de Noé, o roedor, para fugir da perseguição do gato, escondeu-se em um buraco. Porém, o felino o caçou e capturou e rasgou-lhe a cara, alargando a sua boca. O rato pediu a Noé que a costurasse e, desde então, todos os ratos têm nos cantos da boca uma cicatriz que se parece com uma linha.

Na maior parte das lendas, a origem do rato está ligada à terra, à feitiçaria e ao diabo, ou seja, aspectos que podem simbolizar o lado primitivo e sombrio da psique.

TAMANHO, AGILIDADE E ESPERTEZA

O tamanho reduzido do rato, sua agilidade e sua esperteza costumam dar-lhe vantagens e benefícios, como demonstram várias histórias folclóricas.

Na lenda africana "A vantagem de ser pequeno", o rato é escolhido para se casar com a bela jovem do vilarejo por ter conseguido, graças ao seu tamanho e velocidade, pegar o mel no alto de uma árvore, tarefa solicitada pela noiva.

No conto árabe "O anel do rei dos *djinns*" (Egito), o rato, junto com o gato e o cão, ajuda um pobre homem a recuperar seu anel mágico perdido. Ágil e pequeno, ele consegue penetrar em todos os lugares à procura do anel e, por fim, enfia o próprio rabo no nariz do ladrão, que ao espirrar abre a boca e deixa cair o objeto, que escondia dentro dela (veja "Rato: aspecto benéfico" e "Gato: relação com outros animais").

Outro exemplo da agilidade do rato aparece no conto russo "O anel encantado". Nele, o rato consegue reaver um anel mágico roubado de seu dono pela princesa, sua mulher. Ao perder o anel, o jovem perde também todo o seu poder. O rato então usa o rabo para recuperar a joia, que estava escondida na boca da princesa. Ao devolvê-la ao jovem, este recupera a sua fortuna (veja "Rato: aspecto benéfico" e "Gato: relação com outros animais").

Na fábula de La Fontaine "O corvo, a gazela, a tartaruga e o rato", este, com sua ligeireza e habilidade de roer cordas e nós e com a ajuda do corvo, salva suas companheiras, a gazela e a tartaruga, das armadilhas de um caçador (veja "Rato: aspecto benéfico").

Uma história chinesa da dinastia Ming ilustra bem a esperteza do roedor. O rato, perseguido por um gato, consegue se esconder numa pequena garrafa. Apesar da fala insistente e sedutora do gato, o rato não se deixa enganar.

A história colombiana "Miniespoleta e o doce de icaco" mostra mais uma vez esse aspecto. Nela, o rato, ao fugir de casa devido ao desejo de conhecer o mundo, entra em um pote de doce e, deliciado com seu sabor, devora-o e acaba adormecendo. Acorda quando percebe que está sendo servido como se fosse parte do doce. Imóvel, tenta se fazer passar pela fruta, já que sua cor e tamanho se assemelhavam aos dela. Esperando o momento certo, foge sem ser descoberto.

Essas histórias nos falam da vantagem de ser pequeno e esperto, qualidades muitas vezes necessárias para resolver situações difíceis. O tamanho do rato traz consigo um duplo aspecto do ponto de vista psicológico: positivo, quando confere agilidade e mobilidade, isto é, capacidade de mover-se e enfiar-se em lugares e situações difíceis; negativo, quando significa desvantagem em uma situação em que força e tamanho sejam necessários para resolver um conflito.

Por outro lado, o tamanho reduzido pode ser símbolo de insignificância, como ilustra a fábula de La Fontaine "A montanha e o rato". Nela, a montanha fazia tanto barulho que os moradores do vilarejo passaram a temer que algo terrível acontecesse. Porém, enfim ela dá à luz um simples ratinho, igual a todos os de sua espécie – isto é, um ser considerado insignificante.

O antigo provérbio brasileiro "um rato não faz sombra a um elefante" ressalta a desvantagem de ser menor em uma situação de confronto. Esse dito pode ser utilizado como metáfora da crítica àquele que tem mais pretensões que recursos. Também o dito popular brasileiro "de casa de gato não sai rato forte" mostra que o tamanho é capaz de tornar o indivíduo frágil e vulnerável perante as ameaças externas.

Quando acrescido de presunção, o tamanho diminuto do rato leva-o fatalmente a situações desastrosas. Assim, a fábula "O rato e o elefante", também colhida por La Fontaine, descreve o forte sentimento de inferioridade de um roedor diante de um enorme elefante que desfila pela cidade. Sem conseguir admitir a diferença entre eles, o rato despreza e diminui a importância do elefante. Envolvido nesses sentimentos, distrai-se e acaba devorado por um gato.

O tamanho diminuto pode, ainda, provocar um sentimento de inferioridade, por vezes compensado com fantasias de grandiosidade. Um conto popular infantil japonês fala de um casal de camundongos extremamente orgulhoso de sua única filha, para a qual desejam como marido alguém de alta posição. Na busca do marido idealizado, deparam com a rejeição da filha pela lua, pela nuvem e pelo vento, de modo que resta aos pais desapontados casá-la com o camundongo que para eles trabalhava.

Essas duas histórias ressaltam simbolicamente o resultado desastroso da associação de pequenez com uma atitude pretensiosa. Quando o indivíduo não se dá conta de seus limites, perde o contato com a realidade e pode desenvolver uma postura onipotente que lhe trará grandes prejuízos.

ASPECTO MALÉFICO

Como é de conhecimento geral, os ratos são grandes destruidores; danificam edificações e instalações elétricas e chegam a provocar incêndios. Devoram indiscriminadamente toda espécie de provisão e transmitem doenças epidêmicas. Por isso, simbolizam deterioração e são alvo de maciças projeções negativas, tornando-se um representante por excelência das forças do mal.

Uma das primeiras representações desse simbolismo está no livro hindu *Rigveda*, em que versos usam a imagem do rato devorador e destruidor como metáfora de angústias, inquietações e sofrimentos que consomem o ser humano. O simbolismo cristão associa o rato a forças demoníacas. Por vezes o próprio Satanás assume a forma de um camundongo. Há representações bíblicas do rato roendo a raiz da Árvore da Vida ou fazendo buracos na Arca de Noé.

Nessas histórias, tanto ratos quanto camundongos são ajudantes de bruxas e feiticeiras, as quais muitas vezes se metamorfoseiam ou são metamorfoseadas nesses animais. No livro *A ratinha cinzenta*, da Condessa de Ségur, uma feiticeira muito má e perigosa é transformada pela rainha das fadas em uma rata cinza. Seu poder maléfico era tal que teve de ficar aprisionada por muitos anos pelo bem de todos (veja "Rato: a cor do rato – cinza").

Sendo um animal de hábitos noturnos, o rato é associado ao aspecto ctônico, ao mundo subterrâneo e à escuridão do inverno. No livro hindu de fábulas e contos populares *Panchatantra*, encontra-se a lenda do herói que,

entrando ao anoitecer na montanha com seu cavalo solar, transforma-se em pedra e, nesse momento, todo o céu escurece. Dessa montanha saem os ratos da noite, as sombras noturnas, representando o ciclo do dia e da noite.

Na Bíblia, esses animais são considerados impuros, conforme retratam as seguintes citações: "Dos animais que se movem rente ao chão, estes vocês considerarão impuros: a doninha, o rato [...]. Quem neles tocar depois de mortos estará impuro até a tarde" (Lv 11:29,31); "Pois com fogo e com a espada o Senhor executará julgamento sobre todos os homens, e muitos serão os mortos pelo Senhor. 'Os que [...] comem carne de porco, outras coisas repugnantes e ratos, todos eles perecerão', declara o Senhor" (Is 66:16-17).

No entanto, segundo Frazer (1972), considerava-se divino o rato, assim como o porco; sua carne era compartilhada em antigas cerimônias israelitas em ocasiões raras e solenes, representando o corpo e o sangue dos deuses. Talvez os animais tidos como impuros fossem originalmente sagrados, e seria essa a razão para não consumi-los.

Desde a Antiguidade o rato é visto como veículo da peste: "Façam imagens dos tumores e dos ratos que estão assolando o país e deem glória ao deus de Israel. Talvez ele alivie a sua mão sobre vocês, seus deuses e sua terra" (1 Sm 6:5).

Também se associa esse animal ao deus grego Apolo e ao deus indiano Rudra, ambos com o poder de enviar e propagar doenças (veja "Rato: deuses associados ao rato").

Ainda nesse sentido, utilizava-se a antiga expressão popular alemã "que um camundongo o morda" para amaldiçoar alguém, uma vez que esse animal é conhecido por transmitir a lepra e outras doenças mortais. As expressões "ter ratos no sótão" ou "ter ratos no campanário", que significam ter uma mente perturbada, corroboram essa ideia.

Na Rússia, acreditava-se que, se os meninos acariciassem gatos, poderiam perder a memória. Isso se dava porque esses animais alimentavam-se de camundongos, que por sua vez eram considerados causadores de amnésia. Da mesma forma, no folclore judaico, um alimento que tivesse sido roído por um rato jamais deveria ser ingerido, pois causaria esquecimento (veja "Gato: poder mágico").

No Nordeste do Brasil, encontramos a figura folclórica do punaré, rato que se enfurece quando os cortadores de cana ceifam a planta antes da safra. Ele provoca diarreia e confusão mental nos homens e tira a energia das crianças.

"O rato gigante", lenda esquimó da tribo *eyak*, do Alasca, ilustra o aspecto destruidor e devorador do rato. Nela, um rato descomunal captura e devora diversos habitantes de uma tribo, o que o torna muito poderoso, até que conseguem matá-lo. Várias tribos disputam sua pele, pois sua posse simboliza força e poder. A disputa é tanta que a tribo que o matara acaba totalmente dizimada.

Em um poema infantil português presente em *O grande livro dos animais*, encontramos a personagem Rói-Rói Rabina, ratinha ágil, agitada e gananciosa que arruína o celeiro de Tia Rosalina, mostrando toda a sua capacidade destrutiva.

A antiga fábula chinesa "Um erro imperdoável" conta a história de um trabalhador que se dedicava à lavoura do amanhecer ao cair da noite. Aos poucos, o homem constrói sua casa, mas, para sua desgraça, um bando de ratos a invade e come as provisões, rói os móveis e à noite lhe perturba o sono. Certo dia, ao chegar à sua casa embriagado, resolve perseguir os ratos com uma tocha. O homem consegue acabar com todos os ratos, mas acaba incendiando e destruindo o próprio lar.

O rato como destruidor, vil e ladrão também pode ser visto na lenda celta "Manawyddan, o filho de Llyr". Nela, o mago Llwyd transforma em ratos os membros da família para que destruam os três campos de trigo de Manawyddan. Nas duas primeiras noites, os ratos alcançam seu objetivo, destruindo dois dos campos e conseguindo escapar. Na noite seguinte, porém, Manawyddan decide vigiar o terceiro campo. À meia-noite, ele vê um grande número de ratos que se aproximam e rapidamente escalam os caules, cortam as espigas de trigo e fogem, levando-as consigo. Furioso, Manawyddan corre atrás dos ratos e consegue capturar o mais lento deles. Llwyd aparece logo a seguir e tenta demovê-lo da ideia de enforcar o rato capturado. No entanto, Manawyddan deseja antes saber quem é o rato e por que este veio até ele. O mago responde que se trata, na verdade, de sua esposa grávida, e o objetivo era despojá-lo de seus bens. Depois de negociarem, o mago retira vários feitiços, enquanto Manawyddan liberta a rata, que, tocada pelo cajado mágico de Llwyd, retoma a forma de uma bela jovem (veja "Rato: transformação em ser humano").

O aspecto devorador do rato fica aparente no famoso caso "O homem dos ratos", descrito por Freud em 1909. O rato é aí um instrumento de tortura e ameaça física e psíquica. Esse estudo clínico teve grande importância na história da psicanálise, sobretudo na descrição de sintomas da neurose obsessivo-compulsiva à luz da teoria psicossexual do desenvolvimento. O paciente tinha pensamentos obsessivos nos quais seu pai, já falecido, ou sua amada poderiam ser vítimas do ataque de ratos. Essa ideia passou a atormentá-lo desde que ouviu o relato de um tipo de tortura em que o prisioneiro era amarrado nu a um balde cheio de ratos, que penetravam em seu corpo pelo ânus em busca de uma saída.

Algumas mulheres acham o rato – considerado ameaçador e um símbolo fálico – perturbador e repulsivo por terem medo de que ele suba por suas pernas. Talvez esse temor esteja relacionado com a fantasia de uma penetração sexual não consentida. Nesse sentido, o rato é visto como uma ameaça masculina à integridade feminina.

A história alemã sobre a morte do bispo Hatto mostra a associação do rato com vingança. A lenda relata que, em tempos de grande escassez de alimento na Alemanha, o bispo, por sua avidez, não repartia seus cereais com os camponeses, deixando-os passar fome. Além disso, decidiu matá-los, ateando fogo no celeiro em que os prendera, para que não mais o molestassem. A seguir, uma grande quantidade de ratos, interpretados como personificação das almas dos camponeses mortos, invadiu seu castelo, comendo suas provisões e atormentando-o de todas as maneiras. Não vendo saída, Hatto construiu uma torre no meio do rio Reno e lá se refugiou. No entanto, os ratos o alcançaram e devoraram-no vivo. Lendas posteriores dão continuidade ao tema, relatando outras vítimas devoradas por ratos na chamada "torre dos ratos", como o bispo Adolf, de Colônia, na própria Alemanha, o suíço barão de Güttingen e outro bispo alemão, Widerolf, que foi devorado por ter destruído o convento de Seltzen.

Diversas culturas encaram o rato como portador de maus presságios, indicador de destruição e acontecimentos trágicos – tempestades, naufrágios, traições, guerras, fome e morte (veja "Rato: presságios associados ao rato").

As expressões "ninho de rato", que denota desordem e desarrumação, e "caminho de rato", que indica coisa malfeita e caminho torto, ilustram como o rato se presta a constantes projeções negativas.

Segundo Jung, o rato aparece em sonhos simbolizando muitas vezes medos noturnos, e na crença popular o sonho com ratos significa comumente contato com um inimigo oculto.

Os hábitos noturnos desse animal e o fato de ele se esconder em bueiros, buracos e canos de esgoto causam extrema repulsa no ser humano e tornam o rato símbolo de conteúdos reprimidos, ocultos e ameaçadores do equilíbrio psíquico. Esse aspecto destrutivo e perturbador da sombra emerge com certa frequência em fantasias e sonhos recorrentes e compulsivos, interferindo no sono – como se "corroesse" e desvitalizasse a consciência.

ASPECTO SURRUPIADOR

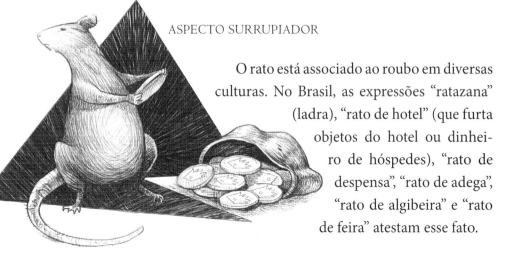

O rato está associado ao roubo em diversas culturas. No Brasil, as expressões "ratazana" (ladra), "rato de hotel" (que furta objetos do hotel ou dinheiro de hóspedes), "rato de despensa", "rato de adega", "rato de algibeira" e "rato de feira" atestam esse fato.

Ágil, o rato consegue roubar sorrateiramente, com boas ou más intenções. Um conto tunisiano ilustra isso ao descrever um rato que, grato por ter sido salvo, rouba moedas de ouro do sultão para oferecê-las ao seu salvador.

Em várias histórias folclóricas o rato aparece como sedutor para, logo depois, revelar um caráter embusteiro e mentiroso. Em geral, o final das histórias é triste, culminando na morte das personagens. No conto brasileiro "O casamento do rato com a catita", por exemplo, o roedor engana a donzela, prometendo casamento, para depois fugir com o dinheiro da família. Na fábula "O rato anacoreta", de La Fontaine, vemos o aspecto dissimulado do roedor, que se faz passar por virtuoso, desprendido de coisas mundanas e arrependido de sua vida pregressa, mas na verdade vive na fartura, abrigado num armazém.

O aspecto surrupiador do rato representa, na dinâmica psíquica, a atuação de um complexo que retira a energia da consciência sem que o ego se aperceba disso. Pode também referir-se a pensamentos e sensações que desvitalizam e deprimem o indivíduo sem que ele se dê conta de sua origem.

VORACIDADE

Várias histórias retratam o rato como voraz, obeso e obcecado por comida, que se alimenta incessantemente e coloca-se em situações perigosas para satisfazer sua gula.

Na fábula de La Fontaine "A rã e o rato", uma rã mal-intencionada convida um rato gordo e bonachão para jantar. Seduzido pelos prazeres oferecidos, o rato aceita o convite, mas lembra à rã que não sabe nadar. Fingindo-se solícita, ela se oferece para ajudá-lo na travessia do lago. Com um fio de junco, amarra o pé do rato à sua pata, puxando-o para o meio da lagoa. Ao perceber que a rã queria matá-lo, debate-se e invoca os deuses para ajudá-lo, enquanto ela zomba de seu desespero. Nisso, uma ave de rapina precipita-se num voo rápido, agarra o rato e leva tanto ele quanto a rã. Os dois são igualmente devorados. Segundo La Fontaine, essa fábula mostra que "o feitiço pode virar contra o feiticeiro" e que a voracidade pode levar as pessoas a desconsiderar situações perigosas, pondo em risco a própria vida.

A voracidade do rato faz que ele ganhe peso, o que muitas vezes o impede de fugir de um predador. Uma história do povo indígena cochiti, do Novo México (Estados Unidos), fala de uma disputa entre o rato e o camundongo para ver quem tinha mais grãos. Quando estavam comparando seus estoques, foram surpreendidos por um gato. O rato, por ser maior e mais gordo que o camundongo, não consegue escapar.

Há outro exemplo da voracidade do rato no conto chinês "O rato enganado", no qual os roedores saem da toca à noite para roubar cereais de uma grande vasilha. Porém, o dono dos grãos enche o pote com água, enganando-os, e todos morrem afogados.

O perigo da voracidade é ilustrado numa das versões do conto folclórico alemão "O flautista de Hamelin". Na história, um caçador é contratado para acabar com uma infestação de ratos, que ameaçavam devorar as provisões da cidade de Hamelin, na Alemanha. O pagamento contratado era o de uma moeda por cabeça desse animal. Embora tenha cumprido o combinado, o caçador não pôde apresentar a cabeça dos ratos, pois os hipnotizou com a música de sua flauta, levando-os a se afogar no rio.

Analogamente, no plano psíquico, a impulsividade sem controle, presente na voracidade alimentar, torna o indivíduo refém da necessidade de satisfação imediata do seu impulso, o que o impede de perceber e avaliar o potencial destrutivo inerente às situações a que se expõe. Assim, a metáfora apresentada nessas histórias aponta para um problema atual: o número crescente de pessoas com distúrbios alimentares.

ASPECTO BENÉFICO

Diversas culturas enfatizam o aspecto benéfico do rato. Na China, ele tem grande importância, pois se acredita que tenha apresentado o arroz ao homem. Simboliza também prudência e retidão. Como na China, o rato sinaliza prosperidade no Japão por ser associado ao deus da riqueza, Daikoku.

Para os hindus, o rato simboliza prudência e previdência. Animal sagrado, tido como encarnação de místicos e ascetas, é adorado no templo Karni Mata. Ali, vivem aos milhares e são alimentados pelos devotos, que acreditam que os ratos sejam capazes de vencer os demônios responsáveis pelas doenças.

Uma característica simbólica do caráter benéfico do rato é a capacidade de libertar companheiros – sejam ou não da mesma espécie – aprisionados pelo homem ou por outros animais. Certas histórias ressaltam sua coragem e solidariedade na tentativa de salvar um amigo. No conto chinês "O rato fiel", uma cobra engole um desses roedores e é atacada com diversas mordidas pelo companheiro dele, até cuspir o rato morto (Ver "Rato: Relação com outros animais").

Várias histórias mostram o rato, pequeno e insignificante, usando sua habilidade de roedor para ajudar e libertar animais maiores e mais poderosos.

Na fábula chinesa "Os ratos que libertaram os elefantes", os roedores salvam elefantes aprisionados em armadilhas na floresta roendo as cordas que os prendiam. Eles também libertam leões, como na história egípcia "O filho de Adão e o leão", em que auxiliam o leão, da mesma maneira, a recuperar sua liberdade (veja "Rato: relação com outros animais").

Na fábula de La Fontaine "O corvo, a gazela, a tartaruga e o rato", esse último, de nome Trinca-Malhas, rói laços e nós, livrando a gazela e a tartaruga das armadilhas e tornando-se assim um herói para seus amigos (veja "Rato: tamanho, agilidade e esperteza").

Outro exemplo do aspecto benéfico desse animal encontra-se no folclore árabe do Iraque, no conto "A filha do escaravelho". O rato é um dos pretendentes a marido da filha do escaravelho-fêmea, que, acatando os conselhos da mãe, o elege por ser o mais amável e por ter os olhos mais brilhantes e o pelo mais macio. Ele se revela um companheiro bastante prestativo, arriscando a própria vida para salvar a esposa e formando com ela um casal muito feliz (veja "Rato: relação com outros animais").

O rato como aquele que ajuda e socorre o herói ou a heroína está presente em contos de diversas partes do mundo. Muitas vezes ele surge à noite para libertar o herói de seus grilhões, dar conselhos que salvam a vida das personagens ou recuperar objetos preciosos, como no conto russo "O anel encantado" e no conto egípcio "O anel do rei dos *djinns*" (veja "Rato: tamanho, agilidade e esperteza").

Em contos folclóricos da África e da Índia, o rato costuma aparecer como animal útil e prestativo. Na história africana "O príncipe da lua", os ratos salvam da morte o príncipe herdeiro de um reino, alimentando-o e protegendo-o da perseguição da segunda mulher do rei, que desejava que o próprio filho assumisse o reino. Graças à atuação desses animais, o verdadeiro herdeiro sobrevive e, depois de alguns anos, é encontrado pelo pai, que o reconhece como seu legítimo sucessor.

Outra fábula africana, de Moçambique, denominada "A lenda do rato e do caçador", fala da negociação entre um caçador e um leão. Este impõe a partilha das presas pegas nas armadilhas construídas pelo caçador, já que estas se encontravam em terras pertencentes ao animal. A primeira presa capturada, uma gazela, foi designada ao caçador; a seguinte pertenceria ao leão, e assim sucessivamente. Certo dia, na ausência do caçador, sua mulher, com o filho mais novo, decide verificar as armadilhas à procura de uma presa. Por ser cega, acaba caindo acidentalmente em uma delas. Respeitando a alternância da posse das presas, a mulher e o filho pertenceriam ao leão. Ao retornar, o homem descobre que a caça do dia eram sua mulher e seu filho e tenta convencer o leão a libertá-los, mas este se mantém irredutível. Nesse momento surge o rato, que finge concordar com o leão, mas o leva a tornar-se presa de uma das armadilhas. O rato, então, liberta os prisioneiros, e a mulher, agradecida, convida o pequeno herói a viver em sua casa, compartilhando dos alimentos da família. Essa seria a origem da presença do rato na casa do ser humano (veja "Rato: voracidade").

Na história norte-americana "O homem-castor enfrenta quatro provas", os ratos ajudam o herói indígena em uma de suas tarefas: cavam um túnel sob o lugar onde dorme o urso e arrancam pelos do animal, fazendo uma falha em sua pelagem para que o homem-castor possa acertar a lança e matá-lo.

Na lenda dos indígenas brasileiros vapidianas "A visita ao céu", o caçador tem os olhos arrancados pelo sogro. Porém, é ajudado pelo rato, que os encontra em um pote e os recoloca no lugar, fazendo que o caçador volte a enxergar.

Comum é o tema da jovem donzela que, perseguida pela madrasta, recebe ajuda de um ou mais ratos. Nesse caso, como veremos a seguir, o rato sempre retribui com gratidão o bom tratamento, a comida e o carinho que a jovem lhe dispensa.

No conto russo "A filha e a enteada", o rato ajuda a jovem enteada que o alimenta elaborando uma estratégia para livrá-la da armadilha criada pela madrasta. Ela aceita a ajuda do animal e, seguindo seus conselhos, livra-se da morte e acaba ganhando sorte e riqueza. A madrasta, invejosa, envia sua filha para passar pela mesma prova. O rato também vem em seu auxílio, mas é maltratado por ela. Sem contar com sua ajuda, a jovem encontra a morte.

Outro conto russo que exemplifica esse tema é "Baba Yaga", em que os ratos auxiliam uma menina que, maltratada pela madrasta, é levada pelo pai à floresta. Lá encontram uma bruxa chamada Baba Yaga, a quem a jovem passa a servir. Os ratos, em troca do carinho e da comida recebida, ajudam-na a desempenhar todas as tarefas impostas pela bruxa, como cozinhar, fiar e outras. Satisfeita com a menina, a malvada lhe dá lindos vestidos e a torna muito afortunada (veja "Gato: poder mágico").

A história *Cinderela* ou *A gata borralheira*, de autoria do francês Charles Perrault (com posterior adaptação dos irmãos Grimm), também apresenta uma linda e bondosa menina órfã que, subjugada pela madrasta e suas duas filhas, é obrigada a servir a elas, lavando, limpando e cozinhando. Como sinal de afeto e gratidão pelos cuidados que receberam, os ratos ajudam-na a realizar as tarefas domésticas, a confeccionar um lindo vestido para ser usado no baile do príncipe e a livrar-se da maldade da madrasta, que queria impedi-la de se tornar princesa.

No Brasil, esse aspecto benevolente fica igualmente claro. O rato aparece em diferentes histórias do povo indígena gê como o animal que dá origem ao milho e ensina a usá-lo como fonte de alimento. Os índios suiás também acreditam que o milho tenha sido descoberto pelo rato. Na história "O rato que dá o milho para os suyá", o animal mostra a uma índia que o rio onde ela se banha está repleto de milho. Depois, ele a ensina – e, por extensão, a toda a tribo – a fazer bolos de milho. Em outra versão, o rato, em forma humana, convida uma mulher para ir à sua casa, onde há grande quantidade de milho. Ela leva um pouco do cereal para sua tribo. Assim que provam da iguaria, os índios resolvem invadir a casa do rato-homem, que retorna à forma original e foge, deixando tudo para os indígenas (veja "Rato: transformação em ser humano").

Para os caiapós brasileiros, o rato também dá origem ao milho e a alguns frutos, como mostra a história "O rato na árvore oca". Nela, alguns índios faziam uma roçada quando um deles viu um espírito com aparência humana, que lhe ordenou que derrubasse uma árvore cujo tronco era muito grosso. O índio acatou a ordem e tentou por dois dias derrubá-la, mas ela reaparecia intacta na manhã seguinte. Por fim, ele pediu ajuda a todos da aldeia, que juntos conseguiram tombar a árvore. No interior do tronco eles acharam um rato, que foi então morto e retalhado. No interior do seu estômago foram encontrados grãos de milho e sementes de muitos frutos, que passaram a ser cultivados pelos índios.

O rato representa certas qualidades morais de solidariedade e generosidade humanas. Nesse pequeno animal projeta-se a capacidade de demonstrar empatia ao sofrimento alheio, pois ele chega a arriscar a própria vida em benefício do outro. Nas histórias relatadas, não se detém diante dos limites e coloca todas as suas habilidades a serviço do próximo. Analogamente, nas situações em que as habilidades comuns não são suficientes para resolver um problema, o ser humano precisa recorrer a recursos desconhecidos relacionados com a função inferior, nem sempre disponíveis às estratégias do ego.

Grandes ideias só podem ser concretizadas quando se considera uma realidade particular. Desse modo, a sensação é representada por atitudes relativas à percepção de detalhes e minúcias, equilibrando ideações e planos abstratos. Tanto os contos que falam de mulheres que sonham em se tornar princesas quanto aqueles sobre grandes animais libertados pelo rato podem representar a necessidade de integrar a função sensação para o desenvolvimento da personalidade.

PODER DE CURA

Na Antiguidade, usava-se o rato em receitas mágicas para prevenir ou curar vários males e doenças. Crendices ao redor do mundo confirmam essa observação. Acreditava-se que um rato colocado sobre uma picada de escorpião fosse capaz de curá-la. No Brasil, aplicava-se à picada carne de rato torrada. Na Alemanha, achava-se que os dentes de leite das crianças, ao caírem, deveriam ser colocados em tocas de ratos, para que os pequenos não sofressem dor de dente.

Segundo escritos do naturalista Bartolomeu da Inglaterra (*apud* France, 1986), do século XVI, excrementos de rato triturados com vinagre resolveriam o problema da queda de cabelo, e sua pele colocada sobre o calcanhar de uma pessoa teria o poder de curar frieiras e feridas (veja "Rato: partes do rato"). Já o costume de enterrar um rato vivo sob um freixo tinha o objetivo de curar as crianças e proteger o gado do ataque de outros animais.

Na Inglaterra, costumava-se usar as cinzas de um camundongo assado vivo como tratamento do reumatismo. Misturadas com mel, serviam para dor de ouvido; em bochechos, proporcionavam limpeza bucal e hálito doce. Também comumente se ingeriam ratos e camundongos com fins medicinais – acreditava-se que, fritos ou cozidos, eles combatessem doenças diversas, como amigdalite, coqueluche, varíola e sarampo.

A mesma prática era corrente no Egito: a análise química de corpos enterrados na areia revelou resíduos ocasionais de pequenos ratos e camundongos nos órgãos internos, como estômago e intestino, comprovando que os animais eram ingeridos com essa finalidade. Muito tempo depois, no próprio Oriente, aplica-se essa conduta em crianças agonizantes.

Na Escócia, crianças com certas enfermidades deviam ingerir fígado de camundongo. Para curar resfriados e dor de garganta, receitavam-se camundongos assados.

O tratamento da enurese infantil na Antiguidade consistia na ingestão de camundongos fritos, costume encontrado mais tarde em outros países, como o Brasil. Aqui, porém, o ratinho recém-nascido devia ser engolido vivo ou comido em ensopados.

Na Índia, o camundongo aparece às vezes associado ao deus Rudra e, em outras, a seu filho, um deus-rato, que tanto envia doenças como as previne e cura. O mesmo poder é atribuído ao deus grego Apolo (veja "Rato: deuses associados ao rato").

Sobre o rato projeta-se o poder ambíguo de trazer doenças e curá-las, o que se dá, provavelmente, devido ao seu caráter sorrateiro, aos seus hábitos noturnos e à sua convivência com sujeira, dejetos e imundície. Ao sobreviver a tantas insalubridades, o roedor passa a ser visto como um animal de grande resistência, levando à fantasia de que ao ingeri-lo essa mesma força seria assimilada.

PERSONIFICAÇÃO DA ALMA

Desde a Idade Média, tanto o rato quanto o camundongo são considerados símbolos da alma, aparecendo em muitas culturas também como personificação da morte. Na mitologia norueguesa, identifica-se a morte como "Senhora dos Ratos", conforme ilustra o drama *O pequeno Eyolf* (1894), de Henrik Ibsen. Descontentes com a vida, os pais de Eyolf projetam seus sonhos e expectativas no filho, que para libertar-se encontra como única saída seguir a tal senhora. A Senhora dos Ratos aparece na casa de Eyolf oferecendo-se para retirar os ratos que lá existiam e afogá-los. O menino, fascinado com ela, segue-a e tem o mesmo destino dos animais.

Antigas crenças europeias relatam que a alma, ao sair dos lábios de alguém que acaba de morrer, assume a forma de um rato. Também é frequente em diversas culturas a ideia de que o camundongo, como personificação da alma, deixa o corpo de uma pessoa adormecida para depois retornar a ele. Assim, seria perigoso despertar alguém do sono, pois, se sua alma estiver vagando fora do corpo, não conseguirá retornar e a pessoa morrerá.

Na Transilvânia (Romênia), acredita-se que não se deve deixar as crianças dormir de boca aberta para evitar que sua alma fuja na forma de camundongo; em caso contrário, elas não mais acordarão.

Na Idade Média, achava-se que camundongos brancos fossem almas de crianças não nascidas, isto é, mortas antes do parto (veja "Rato: a cor do rato").

Santa Gertrude de Nivelles, da Bélgica, era retratada ora com um gato nos braços ou circundada por vários gatos, ora com ratos ao seu redor. Também a representavam com camundongos a seus pés ou correndo sobre seu manto, por vezes interpretados como almas do purgatório, às quais ela tinha muita devoção.

Na Alemanha, uma lenda da cidade de Bingen relata a morte do avarento bispo Hatto, devorado por um bando de camundongos – tidos como personificações da alma dos camponeses que ele havia deixado passar fome e assassinado (veja "Rato: aspecto maléfico").

Os camundongos são tidos ainda como condutores de almas. Quando as levam para dentro do corpo de uma mulher, o objetivo é a reconcepção e o renascimento.

Várias características do rato favorecem projeções sombrias nesse animal, associadas à morte ou à alma dissociada do corpo. Talvez esse seja um dos motivos da aversão e da rejeição do ser humano a esse pequeno roedor. Assim como não temos controle sobre a morte, dificilmente dominamos e capturamos esse ágil e sorrateiro animal.

TRANSFORMAÇÃO EM SER HUMANO

A transformação do ser humano em rato e vice-versa pode ser observada em lendas e contos de fadas como forma tanto de punição quanto de ajuda e proteção.

No que se refere à punição, o conto irlandês "Velhos espinhos e velhos padres" relata a história de um padre que ameaça transformar um alcoólatra em rato caso ele reincida na bebida.

Histórias encontradas em diversas culturas relatam a transformação do rato em mulher e depois a volta à sua forma animal, nesse caso referindo-se a situações de ajuda e proteção.

Na história judaica "O dervixe e o rato transformado", um dervixe, devoto e íntegro, pede a Deus que transforme um pequeno rato, de quem se apiedou, em uma menina, para que assim possa cuidar dela em sua casa sem que sua esposa desconfie, pois caso contrário esta o repudiará e enxotará. O Senhor atende às suas preces e, quando a menina completa 12 anos, o dervixe decide que ela deve encontrar um homem que a sustente. Pergunta quem ela deseja como marido e ela responde: "Um herói de grande força, que disponha de um poder como nenhum homem possui". O dervixe começa a buscar o sol, acreditando que não há ninguém mais poderoso. O sol, no entanto, aponta o príncipe das nuvens como mais forte. Este, por sua vez, indica o vento. O vento afirma não ser mais forte que a montanha, e esta, por fim, diz que o mais forte é o rato, já que ele é capaz de miná-la. O dervixe volta à menina e pergunta se ela aceita um rato como esposo, sugerindo que Deus poderia transformá-la novamente em rata, e ela aceita. O dervixe pede essa graça a Deus e é atendido.

No folclore francês, a história "A rata branca" relata essa transformação de modo muito semelhante. No conto, uma ratinha graciosa e doce é muito amada por um casal de reis, seus pais adotivos humanos. Estes pedem à rainha das fadas que a transforme em uma menina e são prontamente atendidos. Quando chega o momento de casar-se, ela diz querer o marido mais poderoso que existe. Como no conto anterior, começa a procura pelo sol, passa pela nuvem e pela montanha e por fim descobre que o mais poderoso é o rato, pois este rói a montanha com seus dentes afiados, cava túneis nela e a transforma em seu castelo. A menina passa a desejar tão fervorosamente casar-se com o rato que seus pais pedem mais uma vez à rainha das fadas que ela retorne à forma animal, e assim os dois se unem em matrimônio.

Encontra-se outra versão dessa história na fábula de La Fontaine intitulada "A rata transmudada em mulher". Nela, uma ratinha, que depois de uma grande queda fica à beira da morte, é encontrada por um brâmane. Este pede ajuda a um feiticeiro para transformá-la em ser humano e, assim, salvá-la. A rata é então transformada em uma linda jovem, e o brâmane decide que ela deve se casar. Ela pede que seu pretendente seja o mais poderoso de todos os seres. O brâmane interroga o sol, o nevoeiro, o vento e a montanha, mas esta não aceita a indicação

para não ofender o rato, que é capaz perfurá-la. Ao ouvir o rato ser mencionado, a jovem mostra-se entusiasmada e o escolhe como marido.

A lenda celta "Manawyddan, o filho de Llyr" relata a transformação de seres humanos em ratos com a finalidade de destruir a plantação de inimigos (veja "Rato: aspecto maléfico").

Os contos em que o rato, um animal tão pequeno, é mais forte do que grandes elementos da natureza ilustram um mecanismo psicológico em que forças internas inconscientes destrutivas são mais poderosas do que forças conscientes. O rato pode também representar, nesse contexto, ideias obsessivo-compulsivas que "corroem" o equilíbrio da psique, afetando até mesmo pessoas com personalidade relativamente estruturada.

PRESSÁGIOS ASSOCIADOS AO RATO

O rato está associado tanto a bons quanto a maus presságios. Desde a Antiguidade existe a crença de que ele pressente naufrágios ou terremotos, abandonando navios e casas e sinalizando o trágico acontecimento que está por vir. Em algumas culturas, acreditava-se que os guinchos dos roedores e sua "dança" anunciassem tempestades e que os animais, ao roer objetos que faziam parte de cultos religiosos, profetizavam situações difíceis.

Os romanos acreditavam que a Primeira Guerra Civil de Roma tivesse sido pressagiada porque ratos haviam roído o ouro de um importante templo. Do mesmo modo, entendia-se na França e no Norte da Alemanha que a presença de um grande número de ratos fosse prenúncio de guerra.

Ainda na Alemanha, os camundongos eram presságio de morte, pois se dizia que fugiam da casa onde alguém estava prestes a morrer. Essa mesma associação também se dava especificamente com o rato branco em algumas regiões desse país (veja "Rato: a cor do rato").

Na Grécia, um saco de farinha ou uma roupa roídos por um rato eram, respectivamente, prenúncio de fome e de morte. De modo semelhante, no folclore da Malásia, o uso de vestimentas roídas por um rato traria má sorte.

De acordo com uma crença do folclore judaico, jamais se deveria comer algo que tivesse sido roído ou mordido por um rato, pois a consequência poderia ser a perda da memória ou dor de garganta (veja "Rato: aspecto maléfico" e "Gato: poder mágico"). Na Valônia (Bélgica), a esposa que ouvisse "gritos" de camundongos podia ter certeza de que o marido a traía.

Em contrapartida, em algumas regiões da Ásia o rato é visto como animal de bom agouro. No Japão, podia-se prever uma boa colheita se um rato, considerado mensageiro de Daikoku – divindade da riqueza e da prosperidade –, roesse os bolos do ano-novo, principalmente se estes estivessem no altar da família. Para os chineses, a presença de um rato em casa indicava prosperidade, assim como para os japoneses e os siberianos significaria bom sinal.

Desde os tempos da Roma antiga, o rato e o camundongo brancos são associados a bons presságios. Habitantes da Boêmia, na atual República Tcheca, e de algumas regiões da Alemanha também os consideravam portadores de sorte e os alimentavam para que ficassem próximos de casa.

Na Índia, no templo de Karni Mata, os ratos são considerados sagrados. Acredita-se que avistá-los nesse local, assim como comer oferendas já consumidas por eles, traga boa sorte (veja "Rato: aspecto benéfico" e "Rato: a cor do rato").

Na África, o povo bambara usava o camundongo com fins divinatórios no rito de excisão das meninas, em que se davam aos ratos os clitóris extirpados. Se o rato que comesse o clitóris fosse macho, o primogênito da jovem seria do sexo masculino; se fosse fêmea, nasceria uma menina. Para eles, esse animal também retirava a parte masculina da alma da menina excisada, representada por seu clitóris. Essa parte da alma deveria retornar a Deus à espera de uma próxima reencarnação.

O rato é um animal propício à projeção de acontecimentos futuros inesperados, tanto positivos quanto negativos. Isso se deve provavelmente ao seu tamanho, à sua velocidade e à capacidade de esconder-se em pequenos espaços. Além disso, a dificuldade de capturá-lo pode associá-lo à imprevisibilidade e à falta de controle da vida. O fato de ele ser transmissor de doenças graves e fatais torna-o símbolo de má-sorte e até mesmo da morte. No entanto, pode ser indicador de boa sorte e prosperidade devido à sua grande capacidade reprodutora e ao fato de viver próximo de plantações e alimentos.

A COR DO RATO

As cores do rato são associadas simbolicamente a diferentes significados.

Rato branco

Nos templos dedicados ao deus grego Apolo, os ratos brancos eram considerados animais sagrados. Suas tocas ficavam sob o altar, onde os sacerdotes os alimentavam diariamente em rituais religiosos.

Desde a época dos romanos, o camundongo branco era tido como animal de bom agouro, crença também existente na Alemanha e na Boêmia (República Tcheca). Ainda hoje, no templo de Karni Mata, na Índia, a presença de ratos brancos indica sorte. No entanto, em algumas regiões da Alemanha, o rato é presságio de morte.

Rato cinza

Em diversas culturas, o rato cinza é associado tanto à pobreza como a demônios, bruxas e feiticeiras. Essas últimas frequentemente assumem a forma de ratos cinza, como ilustra a história "A ratinha cinzenta", da Condessa de Ségur (veja "Rato: aspecto maléfico").

Rato preto

Em contraposição ao rato branco, que é relacionado com o dia, associa--se o rato preto à noite.

PARTES DO RATO

Dentes

O rato se destaca pela capacidade de roer materiais diversos, de modo que a força de seus dentes acabou gerando crendices e simpatias em diversas partes do mundo. Entre elas, encontra-se o costume de colocar os dentes de leite das crianças em lugares onde possam ser encontrados por um rato ou camundongo, de modo que esses dentes fossem substituídos por melhores.

Na Alemanha, o dente arrancado devia ser posto numa toca de rato. Já as crianças deveriam se colocar atrás do fogão e atirar o dente por sobre a cabeça, dizendo: "Rato, dá-me teu dente de ferro que eu te darei meu dente de osso".

Em Rarotonga, ilha do Pacífico Sul, as crianças lançavam os dentes de leite no telhado e recitavam o seguinte verso: "Rato grande, rato pequeno! Aqui está meu dente velho, dá-me um novo". Os ratos eram invocados porque os nativos não conheciam dentes mais fortes.

Na Sicília (Itália), quando um dente de leite caía, era comum escondê-lo em um buraco porque um rato o levaria embora e, em troca, deixaria uma moeda. Esse costume ainda existe em vários locais, inclusive no Brasil.

Excrementos e pele

Veja "Rato: poder de cura".

Pelos

Os guerreiros sul-africanos entrelaçam tufos de pelos de rato em suas mechas de cabelo como talismã. Acreditam que com isso consigam se esquivar da lança do inimigo, já que o rato, com rapidez e esperteza, se desvia dos objetos lançados sobre ele. Portanto, o pelo do rato torna-se valioso e muito procurado quando se inicia uma guerra.

RELAÇÃO COM OUTROS ANIMAIS

Na convivência do rato com outros animais, destacam-se dois aspectos: o primeiro, que o rato, apesar de pequeno, coopera com animais fortes e de grande porte. Essa relação ilustra o mecanismo compensatório quando, na dinâmica psíquica, a vivência exacerbada de uma polaridade provoca o surgimento da oposta. Nesse caso, o sentimento de extrema inferioridade e insignificância pode levar à extrema soberba e arrogância. Só a união dessas duas polaridades leva à solução do conflito e restabelece o equilíbrio. O segundo aspecto refere-se à rivalidade do rato com vários outros animais, da qual ele sai vencedor na maior parte das disputas. Metaforicamente, a sagacidade é muitas vezes necessária para alcançar os objetivos e garantir a sobrevivência.

Rato e camelo

Entre os dois, sobressai a esperteza do rato ante a ingenuidade do camelo, como ilustra uma lenda da Mongólia (veja "Camelo: ingenuidade e estupidez").

Rato e coruja

A relação que se estabelece entre o rato e a coruja é de vítima e predador, respectivamente. Essa última, mais esperta e previdente, utiliza estratagemas para obter seu intuito, ou seja, fazer do rato sua provisão. A fábula de La Fontaine "Os ratos e a coruja" é um exemplo disso. Nela, a coruja costumava caçar ratos para comer, mas muitos conseguiam fugir. Como não podia comê-los todos de uma só vez, resolveu cortar-lhes as patas para que não pudessem mais escapar. Também os alimentava com trigo para que engordassem, visando assim garantir sua futura subsistência.

Rato e doninha

O rato e a doninha são grandes inimigos. As doninhas, assim como as serpentes, já eram utilizadas pelos romanos para matar ratos (veja "Rato: relação com outros animais – rato e serpente").

A fábula de La Fontaine "A guerra dos ratos e das doninhas" relata uma longa e sangrenta luta de toda a população desses dois animais, que pretendiam exterminar uns aos outros. Todos os reis, príncipes e generais ratos morreram e se salvaram apenas os representantes da classe popular, que conseguiram entrar e se esconder nas tocas por não usarem penachos e capacetes.

Rato e elefante

A relação entre o rato e o elefante é muitas vezes permeada com cooperação e solidariedade; o primeiro acaba sempre salvando o segundo de armadilhas e, consequentemente, da morte.

A fábula chinesa "Os ratos que libertaram os elefantes" conta a respeito de uma região ocupada por ratos que lá viviam felizes por muitas gerações. Entretanto, certa vez, milhares de ratos foram mortos por uma manada de elefantes que passou por ali em busca de água. Por temer que isso se repetisse, o chefe dos ratos pediu ao rei dos elefantes que mudasse sua rota. Considerando justo o pedido, o rei mudou o trajeto de acesso ao lago. Passado certo tempo, ele e sua manada caíram numa armadilha de corda que os prendeu às árvores da floresta. O rei, então, pediu a um elefante que havia escapado que buscasse a ajuda dos ratos. Estes prontamente responderam ao chamado e, com seus dentes afiados, roeram as cordas e libertaram a manada. Encontra-se história semelhante no *Rigveda*, livro sagrado do hinduísmo, em que o rato liberta o elefante da mesma maneira, roendo as cordas que o prendiam (veja "Rato: aspecto benéfico").

Na história *Dumbo*, imortalizada no cinema por Walt Disney, o ratinho Timóteo faz o elefante reconhecer a própria capacidade. Dumbo tem medo de voar, mas seu amigo roedor o incentiva a vencer a insegurança e enfrentar seus temores.

Algumas fábulas hindus associam o rato ao elefante de duas maneiras: de um lado, é alvo de insultos e desprezo; de outro, liberta o elefante de seus grilhões. Essa relação também é ilustrada em algumas representações de Ganesha, deus hindu da sabedoria, protetor dos negócios e dos lares. Representado com corpo humano e cabeça de elefante, ele às vezes aparece subjugando o rato a seus pés e, em outras, surge montando esse animal (veja "Rato: deuses associados ao rato").

A relação entre o rato e o elefante pode ainda ser retratada por meio da diferença de tamanho e força entre eles, mas agora com o primeiro sucumbindo a sentimentos destrutivos de inveja e inferioridade. Como exemplo, temos a fábula de La Fontaine "O rato e o elefante" (veja "Rato: tamanho, agilidade e esperteza").

Outro exemplo que ressalta tal diferença é retratado em uma história de cordel da Paraíba (Brasil). Aqui, porém, o grande e poderoso elefante é eliminado em virtude do medo que sente do rato. Na história, um rei procura manter a ordem pública expulsando os animais que infestam seu reino em diferentes épocas, buscando eliminá-los pela ação do seu respectivo predador. Assim, chama o gato para combater os ratos, o cachorro para combater os gatos, as feras para combater os cachorros e os elefantes para combater as feras. Então, depara com o problema de como se livrar dos elefantes, que estavam poluindo todo o ar do reino. Para resolver a questão, um menino lembra que o poderoso elefante tem medo do ratinho, pois teme que este possa sufocá-lo se entrar pelo orifício de sua tromba. Desse modo, o garoto traz um rato, que espanta todos os elefantes. Em consequência disso, os ratos se multiplicam na cidade e o rei se vê novamente diante do dilema inicial.

Rato e escaravelho

Um conto do folclore árabe intitulado "A filha da mãe-escaravelho" mostra uma relação de afeto e camaradagem entre o rato e o besouro. A mãe-escaravelho escolhe o rato, entre vários animais, para se casar com sua filha, pois ele era a mais querida das criaturas, de olhos muito brilhantes e pelo macio. Os dois formam um casal muito feliz e o rato se revela um marido gentil e prestativo, arriscando até a própria vida para salvar a esposa quando esta cai na fonte onde costumava lavar roupas.

Rato e gato

Rato e gato são inimigos históricos. Inúmeros contos, lendas e provérbios de diferentes culturas e épocas ilustram esse antagonismo, existente desde a Antiguidade. Em um papiro egípcio encontra-se a história de uma grande batalha entre os exércitos dos ratos e dos gatos. O faraó-rato, em pé numa biga puxada por cães, conduz seu exército, matando a flechadas seus inimigos. Trata-se de uma paródia das cenas de batalha dos faraós da XIX Dinastia representadas nas paredes dos templos de Tebas. Uma história persa do século XIV ilustra o mesmo conflito. Nessa guerra, os ratos também saem vencedores depois que um deles pula sobre o cavalo do gato-chefe, capturando-o.

Encontra-se a origem da inimizade entre o rato e o gato em uma lenda do folclore judaico. Nela, Nabucodonosor, o mais famoso rei da Babilônia, pergunta a Jesus por que o rato é o alimento favorito do gato. O Senhor explica que, de início, esses animais eram amigos. Porém, quando o rato lhe perguntou se haveria comida suficiente para ambos, ele o puniu por acreditar que o roedor desejasse devorar o gato. Sua punição consiste em tornar-se alimento do gato, diminuindo-o de tamanho – do mesmo modo que Jesus fizera com a lua ao reduzir-lhe o brilho quando ela caluniou o sol. O rato perguntou ao Senhor se ele e sua espécie seriam eliminados da terra, e Ele respondeu que deixaria restar algo do rato, como fez com a lua. Inconformado, o roedor correu e mordeu a cabeça do gato, que saltou, atirou-o ao chão e o matou. Desde então, ambos são inimigos.

Os provérbios brasileiros "quando em casa não está o gato folga o rato" e "são lágrimas suspeitas as dos ratos nos enterros dos gatos" espelham a arquetípica relação de rivalidade entre esses dois animais, prevalecendo sempre a posição de poder e dominação do gato sobre o rato.

Na história chinesa "O gato e suas presas", depois que uma casa em Zhao é invadida por ratos, seu dono vai a outro reino para pedir um gato emprestado. Um homem lhe presenteia com um gato que caça ratos, além de galinhas. Tempos depois, todos os ratos haviam sido eliminados, como também todos os galináceos da casa. O filho do dono da casa sugere ao pai afugentar o gato, mas ele não concorda, dizendo que o problema da casa eram os ratos, que roubavam os grãos e roíam roupas e móveis – portanto, ficar sem carne de galinha era insignificante em comparação com o frio e a fome que enfrentariam se os ratos persistissem.

As expressões populares "fugir como um rato" e "rato", em relação ao ser humano, ilustram a covardia atribuída a esse roedor diante do gato, exemplificada na fábula "A liga dos ratos", de La Fontaine. Nela, um grupo de ratos decide enfrentar um gato; porém, amedrontados diante das forças do felino, fogem em debandada, deixando para trás uma ratinha, que é atrozmente devorada.

Mais um exemplo aparece em outra fábula de La Fontaine, intitulada "O congresso dos ratos". Um grupo de roedores resolve colocar um guizo no pescoço do gato para que, dessa maneira, fossem avisados da aproximação daquele perigoso animal e pudessem se esconder a tempo e escapar da morte. Entretanto, na hora de escolher quem realizaria a tarefa, todos se esquivam, e o intento acaba abandonado.

Em algumas histórias, o rato é eliminado pelo gato devido à sua ingenuidade e inexperiência. No conto chinês "O gato-leão e o rato gigantesco", um rato tão grande quanto um gato aparece na corte do reinado de Wanli, da dinastia Ming, causando grandes estragos. Depois de muitas tentativas infrutíferas de eliminá-lo, enfim um enorme gato-leão o mata (veja "Gato: esperteza e agilidade").

Por outro lado, às vezes o rato consegue escapar das garras do gato agindo com prudência e esperteza. Na história "O rato e o gato", de La Fontaine, esses dois animais, uma ave de rapina e uma doninha compartilham um tronco de árvore. Certa vez, o gato, ao ser preso em uma rede, desperta a atenção rato, que fica contente de vê-lo nessa situação. O gato suplica-lhe que roa as cordas e promete-lhe uma aliança, dizendo que a ave de rapina e a doninha é que são seus inimigos e que ele as matará para protegê-lo. O rato não acredita e se recusa a salvá-lo, mas ao voltar para o tronco da árvore vê que aqueles dois companheiros se haviam apoderado de sua casa. Decide, então, retornar para salvar o gato. Depois de alguns dias, encontra o felino, que o chama para um abraço, mas o roedor se afasta desconfiado, pois sabe que o gato é seu inimigo natural.

Em outra história de La Fontaine, denominada "O galo, o gato e o ratinho", a mãe-rato alerta seu filho sobre a índole traiçoeira do gato, apesar de sua aparência dócil e amigável. Mesmo quando o rato ajuda o gato a libertar-se de uma armadilha roendo as cordas de uma rede, sua desconfiança salva sua vida, pois o felino é grato, mas não confiável (veja "Gato: relação com outros animais – gato e rato").

A rivalidade entre esses dois animais é retratada, na cultura atual, no desenho animado *Tom e Jerry*, em que as perseguições, armadilhas e maldades de um para com o outro ressaltam sua relação de arqui-inimigos (veja "Rato: ratos famosos").

Rato, gato e cão

A conhecida rivalidade entre o rato, o gato e o cão aparece em histórias de diferentes culturas. Um conto judaico relata uma das mais conhecidas origens dessa rivalidade. Nele, os cães conseguem do rei um decreto proibindo que eles sejam perseguidos pelos homens e pedem aos gatos que distribuam esse edital. Porém, os ratos destroem o documento e os cães passam a ser perseguidos. Com raiva, os cães correm atrás dos gatos, que perseguem os ratos.

Na versão de La Fontaine, a discórdia entre cães, gatos e ratos é descrita como uma lei da natureza. Em sua fábula, os ratos são mortos pelos gatos por terem destruído o documento que regulamentava o relacionamento entre eles e os cães.

No Brasil, Câmara Cascudo relata outra versão dessa mesma história. Tal conto remete a uma época em que todos os bichos eram amigos e viviam juntos, governados pelo leão. Certo dia, Nosso Senhor manda o leão libertar todos os animais e, para tal, determina que escreva cartas de alforria destinadas a cada um deles, deixando-os todos muito contentes. O leão encarrega os animais mais ligeiros de entregar as cartas aos destinatários. O gato deveria levar a carta endereçada ao cachorro. Porém, no caminho, encontra o rato comendo mel. Este insiste para que o gato pare por um instante para provar a iguaria, e o felino, de tanto comê-la, acaba dormindo. O rato, curioso, mexe na sacola do gato e acaba roendo a carta de alforria do cachorro. Ao perceber a gravidade de seu ato, coloca os pedaços de volta na sacola do gato e foge para a mata. O gato, ao acordar, corre até o cachorro para lhe entregar o documento, mas o último, ao vê-lo todo roído, fica furioso e procura o gato para matá-lo, pois já não poderia mais provar ao homem que era um animal livre. O gato, percebendo o que o rato havia feito, corre em seu encalço para vingar-se. E ainda hoje, cachorro, gato e rato são inimigos até debaixo d'água (veja "Gato: relação com outros animais").

Rato e leão

A relação entre esses dois animais é ilustrada em histórias em que o rato, menor e mais insignificante, salva o forte e poderoso leão, invertendo-se as posições de força e fraqueza conforme o contexto. A gratidão também é um fator importante nessas histórias, mobilizando sentimentos de solidariedade e colaboração, que se sobrepõem aos instintos agressivos naturais.

Tanto na fábula de Esopo "O leão e o camundongo" como na de La Fontaine "O rato e o leão", o rato, ao sair da toca, tropeça nas patas do leão e o

acorda. O felino, indignado, reclama porque seu sono foi interrompido, mas, em vez de devorar o rato, deixa-o ir. Agradecido, o roedor se oferece para ajudar o leão quando necessitar – ao que o rei das selvas diz que nunca precisaria de um animal tão insignificante. Certo dia, porém, o leão cai numa armadilha, uma rede da qual não consegue se libertar, apesar de toda a sua força. O rato ouve os rugidos do leão, corre em seu auxílio e, ao vê-lo aprisionado, rói as cordas, libertando-o.

Essa dinâmica também se repete na história egípcia "O filho de Adão e o leão". Nela, o leão pergunta ao rato se não seria ele próprio o mais forte entre todos os seres, recebendo como resposta que o filho de Adão detém a maior força. Então, saem à procura de um homem. Este, ao ver o leão, treme de medo e o animal o desafia para uma luta, cujo vencedor seria considerado o mais forte dos seres vivos. O homem dá ao leão a desculpa de que não carregava sua força consigo e teria de buscá-la em casa. O homem, para assegurar-se de que seu adversário não fugiria nesse meio-tempo, propõe amarrá-lo. O leão concorda e, preso por uma corda, é em seguida chicoteado até perder toda a pele. Após a partida do homem, o rato, a pedido do leão, vai ao seu socorro e o salva.

Rato e lobo

A relação entre o rato e o lobo é de rivalidade, e o rato sai como vencedor pelo uso da inteligência e da sagacidade.

Na história egípcia "A parceria entre o lobo e o rato", há uma grande disputa entre os dois animais, que trabalharam como parceiros em duas plantações. O lobo, para se apossar das colheitas, tenta duas vezes seguidas trapacear o rato, que aceita sagazmente as escolhas do lobo: na primeira plantação, de cebola, este exige ficar com o que está sobre a terra, restando-lhe apenas folhas secas; na segunda lavoura, escolhe o que está sob a terra e de novo se dá mal, porque esta era de trigo.

O rato mostra-se ainda mais esperto quando, na disputa de uma prova de velocidade, chama seus parentes para auxiliá-lo. A fim de ganhar o prêmio – a colheita dos dois campos –, os ratos vão se revezando ao longo do caminho sem que o lobo perceba o truque, havendo sempre um rato num ponto adiante para trocar de lugar com aquele que corria.

Rato e ostra

Em algumas situações, a voracidade do rato pode lhe trazer consequências desastrosas. Na fábula de La Fontaine "O rato e a ostra", o rato presunçosamente acredita ter conhecido o mundo todo e ter aprendido muitas coisas, apesar de sua pouca experiência. Então, abandona a toca e a família e sai em busca de novas aventuras. Logo nos primeiros dias, depara com uma ostra aberta, que chama sua atenção. Ao tentar comê-la, a ostra, pega de surpresa, fecha-se de imediato, aprisionando o rato. A fábula ilustra como a presunção, aliada à voracidade, pode levar a uma interpretação errônea da realidade (veja "Rato: voracidade").

Rato e pardal

Numa história hindu, o rato e o pardal, inicialmente amigos e parceiros, tornam-se rivais e inimigos. Certo dia, o pardal encontra uma semente de papoula, mas, como ela era muito pequena, resolve comê-la sem oferecê-la ao rato. Este, ao saber do fato, fica indignado e declara guerra total. Numa variante russa, o rato quebra o pacto e o pardal se queixa ao rei dos pássaros, que pede justiça ao rei dos animais. Chamado para depor, o rato faz-se de tão humilde e coitado que convence o rei de sua inocência, e o pássaro é julgado culpado. Segue-se uma terrível guerra entre os monarcas, que termina com o rei dos pássaros ferido. Em ambas as versões, o rato sai vencedor da disputa.

Rato e raposa

O rato mostra-se mais esperto que a raposa na fábula de La Fontaine "Os dois ratos, o raposo e o ovo". Na história, dois ratos famintos encontram um ovo. Para escondê-lo da esperta raposa, depois de muito pensar, os dois inventam um estratagema: um deles se deita de costas no chão, abraçando o ovo, enquanto o outro o puxa pelo rabo. Dessa forma, conseguem transportar o ovo intacto pelo terreno acidentado, salvando a vida e a iguaria.

Rato e sapo

Numa história da mitologia grega, o rato se gaba para o sapo dizendo não temer o homem e até ter comido a ponta de seus dedos enquanto ele dormia.

O sapo, querendo entreter o rato, propõe-se a carregá-lo na travessia de um lago. Entretanto, ao avistar uma serpente, o sapo foge, deixando o rato à mercê do predador. Antes de morrer, o roedor ameaça os sapos, prometendo como vingança a vinda de um exército de camundongos. Segue-se uma terrível guerra entre sapos e ratos. Quando os primeiros estão prestes a se extinguir, Zeus, penalizado, interfere, enviando raios e trovões. Vendo que os ratos não desistem, os deuses mandam uma horda de caranguejos para mordê-los, forçando-os a fugir. Uma possível interpretação desse mito é que ele retrata uma batalha mítica em que os sapos representariam as nuvens, e os ratos, a escuridão.

Rato e serpente

O confronto entre o rato e a serpente, inimigos históricos, quase sempre resulta na destruição do primeiro, como ilustrado na história chinesa "O rato fiel" (veja "Rato: aspecto benéfico"). As serpentes têm sido usadas para capturar ratos, costume já presente entre os romanos.

DEUSES ASSOCIADOS AO RATO

Algumas mitologias consideram o rato um animal sagrado, com poderes mágicos e divinos. Por essa razão, é mantido, alimentado e reverenciado nos templos durante os rituais religiosos. O rato serve de montaria e companheiro de deuses da riqueza e da prosperidade; também é associado a deuses com atributos ambivalentes, que por vezes aparecem na forma de deuses-rato.

Apolo

Na mitologia grega, sob o epíteto de Apolo Esminteu, é o deus da cura ou das pragas. Quando assim denominado, apresenta um caráter ambivalente, ou seja, envia enfermidades ("lança a flecha da peste") e também é capaz de curá-las. Aparece como deus agrário, guardião das sementes e das colheitas contra os ataques dos ratos, recebendo aqui o título de "caçador" ou "exterminador" de ratos. Em uma de suas representações, esmaga com os pés o rato da noite. O sacerdote de Apolo era também muitas vezes representado por cima de um rato, significando que o deus solar pagão subjugava o deus da noite e da escuridão.

O camundongo também é associado a Apolo, por ser tanto um símbolo animal desse deus como uma de suas personificações. Em consequência disso, ratos brancos eram bem cuidados e alimentados pelos sacerdotes no templo de Apolo Esminteu.

Daikoku

Um dos sete deuses japoneses da boa sorte, da riqueza e da fartura, da colheita e também do lar (sobretudo da cozinha), Daikoku é representado como um velho de rosto redondo e expressão feliz. Carrega nos ombros uma sacola cheia de tesouros e um martelo mágico em uma das mãos. Com esse martelo, oferece ajuda para criar um negócio, erigir uma casa ou fazer fortuna. Acredita-se que a posse da imagem desse deus garanta uma vida profissional promissora e o consequente sucesso financeiro. O rato é seu companheiro, e a associação entre eles parece estar relacionada à fecundidade desse animal e ao fato de ele ser encontrado onde há abundância de alimentos.

Ganesha

Deus da prosperidade e da sabedoria, Ganesha é um dos mais conhecidos e adorados do panteão indiano. Representado como um homem com cabeça de elefante e quatro braços, segura em uma mão um machado e na outra uma lança; a terceira fica livre em gesto de bênção e a quarta segura uma flor de lótus.

Também denominado "Senhor dos Bons Inícios", é invocado no começo de qualquer cerimônia, como casamento ou inauguração de uma casa. Além disso, é sempre lembrado antes do início de uma atividade ou tarefa, como viagens ou acordos comerciais, já que remove todos os obstáculos, de ordem tanto material quanto espiritual.

São diversas as representações da relação entre Ganesha e o rato, que em algumas aparece como montaria desse deus, enquanto em outras está sob seus pés – sendo, neste caso, o demônio por ele subjugado e obrigado a assumir essa forma desprezível (veja "Rato: relação com outros animais").

O rato de Ganesha aparece também como símbolo da noite e da escuridão. Associado à noção de roubo e de apropriação indevida de riquezas, tem, por outro lado, a capacidade de roer os obstáculos à sua frente, simbolizando a capacidade de Ganesha de vencer empecilhos e abrir caminhos.

Karni Mata

Deusa indiana que, segundo a lenda, viveu no século XIV no Rajastão, no Norte da Índia, Karni Mata era considerada a reencarnação (ou uma das muitas encarnações) de Durga, deusa do poder e da vitória para os hindus.

Segundo o folclore local, Karni Mata realizou muitos milagres: fez surgir água no deserto, multiplicou alimentos para seu povo, salvou a vida do próprio pai quando foi picado por uma serpente e ressuscitou inúmeras pessoas. Diz a lenda que Karni Mata tentou ressuscitar uma criança de sua comunidade, mas não teve sucesso porque a alma da menina já tinha sido recebida por Yama, o deus da morte, que o reencarnou na forma humana. Para evitar que isso se repetisse, Karni Mata anunciou que todos os membros de sua tribo, quando morressem, habitariam temporariamente o corpo de um rato antes de reencarnar. Outra lenda afirma que os ratos que vivem no templo de Karni Mata seriam os membros da família da deusa reencarnados, e por isso são muito bem tratados. A própria deusa estaria reencarnada em um rato branco, único dessa cor no templo, motivo pelo qual os devotos passam o dia procurando-o em buracos e ninhos.

Rudra

Rudra é o deus das tormentas na mitologia indiana. Por ser ligado às forças intempestivas da natureza, suas qualidades benéficas e maléficas se mesclam, pois tanto carrega doenças e perigos como assume a função de médico divino e pacificador, aquele que traz a chuva curadora. Aparece associado ao camundongo e, em algumas versões, seu filho surge como um deus-rato, que teria o duplo poder de propagar e curar as enfermidades. Nesse sentido, assemelha-se ao deus grego Apolo Esminteu.

RATOS FAMOSOS

Bernardo e Bianca

Bernardo e Bianca, personagens da Disney, são dois ratinhos que enfrentam grandes perigos e desafios, demonstrando sempre muita coragem, heroísmo e amizade. Em uma dessas aventuras, tornam-se heróis quando resgatam uma pequena órfã, Penny, das mãos de uma terrível feiticeira, Madame Medusa. Em outra missão, os ratinhos-detetives ajudam um garoto de nome Cody a salvar uma grande águia dourada das garras de um cruel caçador.

Esses ratinhos tornam-se grandes heróis que, com sua agilidade e esperteza, conseguem salvar os fracos e oprimidos. Representam recursos positivos utilizados empaticamente em benefício do próximo.

Jerry

Jerry é o rato da dupla Tom e Jerry, criada na década de 1940 pelo estúdio Hanna-Barbera. Os desenhos da dupla retratam a tradicional perseguição do rato pelo gato, refletindo a visão universal da inimizade entre os dois. Tom, insistente, impaciente e muitas vezes ingênuo, é sempre derrotado pelo esperto, calculista e oportunista Jerry. As armadilhas e maldades que cada um prepara para o outro – das quais Jerry sempre consegue escapar – não só revelam uma relação de inimizade como apresentam, segundo certas interpretações, um aspecto sadomasoquista. O fato de o ratinho superar, com esperteza e agilidade, a força do predador expressa um mecanismo compensatório que atraiu durante muitos anos admiradores que se identificaram com o pequeno e invencível animal.

Em 1963, aparece como personagem coadjuvante o cão Spike, que defende Jerry e dificulta a caçada de Tom. Apesar de todos os esforços do último para não perturbar o sono de Spike, Jerry sempre dá um jeito para que isso acontaça e para que a culpa recaia sobre Tom (veja "Rato: relação com outros animais – rato e gato").

Mickey

Ratinho criado nos estúdios Walt Disney em 1928, Mickey aparece pela primeira vez nos cinemas de Nova York no filme *Seamboat Willie* e torna-se conhecido em vários países por meio de histórias em quadrinhos. Ele tem o poder de cativar o público com seu jeito sincero de ser, suas nobres intenções, seu espírito curioso e aventureiro, sua inteligência e seu caráter heroico. Nas histórias, Mickey se envolve em travessuras e aventuras "cavalheirescas", por vezes desvendando intrincados mistérios.

Embora seja um rato, veste-se e atua em papéis que fazem paródia aos hábitos humanos, servindo como receptáculo para a projeção do indivíduo "politicamente correto", ou seja, idôneo, responsável, justo, solidário e cumpridor de seus deveres individuais e coletivos.

Minnie

A ratinha Minnie, personagem também da empresa Disney, aparece como companheira de Mickey desde seu primeiro filme. No papel de eterna namorada, acompanha o famoso camundongo em suas aventuras. Tal como ele, veste-se e atua como ser humano.

Projeta-se em Minnie a imagem da companheira fiel e apaixonada, que estabelece com Mickey uma relação amorosa, ainda que assexuada, bem de acordo com os costumes morais e sociais da época.

Remy

Remy é o protagonista do filme americano *Ratatouille*, realizado pela Pixar Animation Studios e distribuído pela Disney em 2007. Destaca-se dos ratos comuns por ter uma percepção olfativa extraordinária. Seu maior sonho é tornar-se um grande *chef* de cozinha, apesar de ser essa uma profissão fora dos padrões para um roedor.

Quando em Paris, Remy depara com a oportunidade de adentrar o mundo da culinária no restaurante do famoso *chef* Auguste Gusteau, seu ídolo, já falecido. Lá, conhece o jovem desastrado Linguini, que não tem talento para a cozinha, mas precisa manter o emprego. Os dois tornam-se parceiros: Remy, escondido sob o chapéu do companheiro, orienta-o na confecção dos pratos, que passam a fazer muito sucesso.

Após um desentendimento entre eles, Linguini decide que não precisa mais de Remy, mas, incapaz de cozinhar sem a ajuda do rato, acaba enfrentando grande dificuldade ao receber no restaurante a visita de Anton Ego, temível crítico culinário. Revela então seu segredo à equipe da cozinha, que o abandona. Remy acaba voltando para ajudá-lo, juntamente com seus parentes e amigos ratos, e prepara um delicioso *ratatouille*, tradicional prato francês feito com legumes. Ego, o crítico, pede para conhecer o autor de tal proeza, e ao final Remy e os outros ratos são revelados. Apesar de receber uma elogiosa crítica de Anton e de Linguini ser declarado o maior *chef* da França, o restaurante é fechado pela vigilância sanitária. Anton perde a credibilidade, mas ajuda Remy e Linguini a inaugurar um bistrô de sucesso, que recebe tanto ratos quanto humanos. Remy realiza seu sonho de ser *chef*, enquanto Linguini descobre seu verdadeiro talento: servir as mesas usando patins.

Essa história fala de uma parceria entre duas polaridades: de um lado, um ser que habita a escuridão, os esgotos; de outro, um jovem que vive na luz de um restaurante famoso. Ao se abrir para o inusitado, o jovem aceita a ajuda de um ser pouco importante, o rato, representando aqui justamente sua função inferior. Remy tem muito desenvolvida a função sensação, que falta ao jovem. Por sua vez, Linguini mostra ao rato a necessidade de pensar e discriminar, ou seja, de usar a função pensamento. A história pode também representar o caminho particular de um processo de individuação, em que Remy se diferencia do coletivo, atendendo a suas demandas pessoais e realizando seus recursos potenciais, que não coincidem com os padrões e as expectativas do seu grupo. Dessa forma, diferencia-se dos demais alcançando maior desenvolvimento da consciência.

Stuart Little

Stuart é o ratinho protagonista do filme *O pequeno Stuart Little*, lançado em 1999. Rato incomum, ele se veste, fala, sente e se comporta como uma criança. Sua história começa em um orfanato, onde é encontrado pelo casal Stuart, que procura um irmão adotivo para fazer companhia ao seu filho

George. Eles se encantam com o ratinho e decidem adotá-lo. Em casa, o animal precisa conquistar a amizade do irmão e do gato da família, Snowbell, que fica muito enciumado com sua chegada, colocando-o em grandes enrascadas. Embora tímido, Stuart tem espírito aventureiro e por isso sempre vivencia situações arriscadas e perigosas, como quando resgata sua amiga pássaro Margalo na sequência do primeiro filme.

Topo Gigio

Topo Gigio ("*topo*" significa rato em italiano), personagem orelhudo, meigo e muito afetuoso, criado na Itália por Maria Perego em 1958, tornou-se famoso na televisão e reconhecido em várias partes do mundo. No Brasil, fez grande sucesso no programa de TV *Mister Show* como amigo inseparável do ator Agildo Ribeiro, que o aceitava como era, sem nunca caçoar de suas grandes orelhas. Música, bonecos e tênis fizeram referência a ele. Com seu charme e simpatia, cativou públicos de todas as idades.

Glossário

Animus: segundo C. G. Jung, é o princípio masculino inconsciente na personalidade da mulher. Condensa todas as experiências ancestrais das mulheres a respeito dos homens.

Arquétipo: dinamismo psíquico inato que contém padrões que representam uma experiência tipicamente humana. Arquétipos são possibilidades herdadas que postulam a existência de uma base psíquica comum a todas as pessoas. A noção de arquétipo permite compreender por que em lugares e épocas distantes aparecem temas idênticos nos contos de fadas, nos mitos, nos dogmas e ritos religiosos, nas artes, na filosofia e nas produções do inconsciente.

Complexo: núcleo detentor de intensa carga afetiva em torno do qual se agrupam conteúdos psíquicos igualmente carregados de afetividade. Funciona como uma entidade inconsciente e autônoma dentro da psique.

Consciência: função ou processo que mantém a relação dos conteúdos psíquicos com o ego.

Ego: centro da consciência e lugar das experiências individuais de identidade subjetiva.

Energia psíquica: sinônimo de libido; energia vital neutra; instinto permanente de vida que se manifesta por meio da fome, da sede, da sexualidade, da agressividade, das necessidades e de interesses diversos. No sistema psíquico, a quantidade de energia é constante, variando apenas sua distribuição. A energia não se altera, mas pode tomar uma direção diferente ou mudar de intensidade quando ocorre um desequilíbrio na psique ou um bloqueio no fluxo desta.

Funções executivas: conjunto de capacidades neuropsicológicas que tem como objetivo resolver problemas, o que demanda várias habilidades subjacentes – como tomar a iniciativa, planejar o que deve ser feito, não perder de vista a meta, antever saídas e os passos a seguir e mudar de comportamento de acordo com o *feedback* ambiental.

Função inferior: função psicológica menos desenvolvida no indivíduo. Ela se expressa de modo arcaico, primitivo, e corresponde ao lado sombrio da personalidade.

Função superior: função psicológica mais bem desenvolvida e diferenciada no indivíduo. É usada de modo natural e espontâneo, estando sob o controle da consciência.

Função transcendente: processo natural de conexão do inconsciente com o consciente, que se expressa por meio de símbolos emergentes – por exemplo, em sonhos e visões.

Ideias obsessivo-compulsivas: pensamentos que irrompem na consciência repetidamente e a respeito dos quais o indivíduo geralmente não tem controle. Em geral, são ideias absurdas, irracionais, que levam o ser humano a ter comportamentos de evitação, além de manias e rituais de difícil controle.

Inconsciente coletivo: camada mais profunda da psique. Sua natureza é universal e não individual. Suas manifestações são vividas como estranhas ao ego, numinosas ou divinas. Seu conteúdo – os arquétipos – tem como representação simbólica específica as imagens arquetípicas.

Inconsciente pessoal: é formado por experiências que foram reprimidas, suprimidas, esquecidas ou ignoradas e por aquelas sem energia suficiente para atingir a consciência. Não tendo conexão direta com a consciência, influencia os processos vividos pelo indivíduo.

Individuação: processo de diferenciação psicológica que visa ao desenvolvimento da personalidade, incluindo tanto potencialidades como limitações.

Instinto: pulsão herdada que leva o ser humano a agir de forma padronizada.

Libido: denominação para energia psíquica; intensidade energética dos processos psíquicos.

Mecanismo compensatório ou compensação: recurso inconsciente da psique que busca um equilíbrio diante de qualquer tendência unilateral por parte da consciência.

Mecanismo de defesa: processo psíquico inconsciente que alivia o ego do estado de tensão psíquica a fim de defendê-lo de ameaças internas e de pressões que emanam da realidade externa.

Narcisismo: há duas formas de narcisismo – a que se refere ao amor por si mesmo, que precede a capacidade de se relacionar com os outros ou amá-los; e o narcisismo como comportamento de introversão, uma das atitudes fundamentais para a construção dos objetos internos e para relação do eu com o *self*.

Persona: arquétipo que intermedeia o ego e o mundo; máscara que se usa para desempenhar os papéis sociais; modo como a pessoa se adapta ao mundo.

Priapismo: ereção persistente, frequentemente dolorosa, desencadeada ou não pela atividade sexual. O termo vem do deus grego Príapo, representado com um pênis exageradamente grande e sempre ereto.

Projeção: processo inconsciente pelo qual o indivíduo percebe suas características ou qualidades como sendo do outro ou de um objeto. A projeção pode referir-se a conteúdos positivos ou negativos.

Psicopompo: em diferentes mitos, é o personagem que guia a alma em processos de iniciação e transição. C. G. Jung usava o termo para descrever a função da *anima* e do *animus* de conectar uma pessoa a um sentimento, vocação ou destino. Psicologicamente, a figura do psicopompo atua como um intermediário, ligando o ego ao inconsciente.

Regressão: movimento retroativo da libido para um modo anterior de adaptação, acompanhado, muitas vezes, de desejos e fantasias infantis. Nesse caso, a libido se afasta de objetos externos e ativa conteúdos inconscientes.

Resiliência: conceito cuja origem está nas ciências exatas, sendo utilizado na análise de materiais de construção civil, metalurgia e agronomia. Aplicada às ciências humanas, a resiliência abrange os processos biológicos, psicoafetivos e socioculturais que permitem um novo desenvolvimento após um traumatismo psicológico. Como processo dinâmico, transcende a superação da adversidade, pois passa a funcionar como uma reconstrução constante para a transformação de si mesmo ao longo da vida.

Sadomasoquismo: refere-se a relações entre tendências diferentes – o sádico busca o prazer com o sofrimento do outro; o masoquista sente prazer com o sofrimento que lhe é imposto.

Sensação: função psicológica que percebe a realidade imediata por meio dos sentidos físicos. Considerada, como a intuição, uma função irracional, capta os fatos concretos sem fazer julgamentos sobre o que significam e sobre seu valor. Sensação e intuição são para Jung um par de opostos que se compensam mutuamente.

Símbolo: origina-se do grego *symbolum*, derivado do verbo *symbalein*, que denota reunir, juntar em direção a uma meta. Objetos e ideias são símbolos na medida em que se compõem de uma parte consciente e de uma parte inconsciente, provocando forte emoção no sujeito observador. Os símbolos são expressões cheias de significado no nível pessoal ou coletivo.

Sombra: parte inconsciente da personalidade que contém de aspectos imaturos, inferiores, não reconhecidos e complexos a qualidades valiosas que o indivíduo não desenvolveu em si mesmo. Nos sonhos, pode apresentar-se personificada em figuras dúbias e escuras do mesmo sexo do sonhador.

Referências

1. ABRAHAMS, R. D. (org.). *Afro-American folktales*. Nova York: Pantheon, 1985.

2. AFANASEV, A. (org.). *Russian fairy tales*. Nova York: Pantheon, 1975.

3. AGNUS, C. "Uma visita aos nossos primos golfinhos". *O Estado de S. Paulo*, Caderno Especial, São Paulo, 10 out. 1993.

4. ALGERNON, B. F.-M. *Tales of old Japan*. Londres: Edição do autor, 1871.

5. ALMEIDA, A. *Cinquenta contos populares de São Paulo*. São Paulo: Revista dos Tribunais, 1947.

6. *ALCORÃO Sagrado*. Trad. Samir El Hayek. Foz do Iguaçu: Centro Cultural Beneficente Árabe-Islâmico de Foz do Iguaçu, 1994.

7. AMBROSIO, M. *Brasil interior – Palestras populares, folclore das margens do São Francisco*. São Paulo: Edição do autor, 1934.

8. ANDRADE, C. D. de. *Cadeira de balanço: crônicas*. 4. ed. Rio de Janeiro: José Olympio, 1970.

9. ANTUNES, A.; ANTUNES, J. (orgs.). *Enciclopédia Delta de ciências naturais*. v. 5. Rio de Janeiro: Delta, 1968.

10. ARAÚJO, C. *Os bichos nos provérbios*. Rio de Janeiro: Ronega, 1950.

11. *AVENTURA visual – Mamíferos*. São Paulo: Globo, 1990.

12. BARROSO, G. *Ao som da viola*. Rio de Janeiro: Imprensa Nacional, 1949.

13. BASTOS, W. L. *Revolução no Vale Encantado*. São Paulo: Roswitha Kumpf, 1985.

14. BAUDELAIRE, C. *As flores do mal*. Trad. Ivan Junqueira. Rio de Janeiro: Nova Fronteira, 1985.

15. BEATTY, S. "Batman". In: DOUGALL, A. *The DC Comics encyclopedia*. Londres: Dorling Kindersley, 2008, pp. 40-44.

16. BENEDICT, R. *Tales of the Cochiti Indians*. Washington: Government Printing Office, 1931.

17. BENNETT, W. J. *O livro das virtudes*. Rio de Janeiro: Nova Fronteira, 1995.

18. BÍBLIA Online. *Nova versão internacional*. Disponível em: <https://www.bibliaonline.com.br/nvi>. Acesso em: 23 ago. 2017.

19. BIEDERMANN, H. *Dicionário ilustrado de símbolos*. São Paulo: Melhoramentos, 1994.

20. BOPP, RAUL. *Poesia completa de Raul Bopp*. Rio de Janeiro: José Olympio; São Paulo: Edusp, 1998.

21. BORGES, J. F. *A moça que virou jumenta porque falou de topless com Frei Damião*. Bezerros: Edição do autor, s/d.

22. BORGES, J. L. *Livro dos seres imaginários*. 6. ed. São Paulo: Globo, 1974.

23. BRAGA, T. *Costumes, crenças e tradições*. São Paulo: Livraria Ferreira, 1885.

24. BRANDÃO, J. de S. *Mitologia grega*. v. 1, 2 e 3. Petrópolis: Vozes, 1987.

25. BREWER, C. *Dictionary of phrase and fable*. Londres: Cassell, 1894.

26. BRUNEL, P. (org.). *Companion to literary myths, heroes and archetypes*. Londres: Routledge, 1996.

27. BUSHNAQ, I. *Arab folktales*. Nova York: Pantheon, 1986.

28. BUSWELL JR., R; LOPEZ JR., D. S. (orgs.). *The Princeton dictionary of Buddhism*. Princenton: Princenton University Press, 2014.

29. CABRERA, A. *et al.* (orgs.). *Historia natural: vida de los animales, de las plantas e de la tierra*. v. 1. Barcelona: Instituto Gallach, 1953.

30. CALDAS, E. P. *Raiva silvestre: situação, riscos, desafios e perspectivas de controle no Brasil*. Pesquisa apresentada na 14ª Reunião de Diretores dos Programas de Controle da Raiva. Lima, 14 ago. 2013.

31. CÂMARA CASCUDO, L. da. *Contos tradicionais do Brasil*. Rio de Janeiro: Ediouro/Tecnoprint, 1967.

32. _____. *Dicionário do folclore brasileiro*. Belo Horizonte: Itatiaia, 1984.

33. _____. *Geografia dos mitos brasileiros*. São Paulo: Global, 2002.

34. CAMPBELL, J. *Primitive mythology*. Nova York: Penguin, 1969.

35. _____ *O poder do mito*. São Paulo: Palas Athena, 1990.

36. _____. *A imagem mítica*. Campinas: Papirus, 1994.

37. CAMPBELL, J. F. *Popular tales of the West Highlands*. v. 1. Londres: Alexander Gardner, 1890.

38. CAMPOS, J. da S. *Contos e fábulas populares da Bahia*. Rio de Janeiro: Quaresma, 1928.

39. CARTER, G. *Mitologia latino-americana: astecas, maias, incas e Amazônia*. Lisboa: Estampa, 1995.

40. CARVALHO, J. *O matuto cearense e o caboclo do Pará*. Belém: Jornal de Belém, 1930.

41. CARVALHO, L. I. "México: o voo do morcego". *Recreio*, São Paulo, 24 ago. 2000.

42. CAVENDISH, R. (org.). *Man, myth and magic: an illustrated encyclopedia of the supernatural*. v. 10. Nova York: Marshall Cavendish, 1983.

43. CAZENAVE, M. (org) *Encyclopédie des symboles*. Paris: La Pochotèque, 1996.

44. CHARBONNEAU-LASSAY, L. *The bestiary of Christ*. Nova York: Parabola, 1991.

45. CHEVALIER, J.; GHEERBRANT, A. *Dictionnaire des symboles*. Paris: Robert Laffont. 1982.

46. _____. *Diccionario de los símbolos*. Barcelona: Herder, 1986.

47. CHOLLAR, S. "Conversations with the dolphins". *Psychology Today*, v. 23, n. 4, abr. 1989, p. 52-57.

48. CIRLOT, J. E. *Dicionário de símbolos*. São Paulo: Moraes, 1984.

49. CLARK, B. *The paper ark: an extraordinary illustrated journey to the wild life world of the Holy Land*. Nova York: Everest, 1979.

REFERÊNCIAS ▼ 317

50. CLUTTON-BROCK, J. *The British Museum book of cats: ancient and modern*. Londres: Trustees of the British Museum Press, 1992.

51. COOPER, J. C. *An illustrated encyclopedia of traditional symbols*. Londres: Thames and Hudson, 1978.

52. COSTA E SILVA, A. *Lendas do índio brasileiro*. São Paulo: Ediouro, 2001.

53. COUCHOUD, P.-L. *et al.* (orgs.). *Mythologie asiatique illustrée*. Paris: Librarie de France, 1931.

54. COUSTEAU, J.-I.; RICHARDS, M. *A expedição de Jacques Cousteau na Amazônia*. Rio de Janeiro: Record, s/d.

55. COX, N.; POVEY, D. *A Picasso bestiary*. Nova York: Academy Editions, 1995.

56. DALE-GREEN, P. *The archetypal cat*. Dallas: Spring, 1983.

57. DAVIS, F. H. *Myths and legends of Japan*. Londres: George G. Harrap & Co., 1912.

58. DAVIS, J. *Garfield: agarrem este gato*. São Paulo: Meribérica do Brasil, 1999a.

59. _____. *Garfield*: *um gato de peso*. São Paulo: Meribérica do Brasil, 1999b.

60. DAVIS, J. *Dicionário da Bíblia*. Rio de Janeiro: Casa Publicadora Batista, 1960.

61. DELL'ARCO, M. *Il gatto romano*. Milão: Aldo Martelo, 1972.

62. DINIZ, R. "Ficha: Bernardo e Bianca". Tags Disney, 20 fev. 2010. Disponível em: <http://www.tagsdisney.com.br/2010/02/ficha-bernardo-e-bianca.html>. Acesso em: 4 set. 2017.

63. DONATO, H. *Dicionário das mitologias americanas*. São Paulo: Cultrix, 1973.

64. DRIMMER, F. *The animal kingdom*. Vancouver: Greystone, 1954.

65. EDWARDS, E. H. *Horses*. Nova York: Dorling Kindersley, 1993.

66. ELIOT, A. *The universal myths*. Nova York: Meridian Books, 1990.

67. ELIOT, T. S. *Os gatos*. Rio de Janeiro: Nórdica, 1991.

68. EL-SHAMY, H. M. (org.). *Folktales of Egypt*. Chicago: The University of Chicago Press, 1980.

69. *ENCICLOPÉDIA Barsa*. v. 4. Rio de Janeiro: Enciclopédia Britânica Editores, 1965.

70. *ENCICLOPÉDIA Delta universal*. v. 10. Rio de Janeiro: Delta, 1980.

71. "ENTRE sapos e cobras: a vida noturna dos animais". *Super Interessante*, São Paulo, n. 18, 28 fev. 1989. Disponível em: <http://super.abril.com.br/ciencia/entre-sapos-e-cobras-a--vida-noturna-dos-animais>. Acesso em: 9 maio 2016.

72. ESOPO. *Fábulas completas*. São Paulo: Cosac Naify, 2013.

73. FERRAZ, S. "Os guardiães da floresta". *Veja*, São Paulo, 30 jun. 1999.

74. FRANCE, P. *An encyclopedia of Bible animals*. Londres; Sidney: Croom Helm, 1986.

75. FRAZER, J. G. *The golden bough*. Nova York: Macmillan, 1972.

76. FREEMAN-MITFORD, A. B. *Tales of old Japan*. Mineola: Dover, 2005.

77. FREUD, S. *Un caso de neurosis obsesiva*. Obras Completas. v. 2. 3. ed. Madri: Biblioteca Nueva, 1973.

OS ANIMAIS E A PSIQUE

78. GARCIA, G. M.; FERNANDES, W. I. *82 estórias populares*. São Paulo: Imprensa Oficial do Estado de São Paulo, s/d.

79. GASK, L. "The mouse tower". *Folk tales from many lands*. Nova York: Crowell & Company, 1910.

80. GASKELL, G. A. *Dictionary of all scriptures and myths*. Nova York: The Julian Press, 1960.

81. GASTER, M. *Rumanian bird and beast stories*. Londres: Folk-Lore Society, 1915.

82. GLASSIE, H. *Irish folktales*. Nova York: Pantheon Fairy Tale and Folklore Library, 1985.

83. "GOLFINHOS, os limpa-minas dos EUA". *Jornal da Tarde*, Caderno A, São Paulo, 26 mar. 2003.

84. GOMES, L. *Contos populares brasileiros – Ciclo do preguiçoso*. São Paulo: Melhoramentos, 1965.

85. GONÇALVES RIBEIRO. *Histórias e lendas do Brasil – Contos nordestinos*. São Paulo: Apel, 1988.

86. GOUVEIA, D. *Folklore brasileiro*. Rio de Janeiro: Empreza Graphica, 1926.

87. GRAMBO, R. L. *The world of the fox*. São Francisco: Sierra Club, 1995.

88. GRAVES, R. *The Greek myths*. 2 v. Londres: Penguin, 1960.

89. GREEN, M. J. *Dictionary of Celtic myth and legend*. Londres: Thames and Hudson, 1992.

90. GRIMM, J.; GRIMM, W. *Era uma vez Cinderela*. Porto Alegre: Kuarup, 1985.

91. _____. *Contos de Grimm*. v. 2. São Paulo: Ática, 1991.

92. _____. *Contos de Grimm*. São Paulo: Cia. das Letrinhas, 1996.

93. GRIS, J. *Gentes, coisas e cantos do Nordeste*. Recife: Secretaria do Interior e Justiça/Arquivo Público Estadual, 1954.

94. GUBERNATIS, A. de. *Zoological mythology*. 2. v. Londres: Trubner & Co, 1872.

95. GURION, B. *Fonte de Judá*. São Paulo: Perspectiva, 1963.

96. _____. *As lendas do povo judeu*. São Paulo: Perspectiva,1980.

97. HALL, J. *Diccionario de temas y símbolos artísticos*. Madri: Alianza, 1987.

98. HANÁK, V.; MAZÁK, V. *The illustrated encyclopedia of mammals*. Nova Jersey: Chartwell, 1993.

99. HANNAH, B. *The cat, dog, and horse lectures and "the beyond"*. Wilmette: Chiron, 1992.

100. HARGRAVES, J. *New illustrated bestiary*. Glastonbury: Gothic Image Publications, 1990.

101. HARVEY, P. *Dicionário Oxford de literatura clássica*. Rio de Janeiro: Zahar, 1987.

102. HAUG, M. J. *Folclore em Chapada dos Guimarães, Mato Grosso*. São Paulo: Secretaria de Estado da Cultura, 1982.

103. HEESRES, J. *Festas de loucos e carnavais*. Lisboa: Dom Quixote, 1987.

104. HETZEL, B.; LODI, L. *Baleias, botos e golfinhos: guia de identificação para o Brasil*. Rio de Janeiro: Nova Fronteira, 1993.

105. HILLMAN, J. *Dream animals*. São Francisco: Chronicle, 1997.

106. HOMERO. *A odisseia*. São Paulo: Atena, 2009.

107. IBSEN, H. *O pequeno Eyolf*. Rio de Janeiro: 34, 1993.

108. IZCOA, C. R. (org.). *Contos de artimanhas e travessuras*. São Paulo: Ática, 1988.

109. JOBES, G. *Dictionary of mythology, folklore and symbols*. Nova York: The Scarecrow Press, 1962.

110. JOHANNES, W.; SIMONEAU, K. *Folk literature of the Ge Indians*. Los Angeles: UCLA Latin American Center Publications, 1984.

111. JOHNSON. B. *The lady of the beasts: the goddess and her sacred animals*. Vermont: Inner Traditions, 1994.

112. JUNG, C. G. *The vision seminars*. Zurique: Spring, 1960.

113. _____. *Memórias, sonhos e reflexões*. Rio de Janeiro: Nova Fronteira, 1978.

114. _____. *Aion: estudos sobre os simbolismos do si-mesmo*. Petrópolis: Vozes, 1982 (Coleção Obra Completa, v. 9/2).

115. _____. *Símbolos de transformação*. Petrópolis: Vozes, 1986 (Coleção Obra Completa, v. 5).

116. _____. *A vida simbólica*. Petrópolis: Vozes, 1998 (Coleção Obra Completa, v. 18).

117. _____. *Estudos alquímicos*. Petrópolis: Vozes, 2013 (Coleção Obra Completa, v. 13).

118. KILPATRICK, C.; HARD, J. *Enciclopédia da vida animal*. Lisboa: Verbo, 1982.

119. KIPLING, R. *O grande livro dos animais*. Lisboa: Verbo, 1986.

120. KNAPPERT, J. *Reyes, dioses y espíritus de la mitología africana*. Madri: Anaya, 1988.

121. _____. *The Aquarian guide of African mythology*. Wellingborough: The Aquarian Press, 1990.

122. LA FONTAINE, J. *Fábulas de La Fontaine*. v. 1 a 3. São Paulo: Edigraf, s/d.

123. _____. *Fábulas de La Fontaine*. Lisboa: Verbo. 1987.

124. LAPOUGE, G. "Ao jegue com carinho". *O Estado de S. Paulo*, 10 jun. 2012.

125. LEACH, M. *Standard dictionary of folklore mythology and legend*. v. 1 e 2. Nova York: Funk and Wagnalls, 1950.

126. LEXIKON, II. *Dicionário de símbolos*. São Paulo: Cultrix, 1992.

127. LOIBL, E. *Deuses animais*. São Paulo: Edicon, 1984.

128. LUKESCH, A. *Mito e vida dos índios caiapós*. São Paulo: Pioneira/Edusp, 1976.

129. LURKER, M. *The gods and symbols of Ancient Egypt*. Londres: Thames and Hudson, 1989.

130. MA DA (org.). *Fábulas antiguas de China sobre animales*. Pequin: Ediciones en Lenguas Extranjeras, 1991.

131. MacCULLOCH, C. J. A. *Celtic mythology*. Chicago: Academy Chicago Publishers, 1996.

132. MacCULLOCH, C. J. A.; MOORE, G. F. (org.). *The mythology of all races: Chinese and Japonese*. v. V e VIII. Boston: Archaeological Institute of America/Marshall Jones Company, 1932.

320 ▼ OS ANIMAIS E A PSIQUE

133. MACKENZIE, D. A. *Indian myth and legend*. Londres: Gresham, 1913.

134. _____. *Myths of Babylonia and Assyria*. Londres: Gresham, 1915.

135. _____. *Myths of Crete and Pre-Hellenic Europe*. Londres: Gresham, 1917.

136. _____. *Myths of China and Japan*. Londres: Gresham, 1923.

137. MAE, V. *A natureza*. Rio de Janeiro: Delta, 1949 (O Mundo da Criança v. 7).

138. MAGALHÃES, A. C. *Ensaio sobre a fauna brasileira*. São Paulo: Rotchschild & Cia./ESFB, 1939.

139. MAGALHÃES, B. de. *O folclore no Brasil*. Rio de Janeiro: Imprensa Nacional, 1939.

140. MALEK, J. *The cat in Ancient Egypt*. Londres: British Museum Press, 1997.

141. *MARAVILHAS e mistérios do mundo animal*. Rio de Janeiro: Reader's Digest, 1966.

142. *MARAVILLAS de la vida animal*. Buenos Aires: Labor, 1952.

143. MAZZUKO, R. M. "Gato preto dá mesmo azar?" *SuperInteressante*, n. 161, fev. 2001.

144. MELLO, A. (org.). *Estórias de Minas Gerais, Espírito Santo e Rio de Janeiro*. São Paulo: Edigraf, 1963 (Antologia Ilustrada do Folclore Brasileiro, v. 6).

145. MONTEIRO, M. *A estória do rei, do rato, do gato*. 2. ed. Campina Grande: Edição do autor, 2005.

146. MOTA, M. *Os bichos na fala da gente*. Recife: INJPS, 1969.

147. NATOLI, E. *Cats of the world*. Nova York: Crescent Books, 1988.

148. *NEW Larousse Encyclopedia of Mythology*. Londres: Prometheus, 1973.

149. NEWALL, V. *The encyclopedia of witchcraft and magic*. Nova York: The Dial Press, 1974.

150. NICOLAY, F. *Historia de las creencias*. Barcelona: Montaner y Simón, 1904.

151. NIETZCHE, F. *Assim falou Zaratustra*. São Paulo: Martin Claret, 2002.

152. NOHARA, I. P. "Até o fim do mundo – O templo dos ratos". *Revista da Folha*, São Paulo, 19 dez. 1999, p. 27.

153. NORMAN, H. *Northern tales: traditional stories of Eskimo and Indian people*. Nova York: Pantheon, 1990.

154. NOWAK, R. M. *Walker's mammals of the world*. 5. ed. v. 1 e 2. Baltimore; Londres: The Johns Hopkins University Press, 1991.

155. ORICO, O. "O boto". *Vocabulário de crendices amazônicas*. São Paulo: Nacional, 1937.

156. *Os BICHOS*. São Paulo: Abril, 1980.

157. PACHECO, J. *A intriga do cachorro com o gato*. Campina Grande: Edição do autor, 2007.

158. PAES, J. P. *Contos da Condessa de Ségur*. São Paulo: Cultrix, 1964.

159. PANCORBO, L. *Los dioses increíbles*. Madri: Siglo XXI, 2011.

160. PARKER, S. *Mamíferos*. São Paulo: Globo, 1990.

161. PATRICIA. K. "De arrepiar: templo indiano abriga população de 20 mil ratos sagrados alimentados com leite fresco diariamente". Site Diário de Biologia, jul. 2015. Disponível

em: <http://diariodebiologia.com/2015/07/de-arrepiar-templo-indiano-abriga-populacao-de-20-mil-ratos-sagrados-alimentados-com-leite-fresco-diariamente/>. Acesso em: 20 jul. 2017.

162. PIRES, D. "A injusta fama dos morcegos". *Revista Geográfica Universal*, Rio de Janeiro, n. 184, mar. 1990, p. 71-79.

163. POURRAT, H. *French folktales*. Nova York: Pantheon, 1989.

164. "UM PROJETO na Amazônia para salvar as tartarugas de rio". *Revista Geográfica Universal*, Rio de Janeiro, n. 141, fev. 1995, p. 94-95.

165. RADIN, P. *African folktales*. Nova York: Schocken, 1983.

166. RAMOS, D. *et al. Os animais e a psique – Volume 1: Baleia, carneiro, cavalo, elefante, lobo, onça, urso*. São Paulo: Summus, 2005.

167. REELAND, A. *Four treatises concerning the doctrine, discipline and worship of the Mahometans – The life and actions of Mahomet*. Londres: Princenton University Press, 1923.

168. REICHEL-DOLMATOFF, G. *Amazonian cosmos: the sexual and religious symbolism of the Tukano Indians*. Chicago: The University of Chicago Press, 1971.

169. RIBEIRO, J. *Brasil no folclore*. Rio de Janeiro: Aurora, 1970.

170. ROBERTS, M. *Chinese fairy tales and fantasies*. Nova York: Pantheon, 1979.

171. ROCHETERIE, J. de La. *La symbologie des réves: la nature*. Paris: Imago, 1986.

172. RODRIGUES, I. (org.). *O mundo dos animais: mamíferos*. São Paulo: Nova Cultural, 1985 (Coleção O Mundo dos Animais, v. 3, 5 e 6).

173. ROMERO, S. *Folclore brasileiro: contos populares do Brasil*. Belo Horizonte: Itatiaia; São Paulo: Edusp, 1985.

174. RONECKER, J. P. *O simbolismo animal: mitos, crenças, lendas, arquétipos, folclore, imaginário*. São Paulo: Paulus, 1997.

175. SAINT-EXUPÉRY, A. de. *O pequeno príncipe*. 7. ed. Rio de Janeiro: Agir, 1960.

176. SANTOS, E. *Entre o gambá e o macaco*. Rio de Janeiro: F. Briguiet, 1945.

177. _____. *Histórias, lendas e folclore de nossos bichos*. Rio de Janeiro: Tecnoprint/Ediouro, s/d.

178. SANTOS, T. *Lendas e mitos do Brasil*. Rio de Janeiro: Nacional, 2004.

179. SCHLESINGER, H. *Dicionário enciclopédico das religiões*. Petrópolis: Vozes, 1995.

180. SÉNIOR, M. *Quién es quién en la mitología*. Madri: Futuro, 1987.

181. SHAKESPEARE, W. *Macbeth*. Porto Alegre: L&PM, 2000.

182. SIERRA, I. M. A. de. *Contos, mitos e lendas para crianças da América Latina*. 10. ed. São Paulo: Ática, 1999.

183. SILVEIRA, N. da. *Gatos, a emoção de lidar*. Rio de Janeiro: Leo Christiano, 1998.

184. SKEAT, W. W. *Malay magic: an introduction to the folklore and popular religion of the Malay Peninsula*. Londres: Macmillan, 1960.

185. SOARES, M. I. de M. *O grande livro dos animais.* Lisboa: Verbo, 1986.

186. SPINDEN, H. *A study of Maya art.* Nova York: Dover, 1975.

187. STOCKER, B. *Drácula.* São Paulo: Companhia das Letras/Penguin, 2014.

188. STUTLEY, M; STUTLEY, J. *A dictionary of Hinduism.* Mumbai: Allied, 1977.

189. TAUNAY, A. de E. *Monstros e monstrengos do brasil.* São Paulo: Melhoramentos, 1936.

190. THOMPSON, P.; WILSON, B. *Bottlenose dolphins.* Auburn: Voyageur, 1994.

191. TORRES, A. P.; JARDIM, W. R. *A criação do cavalo e outros equinos.* São Paulo: Nobel, 1979.

192. TRAJANO, E.; BRUNINI SOBRINHO, R. "O morcego hematófago". *Boletim Técnico CATI*, n. 142. São Paulo: Governo do Estado de São Paulo, fev. 1980.

193. VIDAL, A. *Lendas e superstições.* Rio de Janeiro: O Cruzeiro, 1950.

194. VON FRANZ, M.-L. *The golden ass.* Irving: Spring, 1980.

195. _____. *Interpretação dos contos de fadas.* São Paulo: Paulinas, 1990.

196. _____. *O significado psicológico dos motivos de redenção nos contos de fada.* São Paulo: Cultrix, 1998.

197. _____. *The cat.* Toronto: Inner City, 1999.

198. VON FRANZ, M.-L. *Puer aeternus.* São Paulo: Paulus, 2005.

199. VON IHERING, R. *Dicionário dos animais do Brasil.* Brasília: Ed. da UnB, 1968.

200. WALKER, B. *The woman's encyclopedia of myths and secrets.* São Francisco: Harper & Row, 1983.

201. _____. *The woman's dictionary of symbols and sacred objects.* São Francisco: Harper, 1988.

202. WEINREICH, B. S. (org.). *Yiddish folktales.* Nova York: Pantheon, 1988.

203. WEISER, F. *Handbook of Christian feasts and customs.* Nova York: Harcourt, 1958.

204. WHITAKER, M. (org.). *Great Canadian animal stories.* Edmonton: Hurting, 1982.

205. WHITE, T. H. *The book of beasts.* Nova York: Dover, 1984.

206. WILBERT, J. *Folk literature of the Warao Indians.* Los Angeles: UCLA, 1970.

207. WILBERT, J.; SIMONEAU, K. *Folk literature of the Toba Indians.* Los Angeles: UCLA Latin American Center Publications, 1982.

208. XIDIEH, O. E. *Narrativas pias populares.* São Paulo: EEB/USP, 1967.

209. _____. *Semana Santa cablóca.* São Paulo: IEB/USP, 1972.

210. YUTANG, L. (org.). *The wisdom of China and India.* Nova York: Random House, 1942.

211. ZOO: *o fantástico mundo animal – Mamíferos.* v. 1. Rio de Janeiro: Rio Gráfica, 1982.

Índice de referência das obras

ASNO OU BURRO

Principais características biológicas: 118, 154, 172

Simbolismo

Animal de carga e montaria: 18, 31, 46, 60, 74, 94, 97, 109, 115, 122, 133

Pouca inteligência e estupidez: 34, 74, 109, 114, 115, 122, 146, 169, 193

Humildade e ingenuidade: 18, 48, 94, 109, 124, 169, 178

Aspecto maléfico e demoníaco: 46, 48, 94, 100, 117, 174, 188

Poder de cura, poder mágico e presságios: 23, 48, 86, 94, 125

Natureza fálica e luxúria: 26, 94, 101, 115, 194

Relação com o ser humano: 12, 21, 23, 31, 32, 94, 174, 193, 194, 208

A cor do asno: 46, 74, 130, 167, 174, 177, 178

Partes do asno: 46, 48, 68, 74, 94, 130

Relação com outros animais: 122, 123, 140, 208

Deuses-asno: 19, 46, 94, 101, 114, 126, 133, 180, 188, 200, 201

Deuses associados ao asno: 18, 19, 36, 97, 101, 109, 114, 133, 174, 196, 194

Asnos famosos: 18, 46, 74, 97, 109, 174, 196, 194, 208

Asnos fantásticos: 12, 21, 31, 32, 46, 48, 94, 174, 193, 208

CAMELO

Principais características biológicas: 46, 49, 69, 70, 97, 118, 119, 137, 141, 154, 156, 172, 205, 211

Simbolismo

Mito de origem da corcova do camelo: 17, 119

Forma e tamanho: 6, 18, 49, 74, 109, 146

Montaria: 18, 46, 49, 51, 74, 97, 109, 112, 133

Resistência e autossuficiência: 43

Obediência e servidão: 27, 35, 43, 49, 51, 80, 109, 125, 151, 205

Ingenuidade e estupidez: 125

Riqueza e prosperidade: 18, 27, 49, 74, 97
Poder de proteção: 6, 75, 125

Impureza: 18, 46, 49

Animal sagrado: 6, 27, 44, 46, 49

Animal fantástico: 46, 48, 51

GATO

Principais características biológicas: 98, 143, 154, 172, 183

Simbolismo

Mito de origem: 16, 26, 149, 200

Esperteza e agilidade: 1, 2, 8, 56, 94, 122, 130, 147, 165, 173, 202

Aspecto maléfico e demoníaco: 5, 14, 18, 19, 51, 55, 56, 75, 94, 99, 122,

125, 131, 140, 147, 149, 154, 173, 184, 185, 193, 200

Força protetora: 2, 19, 56, 109, 122, 130, 140

Poder de cura: 56, 125, 133, 180, 183

Poder mágico: 50, 75, 94, 99, 125, 183, 184, 197

Provedor de sorte e de riquezas: 56, 94, 99, 147

Sensualidade e fertilidade: 51, 55, 56, 109, 125, 169, 183

Liberdade e independência: 66, 67, 140, 147

Caçador e lutador: 55, 56

Psicopompo: 14, 26, 81, 140, 197

Clarividência: 56, 125, 183, 197, 208

Limpeza: 94, 125, 146, 208

Musicalidade: 56, 65, 147

Imortalidade: 68, 56, 136, 197, 208

Preguiça e aconchego: 56, 61, 66, 67, 147, 183

Relação com o ser humano: 66, 72, 56, 147, 163, 197

Relação com o feminino: 14, 26, 51, 55, 56, 91, 122, 163, 183

Presságios associados ao gato: 51, 94, 109, 125, 136

A cor do gato: 5, 14, 19, 26, 51, 56, 94, 109, 147, 149, 153, 163, 174, 197, 201

Partes do gato: 19, 55, 56, 82, 109, 125, 140

Relação com outros animais: 1, 27, 56, 59, 68, 72, 94, 96, 99, 109, 122, 125, 130, 147, 157, 165, 173, 184

Deuses-gato: 50, 56, 99, 129, 136, 140, 148, 180, 183, 197, 201

Espíritos e deuses associados ao gato: 26, 50, 51, 56, 84, 87, 94, 99, 133, 134, 140, 183, 197, 201

Gatos famosos: 22, 56, 58, 59, 94, 99, 109, 147

Gato fantástico: 33, 193

GOLFINHO

Principais características biológicas: 3, 47, 83, 104, 154, 190

Simbolismo

Mito de origem: 42, 45, 174

Guia, protetor e salvador: 24, 42, 45

Sensualidade e poder de sedução: 32, 33, 51, 104, 142, 176, 177, 178

Relação com o feminino: 33, 51, 89, 111

Transformação em ser humano: 40, 155, 206

Psicopompo: 42, 45, 89, 109, 111

Símbolo de poder: 45, 113, 174

Presságios associados ao golfinho: 42, 44, 94

Emblema de Cristo: 42, 44, 51

Partes do golfinho: 40, 54, 94, 102, 136

Relação com outros animais: 123

Deuses associados ao golfinho: 19, 24, 42, 51, 63, 89, 94, 111, 115,125, 135, 201

MORCEGO

Principais características biológicas: 30, 70, 71, 98, 118, 142, 154, 156, 162, 172, 192, 195

Simbolismo

Mito de origem: 32, 41, 52, 64, 153

Aspecto maléfico: 18, 19, 24, 42, 51, 74, 109, 121, 125, 126, 149, 174, 181, 201

Aspecto benéfico: 51, 52, 75, 125, 128, 174, 206, 207

Relação com o feminino: 42, 121, 126, 168, 174

Relação com o ser humano: 4, 52, 75, 106, 125, 128, 174, 206, 207

Dupla natureza: 32, 66, 122, 130, 174

Relação com outros animais: 32, 66, 122, 130, 174, 206

Presságios: 174

Poder de cura e de proteção: 19, 42, 109, 149, 209

Partes do morcego: 125

Animal sagrado: 19, 39, 63, 64, 168, 174, 186

Herói associado ao morcego: 15

Vampiro: 42, 93, 125, 126, 174, 187

RAPOSA

Principais características biológicas: 9, 87, 118, 138, 141, 154, 156, 160, 172, 176, 199, 211

Simbolismo

Aspecto materno: 78, 182, 204

Astúcia e esperteza: 2, 19, 37, 51, 72, 95, 94, 108, 109, 122, 126, 133, 136, 146, 171, 174, 193, 205

Aspecto maléfico e demoníaco: 18, 19, 45, 48, 51, 88, 94, 100, 101, 126, 130, 141, 173, 174, 185, 201

Aspecto benéfico: 4, 132, 208

Poder mágico: 22, 126, 132, 173

Relação com o feminino: 19, 45, 75, 100, 109, 132, 153, 171, 195, 198

Voracidade: 2, 81, 122

Guia e psicopompo: 36, 45, 171, 173, 175, 196

Longevidade: 45, 109, 127

Poder de cura e de proteção: 19, 86, 208

Relação com o ser humano: 4, 5, 37, 45, 57, 76, 82, 91, 94, 122, 126, 136, 163, 173, 201

Presságios associados à raposa: 12, 19, 121, 127, 174, 196

A cor da raposa: 45, 51, 94

Partes da raposa: 19, 109, 208

Relação com outros animais: 1, 2, 37, 72, 81, 84, 85, 94, 108, 122, 136, 173, 185, 193

Deuses associados à raposa: 4, 159, 45, 51, 88, 100, 101, 109, 132, 194, 201

Raposa fantástica: 11, 12, 22, 45, 109, 125, 132

RATO

Principais características biológicas: 9, 29, 50, 98, 118, 137, 141, 154, 156, 160, 172, 176

Simbolismo

Mito de origem: 19, 74, 96, 125

Tamanho, agilidade e esperteza: 1, 2, 10, 27, 108, 122, 130, 132, 166

Aspecto maléfico: 18, 19, 25, 46, 48, 51, 56, 74, 75, 77, 79, 89, 94, 97, 109, 116, 125, 126, 130, 135, 151, 158, 174, 184, 185, 193

Aspecto surrupiador: 12, 13, 27, 122, 146

Voracidade: 16, 92, 122, 130

Aspecto benéfico: 2, 19, 27, 46, 51, 52, 68, 73, 90, 109, 110, 120, 122, 125, 126, 128, 152, 153, 161, 166, 170, 174

Poder de cura: 46, 74, 75, 125, 135, 174, 189, 210, 211

Personificação da alma: 19, 25, 56, 64, 75, 94, 107, 109, 125, 126, 174

Transformação em ser humano: 82, 95, 122, 163

Presságios associados ao rato: 19, 46, 94, 109, 125, 126, 152, 161, 174, 184

A cor do rato: 19, 56, 109, 125, 126, 152

Partes do rato: 75, 94

Relação com outros animais: 10, 19, 27, 31, 56, 68, 80, 94, 96, 101, 122, 123, 130, 145, 166, 170, 202, 210

Deuses associados ao rato: 28, 152, 19, 46, 53, 51, 80, 56, 94, 101, 105, 109, 125, 126, 135, 148, 166, 174, 180, 188, 201

Ratos famosos: 62, 125

Agradecimentos

A Maria Luiza Piva Rodrigues, por sua contribuição especial no capítulo do camelo.

Aos familiares que nos acompanharam durante toda a nossa jornada.

Aos amigos, pelo incentivo e apoio.

A Mitsy, *in memoriam*, gata companheira, presença constante e marcante durante anos em nossas reuniões, que se tornou símbolo vivo representando todos os animais aqui estudados.

www.gruposummus.com.br

IMPRESSO NA **sumago** gráfica editorial ltda
rua itauna, 789 vila maria
02111-031 são paulo sp
tel e fax 11 **2955 5636**
sumago@sumago.com.br

GRÁFICA sumago